（蒙汉合璧）蒙古文历史文献汉译

阿萨喇克其史

（清）善巴台吉　著

乌云毕力格　译注

内蒙古大学出版社

图书在版编目(CIP)数据

阿萨喇克其史:蒙汉对照/(清)善巴台吉著;乌云毕力格译注.—呼和浩特:内蒙古大学出版社,2014.1

ISBN 978-7-5665-0549-1

Ⅰ.①阿… Ⅱ.①善… ②乌… Ⅲ.①蒙古族—民族历史—中国—古代—蒙古语(中国少数民族语言)、汉语 Ⅳ.①K281.2

中国版本图书馆CIP数据核字(2014)第006686号

书　　名	阿萨喇克其史
著　　者	(清)善巴台吉
译 注 者	乌云毕力格
责任编辑	哈娜
封面设计	雷青　黄曼
出　　版	内蒙古大学出版社 呼和浩特市昭乌达路88号(010010)
发　　行	内蒙古新华书店
印　　刷	北京彩虹伟业印刷有限公司
开　　本	710mm×1000mm　1/16
印　　张	14
字　　数	218千
版　　期	2014年2月第1版　2014年2月第1次印刷
标准书号	ISBN 978-7-5665-0549-1
定　　价	56.00元

出版说明

内蒙古大学出版社有限责任公司于2014年倾力出版的《(蒙汉合璧)蒙古文历史文献汉译》丛书,共8册10种书,分别是《蒙古秘史》《蒙古源流》《蒙古黄金史纲》《大蒙古国根本黄金史》《蒙古黄史》《蒙古博尔济吉忒氏族谱》《阿勒坦汗传》《阿萨喇克其史》《内齐托音一世传》《内齐托音二世传》。

本丛书所选的十部蒙古文史著为自13世纪到19世纪在中国和东西方众多国家广为流传的蒙古文史书,国内外已经有了多种文字的翻译本,但至今为止还没有出现"汉译丛书"的出版规模。我们组织出版了这套汉译丛书,希望能弥补这个遗憾。

该套丛书坚持以学术研究为先导,注重历史文献的大众普及,在原本译注的基础上,增加了蒙文原文版本的影印件,突出了"蒙汉合璧"的出版价值。希望这套丛书的出版,能为保护优秀民族文化遗产尽绵薄之力,同时也能为国内外学术同仁提供富有学术价值和参考价值的第一手资料。

由于水平有限,难免会有疏漏和不尽如人意的地方,我们期待广大读者不吝指教,以便以后修订完善。

|蒙古文历史文献导论|

各国蒙古学家们从 18 世纪起就开始搜集整理、研究蒙古族的书面文献、石刻文献等等,这不仅为我们今日的研究打下了良好的基础,同时也提供了大量鲜为人知的丰富的文献资料。据我们了解,各国蒙古学家们从 1225 年的《成吉思汗石》文开始到 18 世纪末为止所发现的蒙古文历史文献的数量是相当可观的。从这些遗留下来的或全文或残缺不全或点滴散存的各种蒙古文历史文献中,我们可以看出蒙古游牧民族丰富而灿烂的历史、文化的发展和变化的轨迹。为了叙述之方便,我们在本文中以朝代为序,以古代蒙古文历史文献的出土和发现地点为基本线索,对具有一定代表性的、新近发现的蒙古文历史文献作一概要介绍。

一、大蒙古国时期(1206—1271)

13 世纪早期,北亚历史上出现了一个神话般的蒙古帝国。在北亚和中亚新生的这一游牧帝国(名称为"大蒙古国")把整个民族带到了一个从"野蛮"转向文明的、充满了向上精神的新时代。这个时代最重要的标志是游牧蒙古人有了自己的文字,也有了自己的文献——蒙古人进入了有文字记载的历史时期。

成吉思汗统一蒙古得力于大量的部落战争,他命令每一个部落都必须由一个直接对蒙古大汗负责的人来统治。然而,就当时在蒙古周边民族的历史发展情况而言,他还需要与另一个文明世界的定居民族发生交往,并且懂得:游牧帝国的移动势力会因为与不能够移动的农业定居文明的势力相联系而导致其帝国的崩溃。另外,为了避免新成立的帝国从内部瓦解,他还制定了一整套可以限制游牧民族贵族们个人实力的扩张所必须遵循的规范制度。当然这套规范制度必须像定居农业民族的政权一样,要以文字的形式出现在人们的面前。

成吉思汗攻打奈曼部落时俘虏了新疆绿洲中的一个畏兀儿(回纥)人,命令他制定畏兀儿蒙古文字,即把蒙古语和畏兀儿字母结合到一起的文字。现代学者们将这种文字称之为“回鹘(畏兀儿)式蒙古文”或“回纥(畏兀儿)蒙古文”。这一名称的意思就是指从畏兀儿人(此为蒙古人的称呼,与汉文所称回鹘人相同)借用粟特体字母表创制的蒙古文,而不是有些人所说的畏兀儿人创制的畏吾儿文字。畏兀儿蒙古文是蒙古人最早的民族文字,现代蒙古文、托忒体蒙古文就是在它的基础上发展而来的,满洲文字母也是从畏兀儿蒙古文脱胎来的。

成吉思汗当时让这位被俘的畏兀儿人教太子及诸王用这种文字书写“国言”(蒙古语);他还建立文官制度,并任用一部分通本国文字的畏兀儿人和一些讲突厥语、波斯语和阿拉伯语的回教徒,使他的继承者在与“从日出之地到日落之地”的所有民族打交道时,尤其是与他们南面的有“围墙”的具有古老文明的定居民族发生关系时,不必再完全依从他们的文官(内地所称谓的士大夫)阶层。这个文官阶层,从蒙古以前的古代北亚游牧民族进入该地区时就开始利用他们的文字来推行政事,致使北方游牧民族的征服者也自然而然地利用他们的文字作为管理新征服地区居民的工具。

成吉思汗与众多蒙古人不一样,在其一生中从未夸耀过自己的功劳和荣誉。我们从成吉思汗创制文字算起,迄今为止所发现的首次用蒙古文字记载的文献,即学界所称《成吉思汗石》(其实该名不准确)中可以看到,碑铭不是歌颂成吉思汗个人的荣誉,而是记载了从1219年到1224年跟随成吉思汗血战花剌子模国的成吉思汗之弟合萨尔次子也松格(约1192—1267)的荣誉——他获得了成吉思汗降旨刻碑的殊荣。

蒙古人的历史进入到有自己文字的时代后出现了一系列重要的文献,其中具有直接史料性的历史文献有以下几部:

1.《青册》(阔阔·迭卜帖儿):13世纪初问世。该书是记录成吉思汗“大札撒”(大法典)的畏兀儿蒙古文笔录,内容为记录大蒙古国所有的司法决议,包括成吉思汗本人的法律训言(bilig)等都被保存起来以备用作将来司法判决的判例,所有有关部众分配的事例也记载在里面。由此可见,《青册》是一部法典与成吉思汗本人的法律训言的真实笔录。该书是在成吉思汗母亲的养子大断事官(Jarquči)失吉忽秃胡的领导下编写而成的。著名旅行家术外尼是唯一知道大札撒内容的波斯史家,他说《青册》里“有很多札撒条文”,但他阐述得不多。直到元代时,成吉思汗的法律训言仍然有特别的影响力。据波斯史家拉施特说,当元成宗铁穆耳(1295—1307 年在位)与其长兄晋王甘麻剌为争夺皇位而激烈斗争时,他的母亲阔阔真哈敦提出,“忽必烈合汗曾经吩咐,让那精通成吉思汗的必里克(bilig,意为法律训言)的人登位”。于是,诸王都背诵成吉思汗的必里克,在场的长辈们据此予以裁决,结果铁穆耳背诵得最好,因此被选作可汗。①由此看来,成吉思汗的大札撒在元代时期仍然被保存的同时也具有很高的威信。据其他学者说,该书的原本保存了三代。

2.《蒙古秘史》(亦称《元朝秘史》):此书原文是畏兀儿体蒙古文,作者佚名。书后写“鼠儿年七月写毕”,对这一年份学界有不同看法,分别认为是 1228 年戊子、1240 年庚子、1252 年壬子和 1264 年甲子。该书主要内容为成吉思汗先人谱系、成吉思汗生平业绩和窝阔台汗统治时期的历史,个别内容涉及窝阔台汗以后的史实。看来不是一次成书,而是经过了不止一次的补充和修订。② 原文明初已散佚,在罗藏丹津的蒙古文《黄金史》中遗留了三分之二左右的佚文。现存的汉文音写本是明朝四夷馆的汉文音写本。汉族学者称其为《元朝秘史》。

以蒙古民族典范文献著称的《元朝秘史》(共 12 卷,《永乐大典》收录 15 卷),是研究蒙古历史的重要原始文史资料。该书的原名为《蒙古秘史》,为佚名氏撰。原文系以畏兀儿蒙古文写成,现已佚失,现世传仅有明初洪武年间遵钦命所撰,并附有汉文总译。本书除系统叙述蒙古人的起源、成吉思汗和窝阔台汗时期的事迹、蒙古汗国的建立与对外征服的业绩外,还对当时的社会生活习俗等做了真实的反映。引叙事实多通过传说、故事、谚语、格言、诗歌等形式写出,它不但是蒙古早期

---

① (波斯)拉施德:《史集》第二卷,商务印书馆 1985 年汉译本,第 375—376 页。

② Yekeming γadai Yirincin-u serg ügelte : Mongyul-un ni γuca tobčiyan, koke qoda, 1987, pp. 81 – 83.

的历史巨作,也是一部优秀的文学语言的珍贵文献。与《蒙古黄金史》《蒙古源流》并称为蒙古民族的三大史作。此书不但我国学者做过注释(注:清·李广田:《元朝秘史注》,清末沈曾植:《元朝秘史注释》等),国外学者也很重视。日本史学家称其为蒙古早期历史时期唯一的"金字塔"式的巨作。国外早在19世纪中叶开始已有俄、德、法、日等诸种文字的译文。

在俄国,有俄国驻北京的传教士帕拉迪乌斯(Palladius)译述的《关于成吉思汗的古代传说》一书(俄国驻北京传教士著作集,1866年)最早出版。在欧洲,一直从事蒙古文献语言学研究的德国学者海涅什(E. Hanisch)早在20世纪30年代就进行了译文还原尝试的《元朝秘史》(第一部)(莱比锡,1931)等著作。在法国还有东方史学者伯希和(P. Pelliot)《元朝秘史卷——蒙古语和译文(附译注)》遗稿的出版。该书由于是对蒙古原文进行了还原,并兼及了译注,一时轰动了蒙古史学界。

在日本,也先后出版了一系列有关《蒙古秘史》的研究著述。首先,由那珂通世最早日译的《成吉思汗实录》一书于1907年公开出版,因为穿插以流利文言文笔的蒙古语译文,并兼引了若干汉籍,再加以丰富的译注,而被称为日本明治时代不朽的东方名著(筑摩书房,1907)。其次,进入昭和年代,又相继有小林高次郎日译的《蒙古秘史》(生活社,1940)、《元朝秘史研究》(日本学术振兴会,1954),还有白鸟库吉的《音译元朝秘史》(《东方书文库》丛刊9,1942)等著作出版。这些译著从语言学角度,力求将汉文音译还原成蒙古语,也引起了学术界的极大兴趣,实为语言学研究的巨作。这一时期,学者服部四郎还发表了与小林高次郎《元朝秘史研究》同一主题的《元朝秘史中出现蒙古语言汉字之研究》的专著(日本学术振兴会,1954)。从1984年起,日本小泽重男的《元朝秘史全释》和《元朝秘史全释续考》陆续出版,共6卷,可以说是当今世界《蒙古秘史》研究史中的一座丰碑。

20世纪30年代以来,德国学者海涅什、苏联学者柯津、日本学者白鸟库吉、法国学者伯希和、匈牙利学者李盖提、澳大利亚学者罗依果等先后发表了《蒙古秘史》原文(根据汉字音译)的拉丁字音译本。

3.《金册》(*altan tebter*):成书约比《蒙古秘史》晚几十年,而论及研究史,则比

《蒙古秘史》早几十年。14 世纪初,波斯史家拉施特(1247—1318)先后受蒙古伊利汗合赞和完者都之命修撰《史集》。这是一部前所未有的世界通史,在当时是当之无愧的亚欧历史的百科全书。他在修撰《史集》的过程中充分利用和研究了当时秘藏于蒙古伊利汗国宫廷金库中的蒙古文《金册》。他是对这部文献最早也是唯一的研究者。用拉施特的话说,该书是蒙古人"逐代均曾用蒙语、蒙文加以记录,唯未经汇集整理,以零散篇章形式[保存于汗的]金库中""秘藏"的"信史","有关蒙古起源的史籍、与蒙古有亲属关系的突厥诸部的世系"。拉施特充分利用并考订、整理了《金册》这部蒙古文古代历史文献。拉施特研究《金册》的年代,应当与《史集》的写作同时进行,即在 1311 年至 1312 年之间。

《蒙古秘史》和《金册》这两部蒙古文历史文献,都在宫廷中被撰写、秘藏、研究过,因此,这两部蒙古文历史文献具有共同的、特殊的地位。

4.《萨迦格言》:又译成《善说宝藏》,吐蕃萨迦派高僧贡噶坚赞(Kun dgav rgyal mtshan,1182—1251)著,原文为藏文,蒙古文译本于 1269 年前完成。关于蒙文译者密咒大师索南戈拉的生平,文献资料没有什么记载,故暂无法做详细介绍。《格言》共 457 段,每段 4 行,共 1 828 行。1921 年至 1931 年间匈牙利蒙古学家李盖提(L. Ligeti)在内蒙古旅行考察期间从喀喇沁旗公爷府获取蒙古文译文。原件今收藏在匈牙利科学院图书馆(布达佩斯国立图书馆)。《萨迦格言》是中世纪蒙古语标准语的重要文献,从 13 世纪以来在藏蒙地区广为流传。

5. 此外,忽必烈于公木虎年(1254)给西藏僧侣的《藏文诏书》(*jav sa bod yig ma*)和鼠年(1264)《珍珠诏书》(*mu tig ma*)等两份文书的原蒙文件虽然丢失,但其完整的内容被保存在藏文文献中,被学界认定为对研究蒙藏佛教关系具有重要意义的珍贵文献。

6. 黑城蒙古文献残片:1907 年到 1909 年间,俄国东方学家柯兹洛夫(P. K. Kozlov,1863—1935)率领俄罗斯皇家地理学会探察队到中亚极东部藏区进行了考察,并从死城哈喇浩特(即"黑城"又名"黑水城",位于今内蒙古阿拉善盟额济纳旗达来呼布镇东南)遗址中发现了大量的西夏文书籍及其残片和西藏、蒙古等民族的文献及其残片。这是 20 世纪轰动世界的重大发现。然而,其中发现的蒙古文文献只有17件。对此,过去虽有一些研究,但只是对其文字、内容进行研究而已。然而,直到目前为止,我国学术界知之者很少。匈牙利蒙古学家卡拉·捷尔吉(D. Kara Gyorgy)于2003年在俄罗斯科学院东方研究所圣彼得堡分所编写的《东方文献》(第9卷,第2辑)上发表了从哈喇浩特出土的19件(包括回鹘文1件)蒙古文印刷品和手稿文书(大部为残片)的全部照片及其拉丁文转写,并撰写了评注,① 为学术界提供了极为珍贵的中世纪蒙古文文本文献,可谓功德无量。这些文献内容极为丰富,其中与蒙古古代历史相关的有早期借贷文契、寺院经济、契约、信件等蒙古社会经济文书,此外也有佛经故事、入官、推官等官方文书,尤其其中发现的成吉思汗与阿鲁剌惕氏的孛斡儿出那颜(G110背面)、忙兀惕部的智者之间对话的残片是属于成吉思汗至理名言的具有诗歌韵律的早期文献。另有《也先帖木儿给西域火洲之地官员的令旨》是蒙古统治者管理西域的范例之一。

7. 伏尔加河畔发现的桦树皮文献《母子情感歌》:1930年,在中世纪属于金帐汗国或术赤兀鲁斯(约1243—1502)领土的苏联伏尔加河右岸下游的一座古墓葬中有一位农民发现了带有装订线的25叶桦树皮文献,25叶中的13面写的是畏兀儿体蒙古文。这是13世纪末的文献,学术界将其称为《金帐桦树皮文书》,亦称《母子情感歌》。这首情感歌叙写了一个蒙古普通劳动妇女送儿子服兵役时的嘱咐和出发远征的儿子对母亲、家乡的思念之情,其内容与蒙古西征历史有密切联系,并且从其渊源而言是来自民间的一首对唱歌。原件今收藏在俄罗斯圣彼得堡市艾米塔尔(Ermitar)博物馆。

二、元朝时期(1271—1368)

1. 统治波斯的蒙古汗国—伊利汗国的诸王阿巴哈汗(Abaqa khan)、阿鲁浑汗(Argun khan)的两份信函,合赞汗(Qazan khan)、完者都汗(Oljeyitu khan)等于1267年(或1279年)、1289年、1290年、1302年、1305年分别致罗马教皇和法国国

① G. Kara, Mediaeval Mongolian Documents from Khra Khoto Xiyu in the St. Petersburg Branch of the Institute of Oriental Studies. Manuscripta Orientala, Vol. 9, No. 2 June 2003, St. Petersburg.

王的外交信函。这几份蒙文信函对研究蒙古与欧洲各国的联系有密切的关系，这些文献今分别收藏于梵蒂冈档案馆和法国档案馆。

2.《亚历山大传奇》(*Sulqarnai-yin tuγuji*)：吐鲁番出土蒙古文残篇13叶，被认定为14世纪初由波斯文译成蒙古文。今收藏于德国科学院东方学研究所图书馆。其对研究蒙古与西域文化交流史有特殊的史料价值。

3. 蒙汉文对译《孝经》(*takimdaqu nom*)：大德十一年(1307)木刻版。今原件收藏于故宫博物院图书馆。这部文献对研究元代蒙古人的语言、文化历史具有重要的文字学价值。

4. 吐鲁番发现的蒙古文文书：从新疆吐鲁番发现的蒙古文文献是在德国人几次进行吐鲁番考察过程中获得的。这些文献是于1902—1914年间由德国柏林民族博物馆以及后来的普鲁士科学院吐鲁番委员会先后组织了四次考察队派往新疆吐鲁番地区进行考古挖掘所得的蒙古文文献。通过四次挖掘共获得105张蒙古文文稿，其中大部分是元明时期的文书之类。自从艾里希·海涅什(Erich Haenisch)1959年发表了《柏林吐鲁番文集》(*Berliner Turfansammlung*)中的大部分蒙古文文献影印件以来其中的许多残页被欧美各国和蒙古国的蒙古学家们研究整理过。其中1993年蒙古国的策仁索德纳木(D. Cerensodnom)和德国的陶贝(M. Taube)合作刊行的《柏林吐鲁番文集中的蒙文文献》成为最新的、最完整的研究著作。

从吐鲁番发现的文本文献除了《亚历山大传奇》以外，值得我们注意的是，吐鲁番文献中的统治中亚河中地区的察合台汗国(1221—1508)后裔秃忽鲁帖木儿(1346—1363，中亚文献中出现的蒙古斯坦的第一代汗)于1352年给河中三个地域长官们的一份令旨(Uge，共9行字)，于1348年或1360年派遣大臣也先到高昌地区办理公务的令旨(共16行)，于1353年派遣孛罗海牙(Bolad qay－a)为首的使臣等到某地接纳使臣所需物品的令旨(共12行)以及秃忽鲁帖木儿之子亦里牙火者(Ilasqoja，1363—1370年在位)于1369年下达篾儿乞惕将军的有关豁免民户赋税的圣旨(jarliγ，共20行)；还有给印度斯坦使臣的羊年圣旨(共17行)；察合台汗国第14代汗怯别(Kebeg.，1318—1326)于1326年颁发黑色印章的解救赔款令旨(共10行)；第21代汗也孙帖木儿汗(1338—1339年在位)给驿站的圣旨(共14

行）等文书都是盖有红色印章或黑色印章的完整的畏兀儿体蒙文官方文书。这些文书是研究河中地区察合台汗国的政治、经济、文化和风土人情等方面有一定意义的重要资料。

5. 关于元代所译《彰所知论》蒙古文版及相关问题。元代，八思巴有一名著，书名为《彰所知论》（藏文为 *shes bya rab tu gsal ba*）。学界对此书的成书年代及藏、汉、蒙古文版本问题至今有不同说法。过去有的学者认为“现在不存西藏语或蒙古语的原书，只传中译本”。经王启龙先生的努力，发现了其藏文原版完整地保存在德格木刻板《萨迦全集》（*sa skyavi bkav vbum*）函中。在这一重要发现的基础上，经他专题研究，对《彰所知论》的藏文原文的写作年代目前可以定论，即“《彰所知论》藏文版中明确说明，八思巴在戊寅年（sa pho stag gi lo，阳土虎年，1278 年）于萨迦寺写成此论的”[①]。同时王启龙还指出了其汉译本成书于 1306 年以前。至于《彰所知论》的蒙文译本，在学术界至今仍然是个谜，王启龙根据德国蒙古学家海西希（Walther Heissig）教授于 1959 年在德国威斯巴登出版的《蒙古人的家谱与宗教历史文献》（*Die Familien-und Kirchengeschichtsschreibung der Mongolen*）一书的说法，认为“蒙文本时间更晚”，“至于蒙文本是译自藏文原文还是汉译文，尚须考证”。[②]

海西希以前俄国的蒙古学家科瓦列夫斯基首次提出，17 世纪蒙古著名佛学翻译家锡埒图·固什·绰尔济的一部著作即《必用之全义经》（*čiqula kereglekü̈i tegüs udq-a neretü sasdir*，也有人译成《本义必用经》）是八思巴喇嘛所著《彰所知论》的蒙古文译本或改写本。[③] 尤其是我们看到王启龙先生发表的藏文原文后认为，蒙文《必用之全义经》是一部完全独立的著作，而不是八思巴喇嘛《彰所知论》的译本。只要将蒙文《必用之全义经》同《彰所知论》略加对比，便不难看出这一点。锡埒图·固什·绰尔济在其著作中未曾提及八思巴喇嘛的著作，绝非偶然。他在

---

① 王启龙：《八思巴生平与“彰所之论”对勘研究》，中国社会科学出版社，1999，第 239 页。

② 王启龙：《八思巴生平与“彰所之论”对勘研究》，中国社会科学出版社，1999，第 225—226 页。

③ O. M. Kovalevskii，Buddiiskaya kosmologiya. Kazan，1837，p. 13.

《必用之全义经》的“跋语”中指出，作者是“应克穆齐克兀惕（部族）之善胜菩萨为首，明慧者希绕曾格二人以无垢虔诚之心再三请求译之此著，据前圣者之神圣教海与犹如冉冉上升的太阳般照耀之诸种经典之含意进行详实对勘后，名为满洲什礼·固什·锡埒图·绰尔济者，为犹如太阳般弘扬顶圣释迦牟尼之教，实为撰写而成。”要指出的是，海西希等学者所利用和发表的抄本“跋语”与笔者所看到的几种抄本以及内蒙古社会科学院的竹笔抄本之间差别很大。据我们考察，海西希所利用的抄本，无论从其内容还是从版本学角度而言，可以说是一部较劣质的抄本，不足凭据。

就内容和结构而言，锡埒图·固什·绰尔济的这部著作与八思巴喇嘛的著作完全不同。据藏文原文，八思巴喇嘛的著作是由五个部分，即器世界品、情世界品、道法品、果法品和无为法品组成的。而锡埒图·固什·绰尔济的著作可分为四个部分，即佛陀生平及其佛教学说、三界（欲界、色界、无色界）、印藏蒙王统世系、佛陀学说中需要知道的要义。

这样我们首先肯定了国内外现在流传的蒙古文《必用之全义经》不是八思巴喇嘛《彰所知论》的译本。那么《彰所知论》是否有蒙文译本？若有，何时翻译成蒙文？据我们的新近发现，《彰所知论》确实有其蒙古文译本，今藏于俄罗斯圣彼得堡国立大学图书馆，书名为《彰所知论》（*Medegdegün-i belgetey-e geyigülügci ner-e-tü Sasdir*），版心：36.8cm×9.5cm，共1—52a页，每页28—29行字，竹笔抄本。该抄本大约是清代1720—1730年间所抄。但我们根据抄本的句型结构、语言修辞和词法特征以及保持回鹘文书写形式和回鹘式佛教名词术语的多次出现等情况来看具有元代蒙文译经的特点，因此我们认为此抄本的译文属《彰所知论》的元代蒙古文译本的可能性很大。

三、北元时期（1368—1635）

1. 明朝景泰帝蒙古文敕书：汉文称“皇帝敕赐剌儿地面头目咩（yang）力儿吉的诏书”。这是明廷用蒙汉两种文字致伊朗剌儿地区（剌利斯坦 Laristan）长官的诏书，发诏书时间为明景泰三年（1452）十一月二十九日。原件收藏于土耳其国伊斯坦布尔市土布卡皮宫博物馆(Topkapi Sarayi Muzesi)。① 本诏书以及吐鲁番出土的文书证明,明朝最初的百余年里,蒙古文曾是明朝与西域某些国家之间进行联系的外交语言和文字。

2. 阿勒坦汗于1580年用蒙汉文对照的呈明朝皇帝的信札和《高昌馆课》(1407)也属于北元时代的用汉文逐字逐句译写,不顾蒙文语法特点,不懂汉文的蒙古人无法理解的特殊文献,但学术界完全可以理解和利用其内容。

3.《阿勒坦汗传》:原书题曰《名为宝汇集之书》,蒙古文原本为削竹笔手抄本,作者佚名。关于该书的成书年代,据学者们的考证是在1607年。全书共54经卷页,计107面,全书采用韵文体,以押头韵的四行诗为其基本形式。此书原藏于内蒙古乌珠穆沁右翼旗王府家庙内,现藏于内蒙古社会科学院图书馆,成为天下孤本。主要内容为赞扬土默特万户领主阿勒坦汗(1502—1582)一生的业绩,反映了当时蒙古右翼三万户的政治、经济、军事、文化和西藏佛教格鲁派等首次传入蒙古地区的实际情况并提供了很多过去鲜为人知的珍贵资料。

4.《白史》:原名《十善福经白史》。不少研究者根据16世纪著名思想家呼图克台·彻辰·洪台吉(1540—1586)重编的《白史》一书的"前言"认为,该书为元代忽必烈之作。但也有学者不同意此说。最早发现此书的是16世纪下半叶鄂尔多斯部呼图克台·彻辰·洪台吉。据洪台吉说,他从松洲城获得此手抄本后,与畏兀儿人比兰纳识里的旧抄本互校,并写"前言"公布于世。此后《白史》流传于世。从该书的整个内容来说,是一部有关蒙古国家体制与法制方面的典章性著作。

5. 从阿伦苏木(olan süm-e)发现的文书:由日本考古学家江上波夫(Egami Namio)率领的日本考察队先后于1935年、1939年、1941年在阿伦苏木古城(位于今内蒙古包头市达尔罕茂明安联合旗百灵庙镇之北三十余公里)遗址上进行挖掘后发现了200多件蒙古文文献残片。据德国海西希(W. Heissig)等学者研究,认为这些残片属于16—17世纪手稿。原件在日本国保存。1976年,德国海西希教授将其全部残片影印出版,并进行拉丁文转写、识读和考证(其中29件残片无法确

① F. W. Kleaves, The Sino-Mongolian Edict of 1453. in the Torkapi Sarayi Mütesi HJAS, XIII, 1950,431—446页,1—VIII图片。

认),为蒙古学界首次提供了阿伦苏木古城出土的蒙古文文献。残片的大部分是佛教经典、咒语经的抄本,也有不少有关天文历书、算卦书、格律诗以及与民俗学相关的重要的蒙文文献。

6. 蒙古国发现的《阿勒坦汗赞歌》及17世纪的桦树皮蒙文文献:由蒙古国考古学家H. 普日来(H. Perlee)带领的考察队于1970年在蒙古国布拉干省南部的哈剌布罕·巴尔嘎松城(黑牤牛城)遗址中发掘出1 400多块写有蒙古文和藏文的桦树皮文献。其中只有一部分蒙文法律文书由蒙古国已故学者H. 普日来公开发表,其他文献仍在蒙古国。这些文献学术界认定为17世纪前半叶的产物。1994年7月初,德国波恩大学中亚研究所举办了蒙古桦树皮蒙文文献展览,这是在蒙古国发现的上述桦树皮蒙古文文献中的一部分。在德国展览的桦树皮蒙古文文献是20世纪90年代初从蒙古国运到德国的粘连在一起而成为几乎无法修复和拆开的一大团整块物品。经德国有关专家们的努力,终于得到修复并还原成可以识读的桦树皮文献。德国波恩大学中亚研究所准备将这些桦树皮蒙古文文献全部出版。2000年,他们的首批成果在德国威斯巴登公开出版。根据该出版物,我们看到研究者们对其中的110份文献进行了内容分类、拉丁文转写和关键语词的考订和解释。他们认为这些文献写就时间大约在公元1600年左右。尽管幸存的这些文献大部分是残缺不全的、不连贯的甚至几乎没有一件是完整的,但是,这些文献与内蒙古黑城、阿伦苏木和新疆出土的吐鲁番蒙古文文献一样能够留存到现在,并被发现,最终成为能够使对此感兴趣的学者和读者看到和了解其内容的罕见文献,仅此一点就说明了蒙古人在元代和北元时期曾拥有过很多我们现在不甚知道的蒙古文文献。

从这些文献的内容来看,其绝大部分仍然是宗教经典,但还有一部分是宗教领袖人物、政界领袖的赞颂诗歌和民俗学方面的资料,如:其中的熏祭用品及其礼仪祭词、招魂词及祭火招词、各种民间咒语、历法书、占梦书、星占书等类文献在佛教传入蒙古以前和以后都曾有过,是研究蒙古民俗及风俗习惯不可缺少的资料。

值得特别指出的是,该出版物中有一首《阿勒坦汗赞歌》。这是一部极罕见的文献,尽管它只剩下严重破损而无头无尾的一叶(第6叶)的两面文字残片。残片中我们可以读到以“啊,我们的阿勒坦扯辰汗”一句为隔、四行重复一遍的优美的诗句。诗中描绘了阿勒坦汗的生平业绩,如建寺庙、修建呼和浩特、在平川上耕种农田、远征卫拉特部、从汉地掳掠财物、使自己的人民过上太平富裕生活等语句。据此,我们毫无犹豫地可以肯定,这是一首记录土默特部阿勒坦汗一生业绩的长篇叙事诗。仅此一点,该残片就可以作为在蒙古史及蒙古文学研究上一项具有历史意义的新发现而被载入史册。

7.《黄金史纲》(约 1628 年成书):作者佚名,多种抄本流传,有学者认为 2002 年蒙古国乔伊玛发表的影印本为最佳抄本。该书是继《蒙古秘史》出现后又一部集中反映从古代到林丹汗即位为止的蒙古历史,是研究北元汗系和诺颜、台吉谱系的珍贵资料。

四、清朝时期(1636—1911)

有清一代蒙古人则有了大量的书面历史文献、石刻文献、宗教文献、语言文献、法典文献、翻译文献和文学作品。随之,蒙古文历史文献也出现了一个新的发展高潮。

这个时期重要的蒙古历史文献的产生大部分都与当时东亚政治大局发生的重大变化有关系。当时是满洲贵族征服漠南蒙古地区,宣称他们是蒙古正统可汗,同时对漠北、漠西蒙古怀有继续征服的野心而蒙古民族将要失去独立地位之际。这些著作多数是以编年体为形式,从“奉天命而生的孛儿帖赤那”开始到成吉思汗的黄金家族为主线,将他们后裔的历史写到史家生活的那个时代为止的蒙古人的历史。有的史家由于深受当时正在鼎盛时期的藏传佛教思想的影响,将成吉思汗及其先祖的历史与印度、西藏的转轮王统紧密联系起来,以图阐明自己祖先的圣洁和高贵。这些编年史一方面反映了当时蒙古史家们记录民族存亡危机时刻的复杂的思想情绪,另一方面,也尤为难能可贵的是比较客观地记载了当时蒙古社会的政治、经济、军事、宗教和文化的历史进程。

清代在蒙古地区流传的主要史学文献现有《蒙古源流》(1662)、《黄金史》(1665)、《黄史》(1651—1662)、《阿萨喇克其史》(1677)、《恒河之流》(1725)、《蒙古博尔济吉忒氏族谱》(1735)、《金轮千辐》(1739)、《大蒙古国根本黄金史》

(1765)、《水晶念珠》(1775)、《蒙古王公表传》(1779—1812)、《金鬘》(1817)、《宝贝念珠》(1840)、《水晶鉴》(1850)、《圣主成吉思汗传记》(18 世纪中叶,松巴堪布·也摄斑珠尔著)等。

漠西蒙古卫拉特人被清朝征服的前后也用他们的圣哲扎雅班迪达创制的托忒文编写了几部有价值的史学著作,同样在蒙古地区流传。卫拉特人的著作有其地方特色,他们的所有史学著作几乎全部都是卫拉特地区的历史。我们应该提到的主要著作有《四卫拉特史》(1739),此后又出现了另一部《四卫拉特史》(1819),后者在前者内容基础上增加了一些新的章日。另外还有《土尔扈特诸汗历史》(18 世纪末)、《蒙古溯源史》(19 世纪初)、《乌讷恩素珠克图土尔扈特与青塞特奇勒图新土尔扈特诸汗之世系表》(18 世纪末)、《和鄂尔勒克史》(19 世纪)等以及一些晚近的著作。

19 世纪前后,在贝加尔湖周围生活的布利雅特蒙古人用蒙古文编写了与卫拉特人相同的具有地域特色的部族史。其中应该提到的主要著作有《霍里与阿辉布利雅特源流史》(1863)、《霍里十一父亲的溯源史》(1875)、《色楞格布利雅特史》(1868)、《巴尔虎津布利雅特史》(1887)等。还有一部以 16 世纪民间传说为主要内容的《巴拉珠娜夫人的传说》(约 17 世纪)的几种蒙古文传抄本在布利雅特地区广为流传。

有清一代蒙古人的历史文献中高僧传记文献也很重要。到了清代,蒙古地区的佛教得到前所未有的发展,随之在蒙古地区出现了众多高僧。清代的蒙古文史料中,蒙古高僧的传记是一个非常重要的历史文化宝库。由于这些高僧往往又是蒙古地区的宗教领袖,他们的传记大都有记事准确、时间清楚、涉及蒙古社会各个方面等特点,其中留下了许多珍贵的政治、经济和宗教活动资料,而这些资料又往往被清代的正史所忽略,因而可以弥补正史之不足。清代蒙古文高僧传记主要有:

1.《内齐托音一世传》:额尔德尼毕力衮达赖著,1739 年成书 。内齐托音(1557—1653)是卫拉特蒙古土尔扈特部人,著名的宗教活动家,为西藏佛教格鲁派在内蒙古地区的传播做出了巨大的贡献。传记的作者根据内齐托音一世弟子们的备忘录、各种笔记以及当时社会各界的口述而撰。全书分五章,第一章主要叙述了内齐托音的童年,出家赴藏;第二章在西藏札西伦布寺师从班禅学经,经土尔扈特到喀尔喀,然后到呼和浩特的经历;第三章是在呼和浩特地区周围山洞中修行三十余年的苦行僧生活;第四章为内齐托音一世前往东蒙古地区的传教过程:经当时的翁牛特、巴林到盛京,在科尔沁地区传教,清世祖顺治皇帝传其进京,返呼和浩特,再一次东返科尔沁等一系列活动;第五章为记录内齐托音圆寂情况。该传记是研究喇嘛教在内蒙古地区传播的第一手资料,尤其以在内蒙古东部地区的传教过程和佛教与萨满教的斗争记述更具价值。国内有乾隆间木刻版本和今人成崇德、申晓亭汉文译注本(《清代蒙古高僧传译辑》,全国图书馆文献缩微复制中心出版,1990)和金峰的蒙古文《漠南大活佛传》(内蒙古文化出版社,2009)等。

2.《内齐托音二世传》:内齐托音二世弟子达磨三谟陀罗著,1756—1757 年间成书。内齐托音二世(1671—1703),内蒙古茂明安旗人,一生都在漠南地区弘扬佛法,曾以清朝使者身份出使西藏邀请五世班禅(在康熙三十四年,公元 1695 年)。作者根据当时的口碑资料及自己掌握的有关材料撰写了他的童年、出家、学习佛法、奉命出使西藏、跟随皇帝出征厄鲁特等一系列活动,是研究 17 世纪末蒙古地区历史的重要资料。国内有清代手抄本和乌力吉图的汉译本(《清代蒙古高僧传译辑》,全国图书馆文献缩微复制中心出版,1990)和金峰的蒙古文《漠南大活佛传》(内蒙古文化出版社,2009)等。

3.《哲布尊丹巴传记》:据考察《哲布尊丹巴传记》有多种。主要有:①喀尔喀扎雅班第达·罗卜藏普棱列著《哲布尊丹巴一世传》,约成书于 1702 年,该部传记成为后人追叙哲布尊丹巴一世的蓝本。除蒙古文本外还有蒙藏文对照写本。②纳吉旺布喇嘛著《哲布尊丹巴一世传》,成书于 1839 年。此书基本资料出自罗卜藏普棱列著《哲布尊丹巴一世传》,但又增添了许多鲜为人知的细节。有木刻本和手抄本。③《哲布尊丹巴一世至六世传记》,著者纳吉旺布喇嘛,约成书于 1848—1851 年间。此书虽简短,但由于它提供了其他这类传记所没有的哲布尊丹巴一世转世的情况,仍不失为一部颇有价值的著作。④《哲布尊丹巴一世至七世传记》,著者佚名,约成书于 1859 年 。国内外有多种蒙、藏文版本流传。1961 年,英国学者鲍登英译出版了哥本哈根皇家图书馆藏该传记的蒙文抄本(Ch. 鲍登《库伦的哲布尊丹巴》(英文),威斯巴登,1961)。上述传记,对研究17世纪至19世纪喀尔喀蒙古的历史、文化、宗教,尤其是喀尔喀蒙古同清朝、西藏及卫拉特之间的关系,具有第一手资料的价值。在近代蒙古历史上,哲布尊丹巴的政治地位是不容忽视的,但汉文史料所提供的有关他的可靠情况实属微乎其微,甚至连他的名字也有多种讹传。国内有成崇德、申晓亭的汉译校注本(《清代蒙古高僧传译辑》,全国图书馆文献缩微复制中心出版,1990)。

4.《咱雅班第达传》:托忒蒙古文著作,书名为《兰占巴咱雅班第达传——宛如月光一样明亮》,简称《月光》。作者喇德纳巴德喇,成书于17世纪末。据蒙古国学者B.仁亲教授的看法,该传最初是以藏文撰成,后译成托忒文,最后转写为蒙古文。书中详细记载了咱雅班第达(1599—1662)一生的政教活动,同时记述了卫拉特蒙古当时的社会状况、政治变迁以及宗教文化活动,是一部研究17世纪四卫拉特政治、历史、宗教、文化等的重要资料 。该书的蒙古文本手抄本最初发现于喀尔喀咱雅班第达图书馆,于1959年在乌兰巴托铅印出版 。国内有新疆敖日布的蒙古文本和成崇德、申晓亭汉文译本(《清代蒙古高僧传译辑》,全国图书馆文献缩微复制中心出版,1990)。

清一代蒙古人的历史文献中法律文献也很重要。北元后期由于蒙古诸部的封建割据而致蒙古诸部几乎处于各自为政的状态。因此,清初在蒙古地区没有产生一部全蒙古性质的法律文献即法典。当时在蒙古地区所产生的法典或由北元蒙古某部有权势的汗王所颁定,或由某一地区的封建主们商定颁布。

我们现在发现的16世纪到17世纪的蒙文法典主要有:除了《阿勒坦汗法典》(1578—1581)外,另一些重要的法律文献是喀尔喀诸部制定的一系列大小法典(16世纪后半叶到1639年为止)。这些法典是由蒙古国考古学家H.普日来(H. Perlee)带领的考察队于1970年在蒙古国布拉干省南部的哈剌布罕·巴尔嘎松城(黑牤牛城)遗址中发掘出1 400多块写有蒙古文和藏文的桦树皮文献中发现的。其中发现18份蒙文法律文书,于1974年由H.普日来公开发表。① 这是由喀尔喀

① H. Perlee , Qalqyin sine oldson caaz erkemjiin dursɣalt bičig (Kh. Perle . Newly discovered juridical Document Khalkha-Mongolia) . Ulaanbaatar. 1973. pp. 3 – 139.

七旗贵族先后在不同盟会上制定的18份法律文书，故学界称其为《喀尔喀七旗法典》，亦称“桦树皮法典”。其中大部分法律文书前有“小法典”等字样，唯有两部法典冠有“大法典”名称：一是“申年大法典”（1620），共有法律条文92条，H. 普日来认为这是指《喀尔喀七旗法典》；此外还有一份《土卯年大法典》（1639），遗憾的是被发现的这部大法典只有一页残片。这一年正是一世哲布尊丹巴升法座之年，而且一世哲布尊丹巴本人和喀尔喀部扎萨克图汗及吐谢业图汗等人都来参加，看来是制定了一项重要的法典。有的学者认为很可能是“申年大法典”的修改或者是补充的大法典。该法典制定的次年即1640年，喀尔喀和卫拉特贵族共同制定了《也克察吉》（《大法典》），其内容突出了调整喀尔喀和卫拉特两部关系、共同抵御外敌和推崇黄教的内容。法典把抵抗侵略者作为全体社会成员的职责，放在相当重要的位置上，这是喀尔喀和卫拉特两部面临清朝和俄国的兼并而做出的应对措施。

我们现在所说的《也克察吉》的最初的文本毫无疑问是畏兀儿体蒙古文，因为当时还没有创制托忒蒙古文，然而迄今为止国内外学者没有发现其最初的托忒蒙古文文本。现在我们所看到的全都是托忒文抄本。① 根据早期托忒文抄本，该法典的原名称，即准确的名称为《也克察吉》（大法典），然而后来人们根据其内容，为《也克察吉》妄加了各种各样的名称，其中最普遍使用的名称便是《喀尔喀—卫拉特法典》。此外，还有《蒙古—卫拉特法典》《卫拉特—蒙古法典》《卫拉特法典》《1640年喀尔喀—卫拉特法典》《1640年法典》《也克察津文书》等。从文献学角度来看，我们应该而且必须用其原来的名称——《也克察吉》（大法典）。②

清朝蒙古法律最初基本上采用蒙古原有的法律形式，是为适应蒙古社会而制定的，但是到后来不断修订，加进了大清律的内容，其中《蒙古律书》最为典型。从

---

① 查阅公开刊行的国内外目录，该法典的托忒文抄本馆藏有5处：1. 莫斯科国家档案馆卡尔米克文馆藏部1部；2. 圣彼得堡东方学研究所图书馆2部；3. 圣彼得堡大学图书馆1部；4. 内蒙古社会科学院图书馆1部。

② К. Голтстунская, Монголо - Ойратские закон 1640. Санктпетербургъ, 1880, стр. 2（影印版：《也克察吉》）. 此外，苏联的布里亚特学者 с. д. Дылыков 于1981年在莫斯科刊行的《也克察吉》一书同样用了该书的准确的原名 yeke čaγaja.

天聪二年(1629)开始陆续颁布,不断增加内容,由崇德八年(1643)、顺治十四年(1657)、康熙六年(1667)到康熙三十三年(1694)时颁布的《蒙古律书》已经成为152条。[①] 乾隆六年(1741)重新修订,以后又几次修订,并改译其名为《蒙古律例》,译成满文和汉文。此外还有蒙文《理藩院则理》于嘉庆二十三年(1818)蒙文本刊行。

《喀尔喀·吉鲁姆》(喀尔喀法典),共由24个法令组成,指定时间约在1709年至1770年间。其中主要有《三旗法典》(1709)共25条;《虎年条例》(1722)共3条;《土猴年条例》(1728)共7条;《土谢图赛因汗、达赖车臣汗等商定的龙年条例》(1736)共36条;《乾隆十年条例》(1745)共12条;《供施二主条例》(1746)共25条;《赛马条例》(1729)共13条等等。上述蒙古文法律文献对研究蒙古古典法制及其历史性的延续性和古代蒙古政治史、社会史的研究有重要的史料价值。

有清一代蒙古文历史文献流传范围广,版本繁多,对研究蒙古人的历史有着不可忽视的史料价值。

乔吉

2014年1月于呼和浩特

① С. Д. Дылыков, MongGul-un čaγajin-u bi čig. Москва, 1998.

目录

序

［译文］

顶礼上师！[①]

依无比三宝[②]之神力，

依护佑密乘本尊[③]之神通，

依伟大护法诸神[④]之法力，

依赖种种福荫，

愿繁衍生息吧，黄金家族[⑤]！

虽将圣主成吉思合罕的子孙称作天子者多，

但深入探究详细叙述者甚少。

在他人询问时，为了使糊涂人弄明白[⑥]，

以孛儿只斤氏[⑦]为主将［历史］叙述到现在。

达赖喇嘛[⑧]所著《圆满史》[⑨]一书间接引用了［一段］比喻："《郎氏麟卷》[⑩]云：人如果不了解自己的族源，好比森林中的猴子。人如果不知道自己的姓氏，好比假的绿宝石雕龙[⑪]。［人］如果永世不了解有关祖先事迹的史书，好比丢弃［自己］孩子的门巴人[⑫]。"[⑬]"贵人需要美名荣誉，事业需要圆满目的，大人需要高贵名分。"[⑭]

遵照这样的法旨，为了使当今不懂得［历史］的人了解［历史］，并希望［我们的］子孙读后继续写下去，将［史事］概括叙述，撰为此史。

［注释］

① 顶礼佛祖、顶礼上师、项礼法宝，是宗教文人作品的开篇习惯用语。

② 三宝："一切之佛陀 Buddha 佛宝也；佛陀所说之教法，法宝 Dharma 也；随其教法而修业者，僧宝 Samgha 也。佛者觉知之意义，法者法规之义，僧者和合之义也。"见丁福保：《佛学大辞典》，福建莆田广化寺印行，1990 年，第 366 页。

③ 原文：Idam，来自藏文 yi-tham，指密乘的不共依怙主尊佛及菩萨。

④ 护法诸神：原文 nom-un sakiγulsud。护法神，蒙古语有时还称 čoyijong，来自藏语 chos-sgyong。护持佛法的诸神。

⑤"黄金家族"，指成吉思汗后裔。在清代，确切地说是指达延汗诸子后裔诸台吉。成吉思汗诸弟后裔台吉不在黄金家族之列，他们与成吉思汗后裔诸台吉联姻，属于"姻亲台吉"(uruγ tayiji)。"依赖种种福荫，愿繁衍生息吧，黄金家族!"这句，在原书中出于押头韵的需要，将其顺序打破，写成了"愿繁衍生息吧，黄金家族，依赖种种福荫"。所以，鲍音译文出现了明显的断句错误(《阿萨垃格齐蒙古史》，《昭乌达蒙族师专学报》，1989 年第 1 期，第 87 页)。

⑥ 原文中的 ergičin 一词的词根为 ergi-，本意为"回头"、"打转"，衍生意为"晕头转向"，"糊涂"等。-gčin 是名词后缀，多用于指人的名词。该词在这里指缺乏蒙古历史知识、糊里糊涂的人。

⑦ 本为成吉思汗祖先出生的氏族名称，后来演变为姓氏。

⑧ 此指五世达赖喇嘛阿旺罗桑嘉措(1618—1682)。

⑨ 达赖喇嘛所著《圆满史》：五世达赖喇嘛阿旺罗桑嘉措于 1643 年所撰《天神王臣下降雪域陆地事迹要记——圆满时节，青春喜宴之杜鹃歌声》一书的简称。原文中将该书藏文名用蒙古文音写，同时附了藏文原文，但是把

rjogs 误写为 sjogs。该书藏文原名为 Gans čan yul gyi sa la spyod pa'i mtho ris kyi rgyal blon gco bor brjod pa'i debt her rjogs ldan gzon nu'i dga'ston dpyid kyi rgyal mo'i glu dbyangs，简称 bod kyi rgyal rabs debt her rjogs ldan gzon nu ma。17 世纪蒙古编年史《大黄史》中简称为 Jalaγus-un qurim《青春喜宴》（莎斯基娜：《沙剌图济：一部 17 世纪蒙古编年史》，莫斯科—列宁格勒，1957 年，第 15 页）。刘立千先生根据本书内容汉译为《西藏王臣记》。这本书记载了释迦牟尼先世、吐蕃王朝历史人物、萨迦政权和帕木竹巴政权时期的西藏历史人物以及 17 世纪西藏的藏巴汗和顾实汗等人的传记。该书既是一部西藏历史文献，又是一部西藏文学巨著，是藏族文化遗产中的瑰宝。鲍音译注的《阿萨垃格齐蒙古史》把此书与 16 世纪西藏另一部历史文献《贤者喜宴》混淆，并说《贤者喜宴》又名《青年宴史》《青年之宴》，误（《昭乌达蒙古族师专学报》，1989 年第 1 期，第 94 页）。

⑩《郎氏麟卷》：指绛求坚赞所著《郎氏家族史》，藏文名为 rlans kyi bo ti bse ru，直译为“朗氏麟卷”。赞拉、阿旺、佘万治等将此书译成汉文，取名为《郎氏家族史（又名郎氏灵犀宝卷）》（西藏人民出版社，1988 年）。该书的作者为西藏帕竹政权第一代执政王绛求坚赞（1302—1371）。本书的内容，第一部分是郎氏家族史，其中保留了许多神话故事，第二部分为作者的自传。

⑪ 原文为 jasadaγ，不甚符合蒙古语表达习惯的藏文硬译。译成 kimel gyu luu 等更合适一些。

⑫ 门巴是族称。门巴人主要居住区是西藏门隅（还包括墨脱等地）。门隅处于喜马拉雅山脉南麓，西同不丹毗邻，道路艰险，交通闭塞。门巴人的语言属汉藏语系藏缅语族，通用藏文。门巴人主要信仰藏传佛教，也有部分人信仰原始宗教。这里有贬低门巴人的意思。

⑬ 这段引文，刘立千在《西藏王臣记》中汉译为：“郎氏族谱《灵犀宝卷》云：‘若人不知自己所出之家世，犹如林中之猿猴；不知自己之高贵种姓，犹如虚假之苍龙；不知父祖业绩之史传，犹如被弃之孤儿。’”（民族出版社，2000 年，第 79 页）赞拉、阿旺、佘万治等的译文为：“生而为人，若不知自己

的族属，则宛如林中的猕猴；人若不知自己的母系血统，则犹如虚假的苍龙；若不知祖宗的谱系，则像离乡背井的门巴孩子。”（西藏人民出版社，1988 年，第 6 页）据《郎氏家族史》载，这段话出自郎氏贝季僧格（dbal kyi seng ge）之口（同上，第 6 页）。在《阿萨喇克其史》中，这段话的蒙古文原文为：“dalai blam-a-tan jokiyaγ-san：sčuwags ldan（Tib：sjogs ldan）dibtir-tur：dam üliger tataγsan-anu rlang（Tib：rlang）-un bseru（Tib：bse ru）boti-ača yerü rüg-sen kümün öberün uγ ija-γur-i ese medebesü oi dotra-ki bečin-dür adali：kümün öberün obuγ-iyan ese mede-besü jasadaγ gyu luu-dur adili：ečige ebüges eyimü eyim kemeküi bičig-ün egüri ese mede-besü mön keüken-i jabqa-ju gegegsen-dür adali kemegsen kiged.”《大黄史》的卷首也引了贝季僧格的这段语录。其原文为：“dalai blam-a-yin nomlaγsan jalalγus-un qorim kemekü teüken-dür，yerü kümün öber-ün uγ ijaγur-iyan ese medebesü oi dur dügüregsen sarbačin-dur adali：öber-ün obuγ-iyan ese medebesü üyün（okyu）-ber keyigsen luu-dur adili：ečige ebüges-ün eyimü eyim kemekü bičig-üd-ü（i）ese üjebesü mön keüken-ü（i）jabqaju gegsen-dür adali kemegsen buyu.”达赖喇嘛所著《青春喜宴》曰：“凡人如果不了解自己的族源，好比弥漫在森林中的猴子。人如果不知道自已的姓氏，好比用绿宝石做成的龙。[人]如果不读有关祖先事迹的史书，好比门巴人把[自己的]孩子丢弃一样。”（《大黄史》D 本，第 1 页下）两书相比较，《阿萨喇克其史》明确指出，这段话是达赖喇嘛在《圆满史》中间接引用了《郎氏麟卷》，并在行间附了《圆满史》和《郎氏麟卷》的藏文书名简称的原文。从内容上看，善巴的译文比《大黄史》作者的译文更准确。据此可认为，善巴可能掌握很好的藏文知识，他可能直接利用过达赖喇嘛的《西藏王臣记》。假设善巴的引文是仅对《大黄史》相关内容进行编辑而得，那么他不会知道达赖喇嘛这段话是从《郎氏麟卷》间接引用的，更不能附藏文原文。

在原文释读上，这段话的第三句有一些问题，即《阿萨喇克其史》和《大黄史》中的“…… mön keüken-i jabqaju gegegsen-dür adali”。其中的 mön 在

蒙古语中可解释为“该”、“本”、“就这个”等,所以整个句子令人有些费解(如不顾意境,可以理解为“好比将该姑娘抛弃了一样”)。鲍音译注《阿萨垃格齐蒙古史》把这句话译为“若不读前辈之典籍,则似迷路之儿童”(《昭乌达蒙古族师专学报》,1989 年第 1 期,第 87 页),显然没有明白其原意。德国学者堪培根据该引文的藏文原文(mon phrug yal bor dan'dra),第一次正确解释这里的 mön 即藏文的 mon(门巴人)之意(Hans-Rainer Kämpfe, *Das Asaraγči neretü-yin teüke des Byamba Erke Daičing Alias Šamba Jasaγ*(*Eine mongolische Chronik des* 17. *Jahrhunderts*),*Asiatishe Forshungen*, Band 81, Otto Harrasowitz, Wiesbaden 1983 H. -R. 堪佛:《善巴额尔克岱青扎萨克所著〈阿萨喇克其史〉——一部 17 世纪蒙古文编年史》,《亚洲研究》丛书第 81 卷,威斯巴登,1983 年,第 44 页)。

⑭ 这段话刘立千译为“生而为人,应有名声;所学之法,应有所宗;身为大人,应有高风”(《西藏王臣记》,民族出版社,2000 年,第 79—80 页)。《阿萨喇克其史》中的这段话译自藏文,其藏文原文为:“skyes pa'i mi la grags pa'i gtam dgos, bya ba'i chos la grub mtha'dgos, che ba'i mi la mtho pa'i dogs”,据此,我们译如上文。鲍音译为“圣教之言于众有益,修善福事于诵经者有益,博大智慧于高尚者有益”(《昭乌达蒙古族师专学报》,1989 年第 1 期,第 87—88 页),译文与原文相距甚远。

第 1 卷

［译文］

自印度最初的摩诃三摩多王[①]以降，至净饭王[②]，经历十二万一千五百一十四代［王］以后，在净饭王之子释迦牟尼[③]涅槃一千多年后，印度百军王[④]的幼子，头发指甲全是青色，手和足扁平，眼睛向上合，父母认为是上天［派来］的鬼的化身而将他赶走。吐蕃一苯教徒为首的十个贤者拾到［那孩子］，问他"你从哪里来？"［那孩子］用手指向上天，"是天上来的。［正好］我们吐蕃国没有君主。"于是［他们将那孩子］驮在脖子上带了回来。这就是吐蕃最初的"颈座王"[⑤]。［颈座王］后裔吐蕃达赖苏班金座王生三个儿子：孛啰出、失宝赤、孛儿帖赤那。因为兄弟内部不和，孛儿帖赤那来到扎答地方，娶名叫豁埃马阑勒的未婚女子为妻[⑥]，据说是成了［后来的］蒙古氏族。

据《青史》[⑦]记载：最初为天子孛儿帖赤那[⑧]，他的儿子为巴塔赤罕[⑨]。他的儿子为塔马察[⑩]。他的儿子为豁里察儿篾儿干[⑪]。有人说他［豁里察儿篾儿干］就是如今盛传的镇坐在莽古斯嘴上的莲花生[⑫]。豁里察儿篾儿干的儿子为阿兀站孛罗温勒[⑬]。他的儿子也客你敦[⑭]。他的儿子挦锁赤[⑮]。他的儿子为哈出[⑯]。这是《青史》［所记］情况。

其他史籍记载：挦锁赤的儿子撒里合勒札兀[⑰]。他的儿子为孛儿只吉歹篾儿干。他的儿子为脱罗豁勒真伯颜。脱罗豁勒真伯颜之［妻］巴儿忽真豁阿所生的朵奔篾儿干和都蛙锁豁儿二人[⑱]。朵奔篾儿干之［妻］、秃马惕［部落］的豁里剌儿台篾儿干的女儿阿阑豁阿生有不忽合答吉、不合赤撒勒只二人[⑲]。不忽合答吉的子孙成为合答斤氏。不合赤撒勒只的子孙成为撒勒只兀惕氏。孛儿帖赤那的子孙从此分出支派。[如此]似乎没有考证出蒙古诺颜们的祖先为孛儿帖赤那。朵奔篾儿干去世后，阿阑豁阿没有丈夫却生下了孛端察儿。不忽合答吉、不合赤撒勒只二人说道："近边没有男人，这个儿子是谁的呢？"他们的母亲[阿阑豁阿]发觉后说："你们生疑是对的。每到黑夜[里]，有个透明的黄色的人，沿着天窗进来时，屋内[一片]光亮。早晨变成黄色的狗出去。看征兆或许是上天的儿子吧！"《青史》和达赖喇嘛的《青春喜宴》两部书称，"感日月之光所生的孛端察儿蒙合黑。"[20]

孛端察儿的了孙成为孛儿只斤氏[21]。孛端察儿的儿子为合必赤把阿秃儿[22]。他的儿子为必乞儿把阿秃儿[23]。他的儿子为篾年土敦[24]。他的儿子为合赤曲鲁克[25]。他的儿子为伯把儿思升豁儿多黑申[26]。他的儿子为屯必乃薛禅[27]。他的儿子为合不勒合罕。他的儿子为把儿坛把阿秃儿。他的儿子为也速该把阿秃儿[28]。

[一天]也速该把阿秃儿兄弟几人捕猎时，发现了一群移牧人的踪迹，便顺着追上去。原来篾儿乞惕[部]的男人赤列都从斡勒忽讷兀惕部娶了名叫诃额仑的女孩子正在归家。当也速该把阿秃儿兄弟几人追到时，赤列都鞭策着他那快黄马逃跑。[也速该等从后面]追赶，[赤列都]绕过一小山嘴，转回到自己的车旁。诃额仑说："刚才那三人行色可疑，或许会害你的性命。你只要性命在，妻子总会有的！为了一女子，牺牲性命不值。常闻着我[身上的]气味吧！"她说着脱下自己的衬衫给了[赤列都]。赤列都很生气，刚接过衬衫，[也速该]兄弟追了上来，于是急忙逃命。[也速该兄弟]追赶，过了三条河没能追上[才罢休]。

带诃额仑返回时，也速该把阿秃儿牵着[车子的]缰绳，他哥哥捏坤太师做前导，弟弟答里台斡惕赤斤赶车。[途中]诃额仑大声哭泣。答里台斡惕赤斤说：

"你要搂抱的，
已经翻越过重重山岭。
你在哭泣的，
已经涉过无数条河。
寻也寻不见踪迹，
望也望不到身影。

你的哭声他已经听不到了，

再也不会回来了。

不要作声了！”

诃额仑默不作声了。据说，这就是也速该把阿秃儿娶诃额仑的经过。

也速该把阿秃儿俘获塔塔儿[部]的帖木真归来时，诃额仑生下了手里攥着髀石大小黑色凝血块的男婴。因为恰好在俘虏帖木真时降生，所以取名为帖木真。从第二天开始，有一只鸟落在伸入水中的陆地上的一块石头上，顺时针盘旋鸣叫了三天。也速该把阿秃儿心想，这孩子刚一出生，[就出现了]这只鸟，或许是[好]兆头。于是砸开石头一看，里边有一枚玉玺。那只鸟又飞来落在门上，叫“成吉思！成吉思！”这就是[给帖木真]起为成吉思的缘由[29]。

依长生天之气力所形成，降生到人间的名为成吉思的男儿，于水马年夏初月十六日，出生在斡难河的迭里温孛勒答黑地方[30]。

诃额仑母亲所生哈布图合撒儿生于木猴年[31]。哈赤古生于火狗年[32]。斡赤古生于土鼠年[33]。另一个[妻子]芒吉仑[34]生了别克帖儿、别勒古台二人。

成吉思九岁时，也速该把阿秃儿带他前往诃额仑的娘家斡勒忽讷兀惕[部]去，想为他聘媳妇。途中遇见翁吉剌惕部人德薛禅。[德薛禅]问：“也速该亲家到哪里去?”也速该说：“我去斡勒忽讷兀惕为儿子聘媳妇。”德薛禅说：“这两宿梦见一只白海青抓着日月飞来，落在我的手上。向他人打探这一梦。[这白海青]本来是你们乞颜部孛儿只斤氏的吉兆。到我家去吧！家里有个名叫孛儿帖的十岁的女儿。

自古以来我们翁吉剌惕人，

与他国无争，

将颜面秀丽的姑娘，

嫁与皇家。

[让她们]坐在大篷车，

驾着黑色公驼，

送上皇后之位。

将姿色美丽的姑娘，

坐在高轴车，

驾着黑青色公驼，

送上国主皇后位。

到我家去看看吧！”㉟

说着就把[也速该父子]请到他家里。[也速该]看那姑娘，是一位面上有光，目中有火的姑娘。看了很是中意。[也速该父子]宿了一夜，第二天[向德薛禅]聘他女儿。德薛禅说：

“不是多次聘娶后应允就能受敬重，

不是一次聘娶便答应就被欺凌㊱。

女孩子的命，不可老在生身之家乡。

我把女儿许配，你将儿子留下。”

于是，也速该把阿秃儿留下儿子回去了。独自归途中，遇见塔塔儿人正在举行宴会。[他]心想“[这是]可怕的部众啊！但不能躲过去呀！”便赴了宴。[塔塔儿人]在食物里下毒[给他吃]。途中，[也速该把阿秃儿]发病㊲。回到家里，也速该把阿秃儿说道：

“途径可怕的塔塔儿国，

享用了美味的食物，

生命已垂危。㊳

身边有谁在？”

有人道：“察剌合老人的儿子蒙力克在。”将蒙力克叫到跟前说：“留下成吉思在德薛禅那里做女婿，归途中被塔塔儿人暗害。我很难受。快去把成吉思带回来！”说罢，就去世了。蒙力克去对德薛禅说：“也速该把阿秃儿思念成吉思，我来接成吉思回家！”德薛禅说：“回去吧！快回来啊！”就让回去了。

蒙力克接回成吉思后，泰亦赤兀惕人将成吉思母子遗弃在营地迁徙了。察剌哈老人前去泰亦赤兀惕人处劝阻塔儿忽台乞邻勒秃黑时被他刺了一枪。察剌合老人受了伤，回家躺下。成吉思去探望时，察剌合老人对成吉思说：“你贤父所收的我们的兀鲁思，被你们泰亦赤兀惕兄弟们带着走了。我前去劝阻，竟被刺伤成这个样子！”成吉思［听后］哭着回去了。诃额仑前去追回了部分百姓。可是［不久］，那些百姓又丢下［成吉思一家］跟随泰亦赤兀惕人迁走了。

诃额仑母亲撅着山药养育着孩子们。有一天，成吉思和合撒儿二人对诃额仑母亲说：“前天，别克帖儿和别勒古台二人抢去了我们钓到的鱼。今天又夺去了合撒儿射中的一个雀儿。除掉别克帖儿和别勒古台二人吧！”母亲说：

“除影子之外没有伴当，

除尾巴之外没有鞭子。

不要说出先前阿阑豁阿母亲

孩子们说的那种话！”如此大声责骂。

成吉思、合撒儿把门猛力一甩，出去了。别克帖儿和别勒古台俩正坐着看管八匹银合马，成吉思从前面，合撒儿由后面走了过来。别克帖儿［发现后］说：“你们要杀我就杀吧！但不要杀别勒古台弟弟，他必定会给你们出力气。”[39]杀了别克帖儿，成吉思、合撒儿回到母亲跟前。母亲说：

“像冲向山崖的野鹰，

像咬噬胞衣的狗，

像雨中奔窜的狼，

像咬驼羔脚踵的雄驼，

像捕不到的老虎，

我的儿子们啊，

你们怎么变成这样了呀！”[40]如此训斥。

正在此时，泰亦赤兀惕人突然袭击，把成吉思只身捉去，戴上木枷，［每家］轮值看管。锁儿罕失剌[41]的两个儿子赤老温、沉白心疼他。有一天，夏月十五日[42]，泰亦赤兀惕人举行盛大宴会，将成吉思交给一个弱者看管。成吉思用木枷击倒［那人］逃跑。那人大声喊叫而去。于是泰亦赤兀惕人全体［出动］寻找［成吉思］。成吉思跳进斡难河里躺下，只露出嘴。锁儿罕失剌看到后说：“正因为你这样有智谋，才目中有火，脸上有光。赶紧回到母亲身边！我不会告发你的！”说罢，便走开

了。等泰亦赤兀惕人解散后,成吉思来到救命人锁儿罕失剌家里。锁儿罕失剌责备说:“我不是叫你回到你母亲那里吗?你怎么到[我家里]来了?”赤老温、沉白两个儿子说:“雀儿钻进树丛,藏在里面不外出。孛儿只斤后裔投奔咱家,[咱们]死就死吧![保护他吧]”说着就用斧子砸开木枷,将成吉思藏进装羊毛的车里。泰亦赤兀惕人称:“带木枷的人能逃到哪里?咱们挨户搜查!”第二天搜到锁儿罕失剌家,要搜羊毛车时,锁儿罕失剌发怒,说道:“这么热的天能把活人藏在那里边吗?我没偷你们的什么东西!”于是[搜查的人]都散去了。锁儿罕失剌对成吉思说:“你险些把我们断送了,你回到你母亲那里吧!”说着,让他骑上一匹不生驹的黄色骒马,又给一只吃两个母乳的肥羊羔肉做干粮,送走。[成吉思]沿着先前筑过栅寨的地方,寻踪辩迹,到斡难的别迭儿山嘴与母亲相会了。

从此,[成吉思一家]往不儿罕合勒敦山前的桑沽儿小河畔居住。有一天,强盗把八匹银合马抢去了。傍晚,别勒古台在甘草黄马上驮着旱獭,牵着马步行回来。[听到八匹银合马被抢]说:“我去追!”合撒儿说:“你不行,我去追!”成吉思说:“你们俩都不行,我去追!”说罢,骑上甘草黄马,循着踪迹,追了三宿,遇见有一个少年看管一大群马。成吉思向他打听八匹银合马。那少年回答说:“从这里被赶过去了。那可儿(伴当),[看来]你很艰辛,男子汉的艰辛都是一样的。我愿和你结伴!我的父亲名叫纳忽伯颜,我是他的独生子,叫孛斡儿赤。”说罢,给成吉思骑上黑脊白马,自己骑上淡黄快马,没跟父亲打招呼就去了。循着踪迹又追了三宿,到了一个大“古列延”(圈子),看见众人正围着八匹银合马睡觉。成吉思对孛斡儿赤说:“那可儿,你留在这里,我进去赶出来!”孛斡儿赤说:“平安时结为伴当,战乱时逃避退缩。那样的话,我帮你没有一点儿功劳!”[43]说着一同进去[将八匹银合马]赶了出来。从后面追上来时,孛斡儿赤说:“那可儿,你把弓箭给我,我来[与他们]对射!”成吉思说:“我怕你为我而受到伤害!”说着,返身对射。追来的人便停下来了。走到纳忽伯颜家附近,成吉思说:“那可儿,如果没有你,我自己怎能找回这些马呢?咱们平分吧!”孛斡儿赤说:“好那可儿!因为你很艰辛,我才来帮忙。怎能要[你的马]呢?我父亲纳忽伯颜的积蓄,对我这个独生子是用不尽的。如果要了[你的马],我的帮助算什么帮助呢?”这样没有接受。来到纳忽伯颜家里,[看见]纳忽伯颜因过于悲痛而[生病]躺着。一见儿子就问:“到底发生了什么事?”孛斡儿赤说:“我看到这位好那可儿很艰辛,就同他去了,现在回来了!”纳忽伯颜笑着说道:“从今以后,你们两个孩子不要放弃相助!”于是,宰了一只吃两母乳的肥羊羔做干粮,叫他返回。成吉思从那里出来,过了三天,才回到在桑沽儿小河边的家里。

成吉思派合撒儿、别勒古台二人前往德薛禅那里[44]。“先前曾聘过德薛禅的女儿,你们二人前去聘来!”这样派遣了。[他们二人]顺着客鲁涟河,到了德薛禅家里。德薛禅说:“我听说泰亦赤兀惕人加害了成吉思及其兄弟们,今天太阳给我升起来啦!”于是,许配了孛儿帖兀真。[孛儿帖兀真的]母亲搠塔一直送到桑沽儿小河的古连勒古[地方]。等搠塔母亲返回后,[成吉思又]派别勒古台去请孛斡儿赤来做那可儿。别勒古台一到,孛斡儿赤连向父母都不禀告,就骑上一匹拱脊甘草黄马,同别勒古台一同来了。此后,[成吉思一家]迁到客鲁涟的不儿吉额儿吉地方。

成吉思、合撒儿、别勒古台三人前去拜见王罕,说:“昔日您曾与我父亲结为安答,也就如同我的父亲。[现在]我给您带来了娶亲时[丈人家]给穿的貂皮袄!”就[把貂皮袄]给[王罕]穿上。王罕非常高兴地说:

“作你貂皮袄的回报,

要把你溃散的国众聚集到一起!

作为你黑色袄的回报,

要把你散失的百姓聚合到一起!”

兀良哈的札儿赤兀歹老人领来名叫者勒篾的儿子,[对成吉思]说:“当初,在斡难河边的迭里温孛勒答黑地方时,你成吉思出生的时候,我曾[给你]做过摇车,[连同]这个三岁的者勒篾送来,但因为说他还小,就带回去了。如今又把者勒篾领来,为你备马鞍子吧!”

有一天早晨,在诃额仑家中使唤的老妇人豁阿黑臣起早后说:“有大动静!快起来!”成吉思、合撒儿、别勒古台、哈赤古、斡赤古、孛斡儿赤、者勒篾、诃额仑母亲九人[各自]骑上了马,孛儿帖兀真没有马骑。骑上马的人登上了不儿罕合勒敦山。来军抢走了孛儿帖兀真、别勒古台的母亲芒吉伦和老妇豁阿黑臣三人。那些

敌人是篾儿乞人。[他们是]因为早先也速该把阿秃儿从也客赤列都处抢来诃额仑母亲之故前来报仇雪恨。[篾儿乞人]把不儿罕合勒敦山围了三次,终没有得到成吉思。等到篾儿乞人返回后,成吉思这样说道:

“不儿罕合勒敦的气力里,

骑着我云青马,

依着那小鹿径,

搭起了榆条棚,

保全了我虱子般的小命。

向不儿罕合勒敦山祷告吧!”

说罢,把腰带挂在脖颈上,把帽子搭在手上,把手按在膝盖上,跪拜九次,并洒奠致祭。

[成吉思]派去合撒儿、别勒古台二人到王罕那里[45],说:“三姓篾儿乞人无故来袭,掳去了我的妻儿。请求父亲消灭三姓篾儿乞人,讨回我的妻儿!”王罕说:“我履行前言,出兵消灭兀都亦惕篾儿乞人![你给]札木合送信。相约时间地点由札木合定夺!”成吉思派合撒儿、别勒古台二人前往札木合安答那里。札木合说:“我出兵二万,王罕出兵二万,在孛脱罕孛斡儿只会师吧!”成吉思把札木合的这番话转报给王罕。当王罕、成吉思二人起兵到达会师地点时,札木合已到那里住了三宿。[联军]以木筏渡过了勤勒豁河,毁灭性地袭击了篾儿乞人。夜里,成吉思大声喊叫着:“孛儿帖!孛儿帖!”孛儿帖兀真认出成吉思的声音,从惊慌逃窜的百姓中逃出来,上前抓住了成吉思的马缰绳。从篾儿乞部救回孛儿帖的经过如此。[篾儿乞人]前来报复先前也速该把阿秃儿从也客赤列都那里抢来诃额仑母亲之仇,掳去了孛儿帖兀真,[把她]给了也客赤列都的弟弟赤勒格儿孛阔为妻。别勒古台前去营救自己的母亲。当别勒古台刚从东门进去,母亲便从西门出去了。[被掳到]敌人那里,羞于自己褴褛的羊皮衣,对别人说:“听说我的儿子已做了汗王,[如今]我有何脸面去见他们呢?”说罢,就钻进森林里去了。别勒古台喊着“还我母亲!”砍杀了许多篾儿乞人。但还是没找到[自己的母亲]。彻底消灭了篾儿乞人。

从篾儿乞人的营地里拾得一名头戴貂皮帽子，脚蹬鹿皮靴子，身穿着色熟皮衣，目中有火，名叫曲出的五岁孩子，送给了诃额仑母亲[收养]。

札木合、成吉思二人在一起过了一年。有一天迁营时，札木合说：

"安答啊！

咱们靠近山扎营住下，

以便咱们的牧马人休息！

咱们挨着河水扎营住下，

以让咱们的牧羊人就食！"成吉思不明白札木合的话，留下来对诃额仑说："札木合安答说了这番话，我没能明白，所以来问母亲！"没等诃额仑母亲作答，孛儿帖兀真先说道："看来札木合安答厌烦咱们了，如今已到了厌旧的时候了。这番话里似乎有些讨厌咱们的意思，所以不要在这里扎营住下，连夜分离吧！"[成吉思]赞同这番话，连夜经过泰亦赤兀惕人[的营地]迁徙时，泰亦赤兀惕人投奔札木合那里去了。在泰亦赤兀惕人的营地上，拾得一名叫阔阔出的男孩，送给诃额仑母亲[收养]。

天亮时一看，有札剌亦儿人合赤温脱忽剌温、合剌孩、合阑勒歹四个脱忽剌温[46]：还有五个塔儿忽惕人前来与成吉思会合。巴牙兀惕人来了。豁阿薛禅为首的巴鲁剌思人来了。薛禅别乞[带领]二千人来了。一夜间，从札木合、泰亦赤兀惕部那里有很多部众前来[与成吉思会合]。从各处来了很多部众人，成吉思拥有了众多军队。

还有豁儿赤[带领]整个巴阿邻[部]来了。豁儿赤来后，对成吉思说："我是孛端察儿掳来的妇人所生的[后代]，与札木合是同胞同胎[兄弟]。我本不该与札木合分离。但是，神明降临于我，使我亲眼目睹了：有一头黄白色乳牛，来顶撞札木合的毡帐和车，撞折了一只犄角，就扬起尘土，向札木合[吼叫]：'还我角来！'又有一头无角的黑色牛，从成吉思背后吼叫着，顺着大车道跑来了。[神明]告我：'天地合力，令成吉思当国主！'若成吉思你当上国主，让我如何享福？"成吉思说："果真如此，让你做万户的那颜！"[豁儿赤说]："让告诉你如此重大道理的人做万户那颜，有什么享乐可言？封我做万户那颜，再让娶三十个妻子，那才享乐呢！"

主儿勤的薛禅别乞的一个古列延，捏坤太师的儿子忽察儿别乞的一个古列延，忽秃剌罕的儿子阿勒坛斡惕赤斤的一个古列延，离弃札木合而来，对成吉思说道：

“[我们]奉你为合罕。

如你成为合罕，

[我们将]率先进攻

无数的敌人！

猎杀狡兽时，

[我们将]圈挤合围！

与敌厮杀时，

[我们将]做你护盾！

猎杀山兽时，

[我们将]合围，直到将它们挤扁！

去出征外敌，

掳来艳丽美女让你搂！

掠来良种走马给你骑！

如果[我们]背叛你的太平大政，

违背你的盟约，

[你就]宰割我们的躯体！

如果不履行[我们]所有诺言，

[你就]割下我们的头颅！”如此盟誓。

众人赞同他们的话，在斡难河之源，树起了九游白纛，水虎（壬寅）年在[成吉思]二十一岁时，天地合力，推举成吉思为合罕[47]。

忽察儿别乞、阿勒坛斡赤斤二人派塔孩、速客该两人为使臣，通报客列亦惕部的王罕说：“我们拥立成吉思为合罕了。”王罕说：“推举我儿成吉思为合罕，你们做得对！你们不要违背誓言，不要破坏盟约！”

其后，鸡儿年，合答斤、撒勒只兀惕、塔塔儿的合只温别乞为首的四部塔塔儿、亦乞列思、翁吉剌惕、豁罗剌思人钦旦察合安[48]为首、乃蛮部的不亦鲁黑罕、篾儿乞惕的脱黑脱阿别乞的儿子忽秃、泰亦赤兀惕的塔儿忽台乞里勒秃黑、斡亦剌惕人忽都合别乞等部共同盟誓，在额儿古涅河与刊河的入口处，叫阿兀纳兀地方，共同推举札木合为合罕，商议去攻打成吉思合罕和王罕两人。

豁罗剌思人豁里歹前来，把这一消息报告给了成吉思合罕。成吉思、王罕二人领兵出征[49]，[各自]派出了先锋。成吉思合罕派阿勒坛斡赤斤、忽察儿别乞、答里台三人为先锋，王罕派桑昆、札合敢不、必勒格别乞三人做先锋。札木合派出的先锋是泰亦赤兀惕部人纳合出把阿秃儿[50]、不亦鲁黑罕、忽秃、斡亦剌惕部人忽都合别乞。双方的先锋相遇，约定第二天厮杀。当晚，不亦鲁黑罕和忽都合别乞二人施请风雨法术。然而风雨逆袭他们自己，有人马坠入河中淹死了。“上天不保佑我们！”不亦鲁黑罕这样想，奔向阿尔泰山山阳。篾儿乞惕的忽秃朝薛凉格河走去。斡亦剌惕的忽都合别乞前往森林。泰亦赤兀惕的纳合出把阿秃儿、札木合二人向各自的营地回去。王罕去追击札木合，[并]降服了他。成吉思合罕追袭泰亦赤兀惕的纳合出把阿秃儿。纳合出把阿秃儿迎战，到了夜里，对峙着扎营住宿了。

成吉思合罕负了伤。者勒篾正吸吮出伤口的瘀血，成吉思合罕清醒过来说道：“出了血，我渴极了！”者勒篾脱下衣服，赤身到反复厮杀过的敌营里，从车里偷出一桶封口的奶酪，用水调好，给[成吉思合罕喝]。“我心里畅亮了！”[成吉思合罕说着]坐了起来，这时天也亮了。相峙着住宿的敌军已经在夜里逃走。[成吉思合罕]正追赶途中，锁儿罕失剌、只儿豁阿歹二人赶来。成吉思合罕对锁儿罕失剌说：“你为什么这么晚才来呢？我们是托[你们]父子的大恩，才到此地步呀！”锁儿罕失剌说：“我心里有数，忙什么呢？我想如果急着早来，留在[家里的]妻儿会被泰亦赤兀惕氏诺颜们所害。所以现在才赶来！”成吉思合罕问：“那天对射时，射断了我白嘴黄战马的脖颈的人是谁？”只儿豁阿歹回答说：“是我敌对时射的！[合罕]若把我杀了，只是巴掌大的地被玷污罢了。若恩赦不杀，[我将]：

横断深渊，
冲碎明石。
奔到命我奔到之处，
击碎青石。

攻到命我攻击之处，

坚忍不拔，

粉碎黑石，

愿为效力！"

成吉思合罕说："作为敌人箭射[对方]，何过之有？因你射死了我的战马，就起名叫'者别'(意为箭——译者)吧！跟随在我身边！"成吉思合罕屠杀泰亦赤兀惕人，几尽杀戮。

狗儿年，成吉思合罕征讨四部塔塔儿人，在答阑捏木儿根地方交战，俘获塔塔儿人。成吉思合罕收纳了塔塔儿人也客扯鲁[51]的女儿也遂、也速干姊妹。成吉思合罕和诸兄弟秘密商议道："先前，这些塔塔儿人杀害过我们的祖先和父辈。都要斩尽杀绝吧！"别勒古台先走出毡帐，塔塔儿人也客扯鲁问他："商议了什么？"别勒古台说："商议将你们全部杀光！"也客扯鲁通知塔塔儿人，他们每人袖中藏刀，当前来屠杀时，杀死了很多[蒙古]人。成吉思合罕宣布："今后，凡举行大议事，不准别勒古台参加！"

猪儿年[52]，成吉思、王罕二人在一起。[王罕说道]："让咱们俩结盟吧。如我[有朝一日]呛于奶哽于肉，你做我独子桑昆之兄管事。咱们二人，若毒蛇来调唆，不要被调唆，以口齿为凭，彼此取得理解。若齿蛇来离间，不要被离间，以口齿对证，彼此取得信任。"这样亲密相处。

成吉思合罕想亲上加亲，为[长子]拙赤聘桑昆的妹妹察兀儿别乞。桑昆却妄自尊大地说："我们族的女儿，不会嫁到你们家，坐在毡包的左侧！"[53]拒绝许配[察兀儿别乞]。成吉思合罕心想，桑昆看不起我。札木合记住桑昆[对成吉思合罕的那一席]话，经与阿勒坛、忽察儿等商定，札木合对桑昆说："成吉思合罕口头上[与王罕]称为父子，实际上与乃蛮的塔阳罕互换使节！"又说了很多[谗]言，[最后]说："去征战成吉思合罕吧！让我们走到长[征]的尽头，深[渊]的底部！"桑昆派人到父亲王罕处说："[向成吉思]出征吧！"王罕说："对我儿成吉思不要说那种话。上天不会佑护我们的！札木合是个搬弄是非的人。"桑昆很生气，亲自去说："连大活人说的话都不相信，您一旦呛于奶，由谁来统领这些百姓呢？"[说完]猛力甩门出去。王罕随了儿子的意愿,说:“你自己定夺吧!”

桑昆说:“他们曾想聘娶咱们的察兀儿别乞,[现在]答应[把察兀儿别乞]许配,约定日期,遣使邀成吉思合罕来吃婚宴。等他来时捉拿。”成吉思合罕将要带十个人前去[赴宴]时,蒙力克说:“原先他们瞧不起咱们,没有答应把察兀儿别乞嫁给。应警惕。”于是成吉思合罕[借口]“春天到了,要饲养马群”,自己没去,派不忽台、失剌台二人[54]前去。他们二人一到,[桑昆]等商议:“[咱们的计谋]被发觉了,明天出兵去捉拿[成吉思]!”巴歹、失失里黑[55]二人当夜赶去,给成吉思合罕报信。成吉思合罕连夜迁移。

第二天,王罕、札木合二人追来交战,不分胜负,各自[班师]回家。

[当年]秋天[56],成吉思合罕出征王罕。[王罕]在只身脱逃途中,被乃蛮[部]的哨兵因不认识杀死了。[王罕的]儿子桑昆逃到西方的土伯特失踪了[57]。

命者勒篾的弟弟速别额台把阿秃儿,在那年秋天里带车去征讨篾儿乞人[58],将他们降服而归[59]。命者别、忽必来二人,降服乃蛮部的塔阳罕而归[60]。主儿扯歹收降翁吉剌惕人而归。主儿扯歹又降服客列亦惕部的札合敢不而归[61]。鼠儿年,成吉思合罕亲征,降服了乃蛮部和篾儿乞部的六成[百姓]。有一部分篾儿乞部百姓叛去,命孛罗忽勒、沉白二人前去降服他们而归[62]。成吉思合罕在那里娶了肃良合思的不合察罕合罕的女儿忽阑哈屯[63]。

牛儿年,忽必来降服合儿鲁兀惕的阿儿思阑罕而归[64]。札木合同五个那可儿,从乃蛮的塔阳罕那里脱逃,在帖列格图上杀了一只盘羊,正在烧烤着吃时,[他的五个]那可儿把他捉住,捆着押送到[成吉思合罕那里][65]。派儿子拙赤及不合二人,率领右翼军出征林木中百姓。斡亦剌惕部的忽都合别乞先于万户斡亦剌惕部落前来投降。拙赤继续前进,招降了斡亦剌惕、不里牙惕、巴儿浑、兀巴孙、合卜萨克、秃克木克、吉儿吉思等部落[66]。成吉思合罕给拙赤降旨道:“在我诸子之中,拙赤你是长子,初出家门,出征顺利。所到之处,不劳人马!”因斡亦剌惕的忽都合别乞引导万户斡亦剌惕部落来降,成吉思合罕将[自己的女儿]扯扯亦坚嫁给他的儿子亦纳勒赤。将拙赤的女儿豁雷罕许配给亦纳勒赤的哥哥脱劣勒赤。

虎儿年夏初月十六日,在斡难河源头,授札剌亦儿的迭勒都伯颜的儿子豁阿木合黎为国王、丞相、太师称号，命其手举九旌白旄纛，掌管万户，九罪免罚[67]。

建立了四大斡耳朵：大斡耳朵之主为翁吉剌惕部德薛禅的女儿孛儿帖哈屯；第二斡耳朵之主为肃良合思之不合察罕合罕的女儿忽阑哈屯；第三斡耳朵之主为塔塔儿也客扯鲁的女儿也遂哈屯；第四斡耳朵之主还是塔塔儿也客扯鲁的女儿也速干哈屯[68]。

成吉思合罕对那可儿孛斡儿赤降旨道：

"[在我]依托着不儿罕合勒敦山，

除了榆条别无伴当之时来的，

大雾中未曾迷失的，

战乱中不曾离去的，

我的那可儿孛斡儿赤，

说说你想要什么！"

孛斡儿赤说："我想把我的巴牙兀惕兄弟聚集到一起！"[成吉思合罕说：]"聚集你的巴牙兀惕兄弟们，统领万户。九罪不罚！"[69]

对者勒篾降旨：

"与我同生和我共死的，

为我制貂鼠皮摇车的，

有福的者勒篾恩德多多！

统领万户，九罪不罚！"[70]

又对锁儿罕失剌、赤老温、沉白说："托你们护佑，我才到了这地步。你们的错在离开泰亦赤兀惕部晚了一些。你们想要什么呢？"锁儿罕失剌说："愿领有自由自在的驻牧地，沿着薛凉格河游牧。如有他赏，请合罕亲自定夺。"成吉思合罕说："锁儿罕失剌、赤老温、沉白、巴歹、失吉里黑等人，征伐众敌时拿自己所掠得之财物，狩猎狡兽时拿自己所杀之猎物。锁儿罕失剌九罪不罚！"

将札合敢不的女儿亦巴合别乞连同她的一百名从嫁人赏给了主儿扯歹，并降旨："主儿扯歹你统领千户兀鲁兀惕部。在所有战争中作我遮护的，使我离散的百姓集到一起的，主儿扯歹的恩德很多。九罪不罚！"[71]

[合罕又降旨]:"兀孙、忽难、阔阔搠思、迭该这四人,凡是所见所闻,从不隐瞒。这是蒙古国政变得真实和牢固的缘故[72]。所以给他们穿白色衣,骑白色马,命令他们每年每月做[别乞]事。"

给孛罗忽勒降旨:"先前,窝阔台受伤丢在客列亦惕部的营地时,是你救他回来。如今,又从合儿吉思失剌[73]手中救了拖雷的命。你报答了母亲[让你]给我作伴当而抚养的恩。九罪不罚!"

[又降旨]:"派我的者别、者勒篾、忽必来、速别额台这四人,奔到命其奔到之处,粉碎[敌阵],攻到命其攻到之处,冲碎山崖;让我孛斡儿赤、孛罗忽勒、拖雷、赤老温把阿秃儿这四杰[74],陪伴在自己身边,安享太平。""者别、速别额台二人,可各自以其所得[百姓],编成吉户!"

又说:"选一千名箭筒士,由者勒篾之子也孙帖额统领。一千名散班,由孛斡儿赤的弟弟斡格列扯儿必统领。一千名散班,由木合黎的弟弟不合统领。一千名散班,由阿勒赤歹统领。一千名散班,由朵歹扯儿必统领。一千名散班,由朵豁勒忽扯儿必统领。一千名散班,由主儿扯歹的亲族察乃统领。"[75]

[又降旨]:"挑选出箭筒士和宿卫共一万名,委任千户长,守卫我黄金性命![我]宿卫、箭筒士的官位在外千户那颜之上,在外百户那颜与[我]宿卫、箭筒士的随从等同。我的宿卫、箭筒士们,在我畋猎时跟随左右!我不亲征的战争不要参加!与失吉忽秃忽一起,也孙帖额统领箭筒士,斡格列扯儿必统领宿卫,负责分发铠甲、弓箭和驮载行李的马匹。如我这些怯薛失了职,所系甚大。因他们守护着我的性命,[其他人]不要妒忌他们!"又降旨:"朵歹扯儿必掌管宫室牲畜,住在院落内,清扫垃圾,焚烧干粪。""举行大宴时,孛斡儿赤、木合黎二人出发,给左右翼兀鲁思百姓没有缺漏地送到[赏赐品]!"[76]

命孛罗忽勒那颜去征秃马惕部。孛罗忽勒军前开道,[被秃马惕人]杀害。成吉思合罕获悉孛罗忽勒被杀,异常悲泣,意欲亲征,被孛斡儿赤、木合黎二人劝阻。这时,朵儿伯惕人朵儿伯多黑申说:"我率军出征!"[朵儿伯多黑申]砍伐树木,开辟行军之路,破秃马惕人的天窗而入,征服了他们。豁儿赤那颜从秃马惕部选娶了三十名美女做了妻子。将一百名秃马惕人赏给了孛罗忽勒的子孙。

将诃额伦母亲和斡赤古(斡赤斤)的份子加在一起,分了一万女真人,叫[他们]给[诃额伦和斡赤斤]耕作。“拙赤是我诸子中的长者!”[成吉思合罕]分给了他九千人。分给察阿歹八千人,分给窝阔台七千人,分给拖雷六千人。分给合撒儿四千人,分给合赤温的儿子阿勒赤歹三千人,分给别勒古台一千五百人[77]。

选散班、宿卫万名,分封诸弟、诸子后,分封在外蒙古千户,形成了九十九个千户[78]。

于是对众人训谕道:

“合罕受到爱戴,而不该无节制,

黎民百姓,应该省察自己的品行。

玉宝大政,应该日夜思虑,

伴当朋友,应该和谐相爱。

锐利武,应该牢守。

临外族仇敌,应奋身勇进。

眷从亲密间,应恭敬和睦。

对众人温和相待,应被称为善。

修习博学智慧,为恒久伴友。

弃骄满性,应与众人顺和。

不尚跋扈,[跋扈]反害其身。

持卑谨慎,晓[泱泱国]不缺尔辈之理。

恩臣度功量勋而互比攀。

凭力凭智,博得垂爱。

怀宏伟心,持诚尽力。

按此般恒行,向我进善言。

敕令[这般]下达了。”[79]

羊儿年,成吉思合罕出征汉地的阿勒坛合罕(金国皇帝——译者)。派者别、忽必来、速别额台三人为先锋,到达居庸关,率军[佯]退。汉军追了上来,[者别等]掉过头来迎战,占领了[居庸关]关口。随后,成吉思合罕率主力军赶到。将敌军都屠杀完了,者别[又]攻占了通州城[80]。降服了汉地的阿勒坦合罕,娶其叫公主的女儿,军人们拉绫缎等驮载物品而归。合撒儿、主儿扯歹二人率领左翼军,收服了女真而归。

成吉思合罕出征唐兀惕国。唐兀惕国派来使者说:"愿做您的右翼,为您纳贡!"并进献了许多财物[81]。

却说,成吉思合罕派使臣到撒儿塔兀勒[82],叫他们纳贡,[撒儿塔兀勒]却把使臣杀害了。成吉思合罕发誓:"[如不征服撒儿塔兀勒,]直到我丧失金命,绝不从撒儿塔兀勒撤军!"就出征[撒儿塔兀勒]。[在出征前]派使臣去唐兀惕说:"做[我]右翼出征!"唐兀惕的失都儿忽罕还没说话,阿沙敢不抢先说道:"[明明]力弱势单,却自称有势力者;[本来]不是合罕,却号称合罕!我们不会出兵!"成吉思合罕说:"怎么能容忍阿沙敢不说这种话!祈祷长生天保佑,待[西征]凯旋后再说!"于是,出征撒儿塔兀勒国。在诸哈屯中,让忽阑哈屯从征。命者别为先锋,继者别之后为速别额台,速别额台之后为脱忽察儿。前面的俩人(即者别和速别额台)潜行不犯,脱忽察儿则跟随其后,劫掠了边城,于是惊动了他们。莎勒坛、罕篾力克二人,前来迎战成吉思合罕。在成吉思合罕军前,失吉忽秃忽做先锋。失吉忽秃忽战而失利,回逃。当[莎勒坛等]追上来时,者别、速别额台、脱忽察儿三人从背后杀来,成吉思合罕从前面迎战,在申河地方歼灭了撒儿塔兀勒人。因脱忽察儿经过[撒儿塔兀勒国境]时,随后行进,而先进攻,[理应当斩]但赦免未斩,以法严惩,夺统兵权。命拙赤、察阿歹、窝阔台三人率领右翼军,去围攻兀笼格赤、巴格达[二城],并令窝阔台统一调遣。他们三人占领[兀笼格赤城]后,共同分取了[战利品],而没有分出份子给成吉思合罕。成吉思合罕责怪[三个儿子]不让他们谒见。于是,孛斡儿赤、木合黎二人请求道:"恐怕年纪小的人心将怠慢,他们已经知错了!"就让仨人来见了。[成吉思合罕]又命朵儿伯朵黑申和速别额台二人去征讨[蒙古]军队尚未到达的地方,将他们全部降服而归。成吉思合罕出征四年而归。[83]

狗儿年,成吉思合罕出征唐兀惕国,在诸哈屯中,携也遂哈屯同行。行军途中,在爱不合地方[84],围猎成群的野驴。[成吉思合罕]从马上摔下来,身上发烧,一夜没合眼。第二天,也遂哈屯对诸子和那颜们说:"合罕身上发烧,一夜没合眼,大家商议归程吧!"诸子和那颜聚会商议时,成吉思合罕说:"唐兀惕人将认为我们害怕而撤退了。我们遣使臣去吧!"于是派遣了使臣。失都儿忽合罕对使臣说:"[成吉思合罕]叫我出征撒儿塔兀勒时,我没说不中听的话,是阿沙敢不说的。"阿沙敢不对使臣说:"是我说的。你们蒙古人过于傲慢。我以阿剌筛[85]为游牧,以骆驼为驮载工具,以毛织帐房为居室。冲我来吧,在阿剌筛地方交战!"成吉思合罕还没有痊愈,但听了[阿沙敢不的]那段话,忍不住出征了。途中,见到母纳山嘴,很喜欢,如此降旨:

"国安时,可以驻牧。

国亡时,可以立寨。

年老的鹿,可以避居。"

到了阿沙敢不驻地,和他交战,把阿沙敢不[之众]屠尽杀绝[86]。

[成吉思合罕]命令所有士兵尽数拿取自己所掳获战利品。[又]对孛斡儿赤、木合黎二人降旨赏赐:"以前,未曾把战利品分给你们二人。[这回]从唐兀惕在大家面前任意拿取。你们二人平分金国百姓中的糺军人吧!"。成吉思合罕在雪山地方过冬,命脱仑扯儿必杀死了失都儿忽合罕。杀死时,失都儿忽合罕对成吉思合罕说:"杀了我,对你本人凶。不杀我,对你子孙凶。"成吉思合罕说:"但愿对我子孙吉利,我一人不要紧!"于是下令杀死了失都儿忽合罕。

成吉思合罕降旨:"前些天从马上摔下来受伤的身躯感到很疼痛。

[从前马背上]伸腿,

直到皮马镫变长,

直到铁马镫变薄,

艰辛地创建大国时,

也未曾如此受苦。

跨着白飘骏马,

披着羊羔皮袄,

收抚众多的百姓时,

也未曾如此受难!"

又说道:“我的各位大臣你们会死吗?”

雪你惕人吉鲁格台把阿秃儿禀奏:

“[如我们死去]

你玉石般的国家会悲痛,

你心爱的孛儿帖哈屯会守寡,

你合撒儿、别勒古台二弟会悲伤,

你聚集经略的百姓会四散。

你高大的国家会变弱小,

你自小结缘的孛儿帖哈屯会逝去,

你的窝阔台、拖雷二子会孤苦无恃,

你苦心收集的属众将有他主而四散。

沿着杭爱山的山脚行进,

你的哈屯和儿孙将号啕来迎,

那时我想把有益的遗言传达给他们!

为你孤单地留在人世的孛儿帖薛禅哈屯,

为你孤独地留在人世的窝阔台、拖雷二子,

在平原之地指给水源!

在崎岖之境指给道路!”[87]

成吉思合罕说:“此话有理,[你们]不要死,教导[我的遗孀和遗孤]而行吧!”[又]降旨说:

“玉石不生毛皮,

坚铁没有黏合,

可惜此身不可能永生,

你们要勇往直前自强不息!

言而有信的人，心地坚贞。

你们做事谦逊谨慎，要与众人和顺！

死亡不可抗拒，

你们要造富来世。

忽必烈孩儿出言不凡，

你们大家要按他的话行事！”[88]

说完训谕，于火猪年春末月十二日，在六十六岁时于米讷克之朵儿篾该城驾崩。[89]

用车舆载着合罕的灵柩返回时，吉鲁格台把阿秃儿颂说：

“您竟成了飞翔的鹰翼逝去了呀，我的主上啊！

您竟成了辚辚舆车的载负而去了吗？我的主上啊！

您竟成了翱翔的鹰翼而逝去了呀，我的主上啊！

您竟成了轮转舆车的载负而去了吗？我的主上啊！

您竟成了啼鸣的鹰翼而逝去了呀，我的主上啊！

您竟成了隆隆舆车的载负而去了吗？我的主上啊！”[90]

这样赞颂着行进到母纳山的泥淖地，舆车的车毂陷入泥中，挽上四十五匹马也没能拉动，全体人众都在犯愁。这时，吉鲁格台把阿秃儿叩拜禀奏：

“受命长生苍天而降生的，

我的豪杰圣主啊！

抛下您全体属民，

回到了天境。

您在世时建立的升平国家，

您的皇后和您所生的皇子们，

您出生的山岳、土地、江河，[都]在那边啊！

您肇始缔造的国家，

您心爱的皇后皇子们，

您的黄金宫殿,[都]在那边啊!

您巧妙创建的国家,

您结缘的皇后皇子们,

您生前收聚的百姓,

您的亲戚宗族,[都]在那边啊!

您繁荣的国家和百姓,

您浴身的水和雪,

您众多的蒙古臣民,

斡难河的迭里温孛勒答黑您出生的地方,

[都]在那边啊!

您的枣骝马鬃制成的神纛,

您的战鼓、号角和军笳,

您的诸种语言的百姓,

客鲁连河的阔迭额阿剌勒您即合罕位的地方,

[都]在那边啊!

您功成之前结缘的孛儿帖兀真哈屯,

您的不而哈图山和江河大地,

您的孛斡儿赤和木合黎二位亲密伴当,

您的完美无缺的制度仪礼,[都]在那边啊!

您的靠神力结成姻缘的忽阑哈屯,

您的胡琴、胡笳美妙旋律,

您的广袤的大国和吉祥的土地、江河,

[都]在那边啊!

因为哈儿固纳山[阳]更温暖,

因为哈屯古儿别勒只更美丽,

您就遗弃了故土蒙古国吗?

我的主啊!

您可爱的性命已经仙逝，
让我们带回您美玉般的遗体，
让您的孛儿帖哈屯瞻仰您的遗容，
把您送到您全体国众中！”[91]

这样叩奏，合罕开恩[允许车子行进]，大车才辚辚作响开动，臣民皆大欢喜，[护送灵柩]到可罕大禁地。最永久的陵墓在那里建造，成为可汗和臣工的灶火，普天之下的供奉，永恒的守护——八白帐。

据说，因为圣主[西征]途中曾赞美母纳山，所以舆车毂才陷入泥里[不能前进]。

据说曾向全国发布假通告，将圣主穿过的衣服、帐房和一只袜子，安葬在[母纳山]那里。

[合罕]真的遗体，有的说安葬在不儿罕合勒敦[山]，有的说安葬在阿尔泰山北麓、肯特山南麓的也客斡贴克地方[92]。

成吉思合罕的上师名叫衮噶凝波，在召城的北方，筑了一座名为达赖都里思呼的寺庙[93]。有的史书上称他为“名义上的上师”。[94]

[注释]

① 佛教文献中所说人类最初的王。梵文 Mahasammatah(意为“大平等王”)，藏文 Mang pos bkur ba rgyal po(意为“众戴王”)，蒙古文除了梵文音译外还称作 Olan-a ergügdegsen qaγan(意为“共戴王”)。汉文文献还译作“大三末多王”、“大平等王”等(乌兰:《〈蒙古源流〉研究》，辽宁民族出版社，2000年，第77页)。

② 释迦牟尼之父。梵文名为 Suddhodana。

③ 佛陀之名。梵文名为 Sakayamuni。据说生活在公元前565年至前485年。

④ 传说中西藏第一个君王的父亲。梵文名 Satanika。

⑤ 藏文名 gnya' khri btsan po(意为"肩座王"),传说中西藏最早的君王,印度百军王的儿子。

⑥ 据藏文典籍和取材于藏文史书的蒙古文史乘,颈座王再传七代,到了金座王,这七代人被称为"天座七王"。天座七王的最后一位金座王就是藏文典籍中的止贡赞普。《阿萨喇克其史》没有列出七王的前六位。关于金座王的儿子,藏文和蒙古文史书记载不尽一致。早期吐蕃文献记为二人,而《红史》以后的史书则记为三人,他们的名字分别为夏赤(意为乘鹿者)、涅赤(意为乘鱼者)和甲赤(意为乘鸟者)(见乌兰:《〈蒙古源流〉研究》,辽宁民族出版社,2000 年,第 99—100 页)。16 世纪藏传佛教传入蒙古以后,"印藏蒙同源说"盛行,蒙古僧人把藏文典籍记载的止贡赞普的三个儿子的名字改写为孛啰出、失宝赤和孛儿帖赤那,并杜撰出《蒙古秘史》所记载的孛儿帖赤那为止贡赞普幼子的传说。值得注意的是,蒙古名失宝赤意为"训鸟者",应与藏文名甲赤对应,而孛啰出(Boroču)显然是孛古赤(Buγuči,意为"驯鹿者")在传抄过程中的讹误,他与夏赤对应,孛儿帖赤那是代替夏赤的人物。

⑦《青史》,西藏历史典籍名,原著名 Deb ther sngon po。作者为译师顺努巴勒(gzon nu dbal,1392—1481)。该书记载了西藏历代王朝历史、西藏著名历史人物、藏传佛教各教派发展史等内容,一向被推崇为一部信实可靠的史料。五世达赖喇嘛在《西藏王臣记》中称顺努巴勒为"浊世中被奉为娴于史学之泰斗"的人(刘立千汉译《西藏王臣记》,民族出版社,2000 年,第 4 页)。

⑧《青史》记载:"dang por gnam gyi bu sbor te che 最初为天之子名孛儿帖契。"(藏文《青史》,四川民族出版社,1985 年,上册,第 82 页)《元朝秘史》作"应天命而生的孛儿帖赤那",明人的总译中则译为"苍狼"。后来的罗藏丹津《黄金史》等蒙古文史书均称 Börte činu-a(孛儿帖赤那),做人名。孛儿帖为突厥语,意为狼,而赤那为蒙古语,意思仍为狼。藏文的 sbor te che 无疑是蒙古文 Börte činu-a 的音译,而且在 che 字后面本来肯定有 no

字,想必在转抄过程中脱落了。善巴没有采纳《青史》的写法。

⑨《青史》作 bar chi gan。这里的 bar 当然就是 bad 的误写,在藏文中字母 r 和 d 很容易混淆,译写外族人名的词里就更容易相混了。该人是孛儿帖赤那的儿子,《元朝秘史》作巴塔赤罕,罗藏丹津《黄金史》作 Bata čaγan。善巴写成了巴塔察喀,写法与众史不同,译文据《元朝秘史》改译为巴塔赤罕。

⑩《青史》作 Tham chag。《元朝秘史》作塔马察,罗藏丹津《黄金史》作 Tamčin。善巴依从了《青史》。波斯文史书拉施特所著《史集》记为 Tamaca。善巴作塔马察喀,译文据《元朝秘史》改译为塔马察。

⑪《青史》作chi ji mer gan,《元朝秘史》作豁里察儿篾儿干,《黄金史》作 Qoričir mergen。《青史》有误,故善巴未从其说。

⑫ 莲花生,藏文称 padma' byaung gnas,生于印度西方古国乌仗那境内,被其国王抚养为太子。后赴孟加拉出家,号释迦狮子。8 世纪中,应吐蕃王赤松德赞之邀入藏,倡建桑耶寺,在西藏弘扬佛法。后来离开西藏,回到印度。把豁里察儿篾儿干与莲花生联系起来的说法,不见于其他蒙古文史书,这说明善巴确实亲自读过《青史》。

⑬《青史》作 l' u jang bhe re ol,《元朝秘史》作阿兀站孛罗温勒,善巴写法与佚名《黄金史》同。

⑭《青史》作 ka sa pa ni dun,《元朝秘史》作也客你敦,其他蒙古文献同。《青史》不准确。

⑮《青史》作 sems dz' o ji,《元朝秘史》作挦锁赤。善巴写法与《黄金史》同。

⑯《青史》作 la ju,《元朝秘史》作合儿出,罗藏丹津《黄金史》作 Qaračus(哈喇出思)。善巴采自《青史》的蒙古祖先世系谱只到这里,此后的未予采纳。

⑰善巴引完《青史》以后,根据“其他史籍记载”继续罗列了蒙古祖先的世系。他记载,撒里合勒札兀为挦锁赤的儿子。但是,这个记载与《元朝秘史》、罗藏丹津《黄金史》、萨冈彻辰《蒙古源流》等均不符。上述蒙古文典籍都指出,撒里合勒札兀是也客你敦的父亲。只有佚名《黄金史》两次提到此人,第一次是与其他蒙古文史籍同,说成是也客你敦的父亲,第二次提到时称

他为抟锁赤的儿子。实际上,第二次提到他的文字是衍文。可是,善巴在编写蒙古世系谱时,开头部分采用了《青史》的说法,所以不记撒里合勒札兀这个人,但在编写抟锁赤以下的世系谱时,改用了佚名《黄金史》的说法,去掉了《青史》所记哈出(佚名《黄金史》中也没有),而保留了佚名《黄金史》的说法,即抟锁赤之子为撒里合勒札兀的说法。据此,善巴所说的"其他史籍记载"实际上就是指佚名《黄金史》。

⑱ 从孛儿只吉歹篾儿干到朵奔篾儿干和都蛙锁豁儿的世系与《元朝秘史》、罗藏丹津《黄金史》一致。

⑲ 据《元朝秘史》、罗藏丹津《黄金史》等史书记载,朵奔篾儿干在世时,其妻阿阑豁阿生了两个儿子,名叫不古讷台、别勒古讷台。朵奔篾儿干死后,阿阑豁阿又生了三个儿子,他们分别叫作不忽合答吉、不合秃撒勒只与孛端察儿。佚名《黄金史》的记载与此不同:朵奔篾儿干在世时生了不忽合答吉思、不合赤撒勒只两个儿子,他们分别成为合答斤氏和撒勒只兀惕氏。朵奔篾儿干死后,阿阑豁阿又生了别克帖儿、别里哥台、孛端察儿三子。

⑳ 善巴引用的这句话在顺努巴勒《青史》("de' das rting nag mo a lan lo las nyi ma dang zla ba' i zer las skyes pa bo don char mu gan 其妻阿阑豁阿感日月之光所生的孛端察儿蒙合黑",四川民族出版社,1985 年,上册,第 82 页)和五世达赖喇嘛的《青春喜宴》("其妻阿伦感日月精英所生者。"刘立千:《西藏王臣记》,民族出版社,2000 年,第 62 页)中确实有记载。

㉑ 据《史集》载,孛儿只斤是突厥语,意为"蓝眼睛的人。"(余大钧汉译本,商务印书馆,1983 年,第 1 卷第 1 分册,第 254 页)成吉思汗家族的姓氏。《蒙古秘史》、《黄金史》等蒙古文诸文献记载,孛端察儿是孛儿只斤氏族的始祖。《史集》说成吉思汗的父亲也速该的后裔成为孛儿只斤氏(余大钧汉译本,商务印书馆,1983 年,第 1 卷第 1 分册,第 253 页)。但是,《蒙古秘史》记载了孛端察儿的祖父孛儿只吉歹篾儿干。按古代蒙古人的姓名习俗,孛儿只吉歹是由姓氏孛儿只斤(borjigin)加表示男性词尾的-dai 构成的,表示这个人是孛儿只斤氏族的男子(参考亦邻真《蒙古姓氏》,《亦邻真

蒙古学文集》,2001 年,第 58 页),篾儿干是称号,"善射者"之意。这说明,至少在孛端察儿祖父时代,孛儿只斤作为氏族名称已经存在,这一点过去很多学者都曾注意到了。值得注意的是,孛儿只吉歹篾儿干的妻子名叫忙豁勒真豁阿,忙豁勒真是氏族名称忙豁勒(即蒙古,mongγol)和表示女性的词尾真(-jin)构成的,意为蒙古氏族的女人,豁阿是本名,意为"美丽"。此外,还有两点值得注意:其一,如注意观察蒙古皇室祖先世系谱,孛儿贴(突厥语:狼)、巴塔赤(突厥语:牧人)父子的名字均为突厥语。其二,在历史上,匈奴和许多突厥语族民族有过源于狼的传说。孛儿只斤氏族的源于狼和鹿的传说,很有可能折射了他们的起源。根据以上种种现象,可以看出以下几个问题:1. 孛儿只斤是一个古老的氏族,不是从孛端察儿时期或其后才有的;2."孛儿只斤"一词系突厥语;3. 孛儿只斤氏族与蒙古氏族互相通婚,孛儿只斤不是蒙古部落的分支;4. 根据孛儿只斤氏族祖先的传说、他们男性首领们的名字以及与蒙古通婚等事实,孛儿只斤是突厥血统的古老氏族。后来,室韦—鞑靼人从今天的额尔古纳河流域来到蒙古高原时,突厥孛儿只斤氏族与室韦蒙古氏族杂居、通婚、同化,结果孛儿只斤氏族蒙古化了。

㉒《元朝秘史》载,孛端察儿的儿子为巴林失亦剌秃合必赤。罗藏丹津《黄金史》记为巴林失亦剌秃哈必赤巴秃儿,多了巴秃儿称号。《史集》记为不合(余大钧汉译本,第 1 卷第 2 分册,第 15 页),与蒙古文史书完全不同。佚名《黄金史》称合必赤曲律。《阿萨喇克其史》不载巴林失亦剌秃这个绰号,但仍称巴秃儿。

㉓《元朝秘史》载,合必赤巴阿秃儿的儿子篾年土敦,没有必乞儿把阿秃儿此人。《史集》称不合的儿子叫土敦篾年(余大钧汉译本,第 1 卷第 2 分册,第 16 页),也不记必乞儿巴阿秃儿。佚名《黄金史》和罗藏丹津《黄金史》记载,合必赤巴阿秃儿的儿子为必乞儿把阿秃儿,《阿萨喇克其史》与此同。

㉔《元朝秘史》作此人为合必赤巴秃儿之子,《史集》作土敦篾年,辈分与《元朝秘史》的记载同。《元朝秘史》说篾年土敦有子七人,《史集》记载他有九

个儿子,他们的母亲名叫莫拏伦(余大钧汉译本,第1卷第2分册,第18页)。佚名《黄金史》作麻合土敦。麻合为篾年之笔误。

㉕《元朝秘史》、罗藏丹津《黄金史》等均记载此人为篾年土敦的儿子,唯独《史集》记载篾年土敦的儿子为海都,是成吉思汗的六世祖(余大钧汉译本,第1卷第2分册,第22页)。《元朝秘史》指出,海都为合赤曲鲁克的妻子那莫伦所生。《史集》中的莫拏伦或许是那莫伦的误写,如这样,所谓的莫拏伦就应该是合赤曲鲁克的妻子。

㉖按《元朝秘史》的世系,合赤曲鲁克的儿子应为海都,海都的儿子为伯升豁儿多黑申。罗藏丹津《黄金史》同此,不过把伯升豁儿多黑申写为巴儿升豁儿多黑申。《阿萨喇克其史》写成了伯把儿思升豁儿多黑申。《史集》作伯升豁儿(余大钧汉译本,第1卷第2分册,第23页),可知善巴写错了该人的名字。

㉗《元朝秘史》作屯必乃薛禅。《史集》记为屯必乃汗(余大钧汉译本,第1卷第2分册,第24页)。罗藏丹津也作屯必海薛禅。屯必海为屯必乃之误,故译文改译为屯必乃。

㉘善巴所记自合不勒合罕至也速该把阿秃儿的世系与诸史一致。

㉙关于"成吉思"名称的由来,诸书记载不一致。根据《元朝秘史》(123节)记载,大致在12世纪80年代,蒙古乞颜部贵族推举帖木真为成吉思汗,但没有提到任何与此称号相关的传说故事。罗藏丹津记载,在帖木真出生的第七天,有一只浅黑色的鸟来到大湖半岛上的一块黑色石头上鸣叫了三天。也速该把阿秃儿第一次砸开石头,见一枚金玺从石中飞入天;第二次砸开石头,见一枚银玺从石中跳入大湖;第三次砸开石头,见有一枚玉玺在石中,于是拿回家中燃香叩拜。这时,那只鸟落在也速该家天窗上,连叫"成吉思,成吉思",由于那只鸟的啼叫声,就称帖木真为成吉思汗。罗藏丹津的记载与善巴有所出入,但基本内容雷同。《蒙古源流》也记载了这个传说,但有些情节与《黄金史》和《阿萨喇克其史》不同(乌兰:《〈蒙古源流〉研究》,第150页)。这个传说的渊源可能与蒙古乞颜部的图腾海东青有

关。早在1271年成书的《弓手国族(蒙古)史》中就记载,“上帝的使者化作金鹰,把上帝的旨意传给了他们(指蒙古——引者)的领袖帖木真。”(札奇斯钦《黄金史译注》,第22页)后来,人们不具体说这只神鸟是何种鸟类,只传说神鸟传授了长生天的意志。

关于“成吉思”的词义,众说纷纭。据《史集》的解释,这个尊号是由大巫帖卜腾格里献给帖木真的,“成吉思”是“成”的复数,意为“最高君主或王中之王”。(《史集》汉译本,第一卷第二分册,第347页)成吉思是帖木真的汗号,而非本名,他被推举为成吉思汗的时间是在1206年,而非他出生当年。善巴记载有误。

㉚《元朝秘史》没有记载成吉思汗的生年。壬午年为1162年。

㉛ 哈不图合撒儿,成吉思汗的胞弟。合撒儿,又作拙赤合撒儿,据《史集》解释,“‘拙赤’是名字,‘合撒儿’是猛兽的意思。由于他是个十分勇猛的人,故用这样的称呼来形容他。”(汉译本,第1卷第2分册,第63页)“哈不图”(qabutu,得劲儿的,恰到好处的,此处为引申义:百射百中),因善射而得此美誉。《元朝秘史》说他比成吉思汗小两岁(60节)。据此,合撒儿当生于1164年(木猴,甲申)。17世纪以后的蒙古文史书可能根据《蒙古秘史》的记载推算出了合撒儿及其诸弟的生年。

㉜ 哈赤古,成吉思汗胞弟,《元朝秘史》作合赤温(qačiγun),《史集》作qājiūn即哈赤温。《元朝秘史》说哈赤温比成吉思汗小四岁(60节)。据此,合赤温当生于1166年(火狗,丙戌)。《阿萨喇克其史》把合赤温的名字写成了qačiγu,是qačiγun的脱落词尾-n辅音的形式。

㉝斡赤古,成吉思汗幼弟。《元朝秘史》作帖木格斡惕赤斤(temüge otčikin),《史集》作铁木哥斡惕赤斤,并说:“‘铁木哥’是名字,‘斡惕赤斤’意为‘灶火和禹儿惕之主’,幼子也称‘斡惕赤斤’,后来,斡惕赤那颜成了他的名字,他以此名为人所知。”(第1卷第2分册,第71页)《元朝秘史》(60节)记载,成吉思汗九岁时斡惕赤斤三岁,当生于1168年(土鼠,戊子)。斡惕赤斤的名字,佚名《黄金史》作očoγu(朱风、贾敬颜译注《蒙古黄金史纲》,

第141页),罗藏丹津《黄金史》作 tömüge otčikin。

㉞《元朝秘史》没有记载也速该侧妃的名字。罗藏丹津记为 Sujigel qatun,《大黄史》记为 Manggilun。善巴的记载源于《大黄史》。

㉟这段诗文见于《元朝秘史》(64节)和罗藏丹津《黄金史》(第82—83页)。善巴所记内容比二书少一首,在文字上,用"öndör terge 高轴车"替代了"öljigidei terge 有车前的车",用动词"saγulγaju 使坐着"替代了"unuγulju 使骑着、使坐着"。因为,"öljigidei terge"的用法在17世纪后半期已渐旧,"unuγulju"只用于骑在马驼等家畜背上。

㊱这段话在《元朝秘史》(66节)和《黄金史》(84页)里作"多次聘娶后应允就能受敬重,一次聘娶便答应就被欺凌。女孩子的命,不可老在生身之门。"《阿萨喇克其史》说法与上二书相反,疑有笔误。

㊲《元朝秘史》(67节)与罗藏丹津《黄金史》(85页)记载,也速该因口渴赴了塔塔儿人之宴。《蒙古源流》说,在塔塔儿人请也速该吃宴时,也速该因为"想到有不拒邀请的说道",就享用了食物(乌兰:《〈蒙古源流〉研究》,第146页)。《阿萨喇克其史》则说,也速该明知道塔塔儿人可怕,但无法绕道而行,才赴了宴。善巴和萨冈彻辰一样,明显为也速该的不慎中毒开导。原始文献与后期史书记载的此类差异,与其说是史源问题还不如说是作者情感所致。

㊳"途径可怕的塔塔儿国,享用了美味的食物,生命已垂危"这三句话,《元朝秘史》和罗藏丹津《黄金史》均不载,《蒙古源流》作"我走入亲朋的家中,享用了美味的饭菜,自己害了自身性命"(乌兰:《〈蒙古源流〉研究》,第146页)。

㊴《元朝秘史》(77节)和罗藏丹津《黄金史》(98页)载,别克帖儿临死时对帖木真说:"泰赤兀惕兄弟的仇还没有得报,正苦于如何报仇之际,你们为什么把我看成眼中毛、口中鲠呢?正当影子之外没有伴当,尾巴以外没有鞭子的时候,为什么竟要这样呢?请不要毁灭了我的灶火。不要撇弃别勒古台!"善巴删掉了别克帖儿颇具道理的辩词,并以别克帖儿的话预言别勒古

台必将为成吉思汗的事业出力。这样的改动(或者说编写),说明了善巴等后期史家极力维护成吉思汗个人形象的努力。

㊵ 善巴所记诃额伦母亲的训词,与《元朝秘史》(78 节)和罗藏丹津《黄金史》(第 99—100 页)有很大不同。

㊶《元朝秘史》作锁儿罕失剌,《史集》作 sūrqān-šireh,也即锁儿罕失剌。罗藏丹津《黄金史》、《蒙古源流》等均作 Torqun šira(土儿浑失剌),《阿萨喇克其史》同。根据《秘史》和《史集》,改译为锁儿罕失剌。

㊷ 帖木真逃难之日,《元朝秘史》(81 节)与罗藏丹津《黄金史》(第 103 页)记载为夏初月十六日,即四月十六日。《蒙古源流》作夏仲月十五日(乌兰:《〈蒙古源流〉研究》,第 149 页),即五月十五日。

㊸ 孛斡儿赤说的这句话,《元朝秘史》和罗藏丹津《黄金史》不载。

㊹ 据《元朝秘史》(94 节)和罗藏丹津《黄金史》(第 115 页),帖木真亲自带着别勒古台,前往德薛禅家迎亲。但善巴说,帖木真派遣他的两位弟弟合撒儿和别勒古台前去聘请孛儿帖,与上述二书的记载有明显的区别。善巴可能为了抬高帖木真的地位,故意改写的。

㊺ 据《元朝秘史》(104 节)与罗藏丹津《黄金史》(第 25 页)记载,孛儿帖被篾儿乞人俘获以后,帖木真、合撒儿、别勒古台三人前往王罕处求援。善巴记载,帖木真派他弟弟合撒儿与别勒古台到王罕处,可能也是为了抬高帖木真的地位。

㊻ 据《元朝秘史》(20 节)和罗藏丹津《黄金史》(第 31 页),此处应为三个脱忽剌温。善巴列了三个人名后称四位脱忽剌温,显然有误。

㊼《元朝秘史》没有确切年代记载帖木真第一次称汗的年代,但记载了当时帖木真营地的确切位置,即在不儿罕合勒敦山阳古列勒古山内桑沽儿河沿岸的合喇主噜格地方的阔阔纳浯儿湖边(122 节)。《蒙古源流》记载,己酉年(1189)帖木真二十八岁时在曲雕阿兰称汗(乌兰:《〈蒙古源流〉研究》,第 150 页)。罗藏丹津《黄金史》记载,帖木真四十五岁时,于丙寅年在斡难河源头即大位(33 页)。丙寅年是 1206 年,罗藏丹津显然把帖木真第一次称

汗和第二次即大位称成吉思汗的时间混淆了。

㊽《元朝秘史》(141 节)载,豁罗剌思部的首领为绰纳黑与察合安二人。

㊾ 在原文中的与位格-dur 是衍字。

㊿ 此人名在《元朝秘史》(143 节)中作“阿兀出把阿秃儿”,并说他是蒙古部人。

51 此人名在《元朝秘史》(154 节)中作“也客扯连”。

52 王罕与帖木真二人结为父子的事,见于《元朝秘史》164 节。《秘史》把此事记在狗儿年(1202)里。罗藏丹津的记载与《秘史》同。紧接着此事,在猪儿年春天,札木合、桑昆等决定攻伐帖木真(《元朝秘史》166 节)。

53 毡包里的座位有严格的就座规定。正北的座位(“豁亦马儿”)是一家之主或男性尊贵客人的座位,左侧靠门的地方(“阿剌兀”,门后)是妇女或孩子就座的地方。《元朝秘史》记载桑昆的话:“我们族人嫁到他们家,总是在门后(阿剌兀)向正北(豁亦马儿)站立。”(165 节)在 17 世纪,“阿剌兀”一词似乎已经渐旧不用。

54 不忽台、失剌台二人:此二人名在《元朝秘史》(168 节)里作不合台(Buqatai)、乞剌台(Kiratai)。罗藏丹津作 Buqatai(不合台)、Kičiγutai(乞其古台)(第 60 页)。

55 此人名在《元朝秘史》(169 节)里作乞失里黑(Kisilig)。罗藏丹津同(第 61 页)。

56《元朝秘史》把帖木真攻伐王罕的战役放在猪年(1203)里叙述,但是没有确切指出在哪个季节。

57 据《元朝秘史》188 节记载,王罕与桑昆突围后,王罕逃到乃蛮的哨望豁里别速赤那里,被他杀死。桑昆则带着骟马夫阔阔出夫妇绕过乃蛮边哨,到了川勒地方。在这里,阔阔出撇下桑昆,牵着桑昆乘骑的马,投奔了帖木真。至于桑昆的下落,《秘史》缺载。《圣武亲征录》记载,“亦剌合(即桑昆——引者)走西夏,过亦即纳城,至波黎吐蕃部。即讨略欲居之。吐蕃收集部众逐之,散走西域曲先居撒儿哥思蛮之地,为黑邻赤哈剌者杀之。”《史集》的记载与此大同小异:"当王汗被抓住杀死时,王汗的儿子桑昆逃出。他经过蒙古地区无水原野边界上的一个名叫亦失黑—巴剌合孙的村子,逃到了波黎吐蕃(būri-tbbt)地区。他洗劫了那些地区的一部分地方,在那里住了一段时期,大肆蹂躏。吐蕃的部落和居民们集合起来,将他包围在一个地方,要抓住他。但他战败后安全地从那里突围,从那些部落手中逃脱出来。他逃到了忽炭和可失哈儿境内的一个名叫曲薛居—彻儿哥失篾的地方。当地异密和长官、合剌赤部的一个异密乞里赤—合剌将他抓住杀死了。"(《史集》汉译本,第1卷第2分册,第184—185页)《圣武亲征录》提到的"西域",在《史集》中更具体地记载为和阗和喀什噶尔。

(58) 按照《阿萨喇克其史》的行文,该句似乎应该翻译成"命速别额台把阿秃儿,在是年秋天去征讨有车篾儿乞人(telgetü meikid)"。据《史集》等记载,篾儿乞人分成兀合思(兀洼思)、木丹、秃答黑邻、只温等部。此外,文献中还见到合阿惕、脱脱里孛斤等篾儿乞人分支,但从未见到"telgetü merkid"的记载。速别额台出征忽秃等篾儿乞人的事见于《元朝秘史》199节。据该节原文,"就在那牛儿年,成吉思合罕下令,命速别额台,命有铁车的(temür telgetü),教去追击脱黑脱阿的儿子们忽秃、合勒、赤剌温。"其中的"命速别额台,命有铁车的"是句子中的同位语,意为"命速别额台铁车军"。该同位语的蒙古语可复原为 Sübegedei-yi temür telgetü－yi。Telge 同 terge,意即"车子"。1205年(牛儿年),帖木真决心彻底消灭篾儿乞残余势力,命速别额台远征篾儿乞人首领脱黑脱阿诸子忽都、合勒、赤剌温等,并特地为之造铁车以遣,故有"速别额台铁车军"之语。看来,"telgetü merkid"(有车篾儿乞人)是误会。但是,闹误会的是善巴,还是善巴所引用的某种文献的原作者,有待进一步考证。

(59) 据《元朝秘史》199节和236节载,速别额台于牛儿年出征脱黑脱阿诸子,后来(时间不详)在垂河追到忽秃与赤剌温,将其消灭后凯旋。据《史集》,速别额台出征脱黑脱阿诸子的牛儿年是丁丑年(1217,《史集》汉译本,第1卷第2分册,第244页)。《阿萨喇克其史》将这件事记在猪年(1203)秋天,是错误的。

⑥⓪ 据《元朝秘史》载,鼠儿年(1204)夏四月十六日帖木真祭了旗纛,命者别、忽必来二人做头哨,逆客鲁连河进军。者别、忽必来二人是大军的先锋,而不是对乃蛮战争的最高统帅。善巴将这次战争记在猪儿年(1203)条下,时间上也与《元朝秘史》相悖。

⑥① 据《元朝秘史》186 节,1203 年帖木真打败并瓜分了客列亦惕部。因为王罕的弟弟札合敢不献其二女投降,帖木真下令保全其属部。但是,又据 208 节,札合敢不后又反叛,主儿扯歹以计策拿获札合敢不,俘获其众。

⑥② 有一部分篾儿乞部百姓叛去,命孛罗忽勒、沉白二人前去降服他们而归。据《元朝秘史》198 节,受命攻打驻扎在台合勒寨子的篾儿乞人的是锁儿罕失剌之子沉白。这里还提到了孛罗忽勒。

⑥③ 据《元朝秘史》197 节,忽阑哈屯是豁阿思(兀洼思)篾儿乞部首领答亦儿兀孙的女儿,1204 年其父答亦儿兀孙亲自将其送至帖木真处。《史集》记载同《秘史》(汉译本,第 1 卷第 2 分册,第 206 页)。

⑥④ 该记载与《元朝秘史》235 节同。但是,《元朝秘史》没有提到降服阿儿思阑罕的年份。据《史集》,事在牛儿年,即丁丑年(1217)。善巴把此事与札木合被擒获的事一起,都放在牛儿年(1205)里记载。

⑥⑤ 札木合被他的五个那可儿执送的事,见于《元朝秘史》200 节。时间为牛儿年(1205),地点在傥鲁山,即唐努山。善巴书里,傥鲁山作"帖列格图"。"帖列格图"在《阿萨喇克其史》前文中出现过,意为"有车的",这里可能是"唐努"的笔误。

⑥⑥《元朝秘史》载,兔儿年(1207)成吉思汗命长子拙赤出征林木中百姓,不合为之做向导。拙赤在忽都合别乞的帮助下,招降了斡亦剌惕、不里牙惕、巴儿浑、兀儿速惕、合卜合纳思、康合思、秃巴等部落(239 节)。善巴没有记载兔儿年,把该事件仍附记在札木合被捕的牛儿年(1205)条下,故时间显然有误。善巴还将"兀儿速惕、合卜合纳思、康合思、秃巴思"分别写成为"兀巴孙、合卜萨克、秃克木克、吉儿吉思",与《秘史》异。

(67) 1206 年成吉思汗建国即位事,见于《元朝秘史》第 202 节;至于封木合黎为国王事,《元朝秘史》206 节也有记载。成吉思汗封他为国王,座次在众人之上,并世代相传,同时封为左翼万户,管辖东边到合剌温只敦山(即兴安岭)的部众。但是,《元朝秘史》没有记载木合黎曾被封为"丞相、太师"事。据《元史》,封木合黎为丞相、国王、太师,并赐旄纛,事在丁丑年(1217,《元史》,卷 119,木华黎传,第 2 932 页,中华书局标点本)。《史集》也记载:"成吉思汗将他(木合黎——引者)派到了与乞台(金国——引者)结界的哈剌温—只敦地方时,汉人将他称作'国王',意即'尊贵者'。后来成吉思汗就封了他这个尊号,他的后裔也就被称为国王了。"(汉译本,第 1 卷第 2 分册,第 370 页)。

(68)《元朝秘史》没有记载成吉思汗皇后、皇妃的四大斡耳朵。罗藏丹津《黄金史》有记载,但与《阿萨喇克其史》有所不同。据罗藏丹津记载,"孛儿帖勒真哈屯之大斡耳朵为固累斡耳朵(gürüi ordu),忽阑哈屯斡耳朵为肃良合思的巴儿思斡耳朵(solungγus-un bars ordu),也遂哈屯之斡耳朵为西儿噶其斡耳朵(širgači-yin ordu),也速干哈屯之斡耳朵为罕图特辉斡耳朵(qamtutqui-yin ordu)。"(第 129 页)

(69) 善巴把四杰之一的孛斡儿赤和汪古儿厨子(厨子:保兀儿赤)二人相混了。据《元朝秘史》213 节,成吉思合罕"对汪古儿厨子说:'在前你与这脱忽剌兀惕三姓、塔儿忽惕五姓、敞失五惕和巴牙吾的两种,与我做着一圈子。昏雾中不曾迷了,乱离中不曾离了,寒温处曾共受来,如今你要什么赏赐?'汪古儿说:'赏赐叫拣呵,巴牙吾惕姓的兄弟每,都散在各部落里有,我欲要收集着。'成吉思合罕应许了,说:'你收集了做千户管着。'"成吉思汗对孛斡儿赤的赏赐记在《元朝秘史》的 205 节,说:"如今你的座次坐在众人之上,九次犯罪休罚,这西边直至金山(阿尔泰山——引者),你做万户管着。"

(70) 据《元朝秘史》211 节,成吉思汗历数者勒篾的功劳,恩赐者勒篾"九罪不罚",但没提到封为万户事。其他史书也不载者勒篾曾被封为万户。

(71) 据《元朝秘史》108 节,成吉思汗赏赐给主儿扯歹四千户兀鲁兀惕人。善巴记载为一千兀鲁兀惕人,并恩准“九罪不罚”,与《秘史》异。

(72)《阿萨喇克其史》的原文为:“mongγolun törü ünen mör biki bolqu-yin yosun ajiγu”(这是蒙古国政变得真实和牢固的缘故)。根据《元朝秘史》216 节,《阿萨喇克其史》文有误。《秘史》的原文可复原为:mongγol-un törü noyan mör beki bolqui yosun ajuqui(亦邻真复原本,第 206 页),意为“在蒙古国体里,官职中设有别乞”。《阿萨喇克其史》将 noyan(官)误作 ünen(真),所以 biki(应作 beki)也无法理解为“别乞”而只能作“牢固”解,于是该句含义完全变了。也许,这是传抄过程中出现的失误。

(73) 此人在《元朝秘史》中作“合儿吉勒失剌”(214 节),塔塔儿人,曾欲杀害成吉思汗幼子五岁的拖雷,未遂。按照《阿萨喇克其史》的写法,“合儿吉思”也可理解为形容词 qarkis(“残暴”)。善巴本人,或者善巴所用史料的作者,或者《阿萨喇克其史》的手抄者,可能将人名“合儿吉勒失剌”根据其行为误读为“残暴的失剌”。

(74) 据《元朝秘史》,成吉思汗的“四狗”为忽必来、者勒篾、者别、速别额台;“四杰”为孛斡儿出、木合黎、孛罗忽勒、赤老温把阿秃儿(209 节)。善巴把拖雷计入“四杰”中,以代替木合黎,不知是笔误还是有意的安排。如是有意的安排,那么这当然是为了美化忽必烈之父拖雷。我们无法确定,这是善巴的“创举”还是他前人的作为。

(75) 在《元朝秘史》里,带弓箭的侍卫被称为“豁儿赤”(qorči),旁译为“带弓箭的”(225 节)。《阿萨喇克其史》作 saγadaγčin,汉译“箭筒士”。关于散班的长官,《元朝秘史》(226 节)说斡格列扯儿必为孛斡儿出宗族之人,善巴指出是他的弟弟;《元朝秘史》记载不合为木合黎宗族之人,善巴指出是他的弟弟;《元朝秘史》说阿勒赤歹为亦鲁该宗族之人,善巴没有具体说他是什么人。此外,《阿萨喇克其史》缺载阿忽台和阿儿孩合撒儿两位散班之长。

(76)《元朝秘史》(232、234 节)里有相应的记载,但内容与《阿萨喇克其史》有很大不同。

⑦⑦ 成吉思汗分"份子"的记载见于《元朝秘史》242节。《史集》也有记载(汉译本,第1卷第2分册,第375—380页)。值得注意的是,史书无一处记载成吉思汗给诃额伦母亲和斡赤斤分一万女真人。

⑦⑧ 据《元朝秘史》(202节),成吉思汗时期的千户数为九十五。

⑦⑨ 该韵文不见于其他蒙古文史书。

⑧⓪ 成吉思汗征金战争,见于《元朝秘史》247节。据该书记载,蒙古军的先锋为者别和古亦古捏克巴阿秃儿二人,但善巴记为者别、忽必来、速别额台三人。据《秘史》,者别攻占的城为东昌,《阿萨喇克其史》作通州城。

⑧① 唐兀惕,指汉文文献中的西夏。西夏是党项人建立的国家(1038—1227),1038年元昊建国,国号"大夏"。汉文文献又音译称"唐兀",或以汉语称"西夏"、"河西"。西夏疆域东至黄河,包括黄河河套地区,西至玉门关,南至兰州,北接瀚海,建都于兴庆府(今银川)。因其位于河西走廊,汉人称之为"河西",蒙古人借用此称呼,又称"合申"(qasin,"河西"之蒙古化音变)。成吉思汗征西夏记载见于《元朝秘史》149节。

⑧② 此指花剌子模。

⑧③ 这段记载了成吉思汗远征花剌子模的战争。花剌子模,蒙古人称之为"撒儿塔兀勒"(买卖人之意)。花剌子模是中亚古国之一,位于阿姆河下游,都城在斡笼格赤(今土库曼斯坦库尼亚乌尔根奇)。12世纪中后期,花剌子模占领呼罗珊(阿姆河以南地区)西部,13世纪初,又占据呼罗珊东部,不久进一步东进,攻占了不花剌(今乌兹别克斯坦不哈拉城)、撒麻儿干(今乌兹别克斯坦撒马尔罕)、讹答剌(今哈萨克斯坦齐穆耳)等地,据有了整个河中地区。此后花剌子模军队又挥戈西进,大败了法儿思(今伊朗法尔斯)和阿哲儿拜占(今伊朗阿塞拜疆)二国,称为伊斯兰世界最强大的国家。1219年成吉思汗亲征花剌子模,1223年班师,1225年回国。这次战争的记载见于《元朝秘史》第256至263节。罗藏丹津《黄金史》与《秘史》同。《阿萨喇克其史》简约记载了本次战争,史事叙述基本与《秘史》和罗藏丹津《黄金史》同。明显不同之处有两个:一是,唐兀惕之国主名在《秘

史》和《黄金史》中作不儿罕,而《阿萨喇克其史》作失都儿忽罕。据《秘史》267 节,这个名字是成吉思汗在不儿罕来降时所赐名,当时尚无此名。二是,成吉思汗西征的时间,《秘史》和《黄金史》称自兔儿年(1219)至鸡儿年(1225)前后 7 年,而《阿萨喇克其史》作 4 年。善巴可能指从出征的 1219 年至班师的 1222 年的实际作战期限,而没有计入回程上的时间。

㉞ 成吉思汗在征西夏途中打猎的地名,《元朝秘史》作阿儿不合,该书称爱不合。

㉟ 即阿拉善。

㊱ 这段记载相当于《元朝秘史》的 265 节。善巴的记载与《秘史》基本一致。罗藏丹津《黄金史》等 17 世纪的蒙古文史书大量记载了成吉思汗此次攻伐西夏时的种种传说,善巴均不采纳。

㊲ 该诗文见于佚名《黄金史》、罗藏丹津《黄金史》和《蒙古源流》,但前二书所载诗文大体一致,而《蒙古源流》与二书的出入较大。善巴所记诗文内容与《黄金史》接近,只是省略了两段。

㊳ 该诗文见于佚名和罗藏丹津两《黄金史》以及《蒙古源流》,互相之间没有太大的出入。

㊴ 关于成吉思汗的卒年和地点,史书记载各异。关于去世的时间,《元朝秘史》仅提到在猪年(1227),没有具体月日。《史集》记载在猪年秋第二月十五日,即八月十五日(汉译本,第一卷第二册,第 321 页)。罗藏丹津《黄金史》记为丁亥年七月十二日,《蒙古源流》同。善巴所记火猪年春末月(三月)十二日的日期与众书不一致。关于成吉思汗去世的地点,也众说纷纭(参见乌兰:《〈蒙古源流〉研究》,第 245 页)。善巴所记"米讷克之朵儿篾该城"指西夏灵州(今宁夏灵武县)。"米纳克"为藏文 mi nyag 之音译,系西藏人对唐古惕人的称呼;"朵儿篾该"为灵州城的蒙古语名。

㊵ 该诗文见于 17 世纪蒙古文诸文献。《阿萨喇克其史》的记载与两《黄金史》同,而与《蒙古源流》有较大出入。萨冈彻辰明显对口传资料进行过较大的加工(相应部分的译文参考乌兰:《〈蒙古源流〉研究》,第 229 页)。

⑼ 这段韵文见于17世纪蒙古文诸文献。善巴收录的内容与《黄金史》同,但与《蒙古源流》比较有不少不同之处。

⑽ 关于向全国发布假通告、将成吉思汗遗物安葬在他去世的地方的说法,来自于佚名《黄金史》。善巴关于安葬成吉思汗遗体的地点记载,与佚名《黄金史》同。据亦邻真研究,成吉思汗的葬地为汉文记载中的起辇谷,相当于蒙古文史书所载古连勒古。该地位于不儿罕山阳、曾克儿河源,即今蒙古国肯特省曾克儿满达勒一带(亦邻真:《起辇谷与古连勒古》,《内蒙古社会科学》1989年第3期)。

⒀ 衮噶凝波(1098—1158),是藏传佛教萨迦派的"萨迩五祖"之首,生活在成吉思汗出生之前的年代。召城,堪培认为指凉州,达赖都里思呼寺,即藏文文献中的rgya mcho' i sde(H. -R. Kömpfe, *Das Asaragči neretü-yin teüke*, *Das Byamba erke Daičiing Alias Šamba Jasaγ*, Wiesbaden, p. 81)。

⒁ 在什么史书上称之为"名义上的上师"需要进一步考证。但是,这种记载大概出自喇嘛文人的文献无疑。因为衮噶凝波是成吉思汗出生之前的人物,所以喇嘛文人们一方面考虑衮噶凝波的生活年代,另一方面又希望把成吉思汗与藏传佛教联系起来,所以搞出了"名义上的上师"这个名堂。

第 2 卷

[译文]

遵循成吉思合罕之命，于牛儿年，在客鲁涟河畔的阔迭额阿剌勒地方，窝阔台[①]在四十三岁时即合罕位[②]。[窝阔台的]上师是衮噶奥德贝，又称为“名义上师”。

有些史书上记载：窝阔台合罕患了足疾，给萨思迦板的达[③]派使臣说：“如果你不来，[我]将派大军侵扰唐古忒国，将会犯下大罪孽。如明白这道理，就前来[为我治病]！”使臣前去转告后，[萨思迦板的达]向一位大喇嘛派了使臣，说[我要]去。那喇嘛将一个虱子、一块土、一粒舍利，装进壶里，交给使者带回，其他什么话也没有讲。[萨思迦板的达]问使臣：“我的呼图克图喇嘛做何指示？”使者说：“没做指示。只给了我[装有]一个虱子、一土块、一粒舍利的壶。”萨思迦板的达接过来说道：“给一个块土，是预示着我将要死亡。给一个虱子，是说我因贪婪而要去。给一粒舍利，是预示着蒙古将来皈依佛法。死就死吧！贪婪就贪婪吧！但愿蒙古能够皈依佛法！”于是就前来[蒙古]。窝阔台合罕在额里伯的阔阔兀孙地方迎见了[萨思迦板的达]。窝阔台合罕询问足疾时，萨思迦板的达道：“合罕的前世是印度国王的儿子，因建造寺庙破土动工砍伐树木，所以土地神来这里作祟。你有修建寺庙的功德，所以今生成为成吉思合罕的儿子。”他说着供四臂大黑天以食子，使窝阔台合罕的足疾立刻痊愈。窝阔台合罕、全体蒙古和汉地人民都起敬仰之心，皈依了佛法。[萨思迦板的达还]显示了许多法术。在召城建造了称为卡马拉西拉的佛塔[④]。在萨思迦板的达前来[蒙古]时，八岁的八思巴喇嘛[⑤]跟随来到[蒙古]。

噶玛拔希[⑥]也一同前来。窝阔台合罕生于羊儿年,牛儿年五十五岁时驾崩。

其后,推举窝阔台合罕的长子贵由[⑦]为合罕。在位一年驾崩。有史书称萨思迦板的达为贵由合罕的上师[⑧]。

其后,推举贵由合罕的弟弟阔端为合罕。马儿年驾崩。[⑨]

其后,认为窝阔台合罕的子孙不适吉兆[⑩],猪儿年,在阔迭额阿剌勒地方,推举拖雷额真的长子蒙哥[⑪]为合罕。其上师为索南嘉穆禅[⑫]。在位九年,在庆王州城驾崩,无子嗣。蒙哥合罕生于兔儿年。

其后,拖雷额真的哈屯,客列亦惕部王罕的弟弟札合敢不女儿帖尼别乞所生的儿子忽必烈薛禅合罕[⑬]在上都城即了合罕位。[忽必烈]生于木猪年。[忽必烈合罕]三十岁时,命十九岁的八思巴喇嘛坐法床,用白色石头筑成名为库楞参丹城[⑭]的柱子,使三色国[⑮]皈依佛法。忽必烈薛禅合罕将饰有黄金珍珠的狐裘、用宝石串成的袈裟、宝石的法帽、金伞、金床等为首的无尽的财宝以及马驼赠送给八思巴喇嘛。其后,八思巴喇嘛到喀木地方,向以堪布著称的喇嘛札巴僧格[⑯]上师学习"七聚"戒律,后返回[蒙古]。合罕曾三次举行金刚灌顶法会。在第一次,合罕施舍了土伯特三万户之地。在第二次,合罕施舍了土伯特的十万户之地。在第三次,合罕施舍了汉地的朱儿勤和门地方,又施舍了阿赤塔撒禿合罕[⑰][所珍藏的]舍利中的佛陀舍利子[⑱]。合罕敕封八思巴喇嘛为"班第达八思巴帝师"。[忽必烈合罕]冬天在大都过冬,夏天在上都避暑,使释迦牟尼教法像阳光普照。

有一个时期,噶玛拔希大显法术,水中潜行,空中飞翔,或握碎坚石。薛禅合罕说:"我们的帝师喇嘛呼图克图虽然是阿可珠比佛[⑲]之人身化身,但是法术和理论倒是这位胡子智者(瑜伽)更厉害。"薛禅合罕的哈屯听到后,将原委如实告知八思巴喇嘛,并说:"如果[合罕]奉噶玛拔希为供养之尊,于萨思迦之根本将有危害。请[您]也显示变化莫测的法术[给合罕]看。"[于是],八思巴喇嘛在合罕和众臣面前,用大刀将自己的首和手足割成五段,将其化作不同的五尊佛,供众人观赏,并显示了其他种种法术。[从此],[忽必烈合罕]制定[政教]二道并行的制度,巩固统御成吉思合罕开创的大政,闻名遐迩。薛禅合罕八十岁,在大都驾崩。

薛禅合罕的长子阿勒坦台吉未即位先逝世。其长子完泽笃合罕三十岁时即了大位[20]。其上师为答剌麻八剌[21]。完泽笃合罕生于牛儿年,四十四岁时在大都驾崩。其后,[完泽笃合罕的]弟弟曲律合罕[22],二十七岁时在上都即大位。上师为搠思吉斡节儿[23]。据说,这位合罕对佛法贡献巨大。三十一岁时,在大都驾崩。曲律合罕生于蛇儿年。其后,普颜笃合罕[24]二十七岁时即大位。上师为多尼特巴[25]。三十七岁时在大都驾崩。普颜笃合罕生于鸡儿年。其后,格坚合罕[26]十八岁时即大位,上师为索南监藏[27]。格坚合罕生于鼠儿年。又在大都驾崩。其后,也孙铁木儿合罕[28]三十岁时即大位,上师为噶白索南[29]。也孙铁木儿合罕生于蛇儿年,三十五岁时在上都驾崩。有些史书上称之为阿哩巴罕合罕[30]。其后,札牙笃合罕[31]三十一岁时,龙年即大位。过了四十天后驾崩。其上师为亦邻真旺[32]。其后,蛇年,和世瑓忽都笃合罕[33]到西域名声大振,三十一岁时派人迎接,四月初三日于赤扯格图纳兀儿地方即大位,过了四个月后驾崩。上师为南喀坚灿。是(四)月十日,札牙笃合罕[34]即大位。上师为耶西亦邻真。猴儿年,三十五岁时在大都驾崩。其后,额儿点绰黑图合罕[35]七岁时,十月初五日即大位。上师为桑结八剌。[合罕]于当月十五日在大都驾崩。

其后,妥欢帖睦尔乌哈笃合罕[36],于水鸡年即大位。上师名叫普颜奴鲁[37]。这位合罕在雄火猴年[38]失掉了成吉思合罕缔造的伟大国政。从成吉思合罕到妥欢帖睦尔合罕,都信奉萨思迦派上师。

妥欢帖睦尔失掉国政[的经过]:汉人惴老翁[39]的夫人生一男孩儿时,房中射出了彩虹。剌哈伊巴呼[40]发觉了这个征兆,于是禀奏合罕:“[如此征兆]无论对合罕有益还是有害,都应把这个孩子年幼时除掉为宜。”合罕没听他的劝告。剌哈伊巴呼又说:“[如今]没有杀死他,将来[但愿不要]后悔自己的脑袋!”给那个孩儿起名叫朱葛[41]。等朱葛长大后,派他去管辖东方几个省。[后来]朱葛去名叫南京的汉地收税,三年没回来。合罕下令:“若朱葛回来,不要给他开城门!”后来,合罕做了一个梦:众多的兵马,层层包围了皇城。他正找不到能逃出去的缝隙时,看到了一个地洞,于是就钻进了那个地洞逃命。合罕找来汉人格坚薛禅来解梦。薛禅解梦说:“这预示着将要失掉皇位!”其后,蒙古人脱脱丞相[42]解梦,说是好兆头。[合罕]按照梦中的征兆去寻找,在那里果真有一个地洞。[后来]朱葛赶着一万辆大车,其中七千辆大车里装了财物,三千辆大车里埋了身穿铠甲的士兵。合罕说:“搜查[车货]后放入!”[门卫]搜查了前面的五千辆大车,没搜查后面五千辆车就放入了。[暗藏士兵的车]一进门,就鸣枪冲出。合罕察觉[中了计],便遗弃了三十万蒙古,携同诸皇后和皇子以及其余十万蒙古,从曾梦见过的地洞逃了出来。逃往之际,哈布图合撒儿的后裔朵穆勒忽把阿秃儿[43]赶来,说:“与其毁灭声誉,不如粉身碎骨!”说着迎战汉人追兵而战死。[妥欢帖睦尔]经古北口而出,建造巴儿思合托[44]居住。汉人建造沙狐城[45]住了下来。乌哈笃合罕的儿子必里秃[46]施巫术,天起风暴,汉人的士兵和军马死亡甚多。追杀部分军队到长城脚下。当时流传[这样的谚语]:“汉人上了山岭,沙狐尾变成了帽子缨。”

乌哈笃合罕说:

“以诸色珍宝建成的我庄丽的大都呵,
诸先合罕的夏宫我金莲川凉爽宜人的开平上都呵,
不听预知未来的剌哈伊巴呼言我蠢货呵,
哭泣追悔的我像遗落在营地牛犊呵。
遗弃了天子成吉思合罕收聚的百姓,
把神明薛禅合罕建造的大都丢给了汉人。
失守了普天之下供奉的八方白塔,
袖中带出了合罕国主的玉玺,
丢弃了四方收聚的百姓。
不怕百万追兵,
不花帖木儿丞相杀出来了,
逃出来的我,恶名的乌哈笃合罕。
因天命失守了薛禅合罕建造的政教二道。
愿国政再转到成吉思合罕的黄金家族。
述说着心中的话哭泣着,
因无奈把国政失于汉人的我乌哈笃合罕。”[47]

失国后过了四年,[乌哈笃合罕]在名叫应昌府的城驾崩。据说,在忽必烈薛禅合罕即位后一百零五年又六个月时失了国。

失国之际,乌哈笃合罕的翁吉剌惕氏皇后已有三个月身孕。当汉军攻入[宫内]时,[皇后]藏在一口“博通”里,没能逃出去。现在汉人称“博通”为“缸”。汉人的朱洪武皇帝收纳了那位皇后,即了皇位。那位皇后心里祈祷:“如果我过七个月后就生产,孩子必将以敌人之遗腹子而被害。愿苍天发慈悲,[让我]足十三个月后分娩!”[皇后]十三个月而生[一男孩儿]。洪武皇帝的汉人皇后[也]生了一个儿子。洪武帝梦见两条龙互相搏斗,而且东龙战胜了西龙。于是,敕令巫者卜吉凶。巫者说:“您所梦见的并非两条龙,而是您的两个儿子。西龙为汉人皇后所生之子,东龙为蒙古皇后所生之子。蒙古皇后所生之子享有天命,将会即您的皇位!”洪武皇帝心想,虽然都是我自己的儿子,但[其中之一的]母亲是敌人的皇后,他如果即我的皇位,显然不好。于是让他出宫,在长城外筑造可苛合托城[48],让蒙古皇后所生的儿子在那里居住。[49]

洪武皇帝在位三十一年后死去。汉人皇后的儿子即了皇位。四年后,翁吉剌惕皇后所生的儿子[50],统率自己少数伴当和山阳六千户兀鲁思[51]、水滨三女真[52]、长城汉人来攻打,擒获了汉人皇帝的儿子,在他的脖子上加盖烙印而将其驱逐。[53]

[注释]

① 窝阔台,成吉思汗三子,大蒙古国第二位合罕,庙号太宗。关于窝阔台生卒年,《元史》载,己丑年即位,在位十三年,卒于辛丑(1241)年,寿五十有六(等于说1185年生)(“太宗本纪”,中华书局标点本,第29—37页)。佚名《黄金史》载,窝阔台于牛儿年(1229)即位,在位十三年,于牛儿年(1241)五十五岁时驾崩,合罕生于羊儿年(朱风、贾敬颜译注《蒙古黄金史纲》,第161页)。罗藏丹津《黄金史》同。《蒙古源流》记载,窝阔台生于丁未年(1187),卒于癸巳(1233)年(乌兰:《〈蒙古源流〉研究》,第231页)。善巴的记载与两《黄金史》同。据考证,窝阔台汗生于丙午年(1186),卒于辛丑年(1241)。

② 据《元朝秘史》,鼠儿年(1228),右翼察阿歹、术赤子拔都等诸王,左翼斡赤斤、合撒儿子也古、也孙格等诸王,以及拖雷等在内的诸王、诸女、诸驸马、万户、千户等在客鲁涟河阔迭兀阿喇勒地方举行大会,遵照成吉思汗的遗命,推举窝阔台为合罕(269 节)。《蒙古源流》与《元朝秘史》同。但是,根据《史集》(汉译本,第二卷,第 30 页)和《元史》(太宗本纪,第 29 页,中华书局标点本),窝阔台在牛儿年或己丑年(1229)即位。17 世纪蒙古文编年史中,两《黄金史》、《大黄史》亦均作牛儿年。窝阔台的即位年应为 1229 年。

③ 公哥监藏,尊称"萨思迦板的达",简称"萨班"。吐蕃萨思迦人,款氏。藏传佛教萨思迦教派之主。1244 年萨思迦板的达公哥监藏奉窝阔台汗之子阔端之召,赴凉州,代表乌思藏地区归附蒙古汗国。1251 年去世。

④ 据堪培研究,召城即凉州,卡马拉西拉为来自印度的西藏弘扬佛法者。

⑤ 八思巴喇嘛(1234—1279),本名罗古罗思监藏(今译罗追坚赞),吐蕃萨思迦人,款氏。八思巴为其尊号,意为"圣者"。1244 年随其伯父萨思迦板的达来到蒙古。1251 年萨思迦板的达去世后成为萨思迦教派之主。1260 年,忽必烈即位,"尊(八思巴)为国师,授以玉印,任中原法主,统天下教门。"(王磐:《八思巴行状》,《大正大藏经》第 49 卷,707 页)1264 年,元朝设立总制院管辖全国宗教和吐蕃僧俗政务,以国师领之。1269 年造元朝国字,一般称"八思巴字"。1270 年,"升号帝师大宝法王,更赐玉印,统领诸国释教。"(王磐,同上)。1280 年,追封八思巴为"皇天之下,一人之上,开教宣文辅治,大圣至德,普觉真智,佑国如意,大宝法王,西天佛子,大元帝师。"(《元史 · 释老传》,第 4 518 页)。

⑥ 吐蕃噶玛噶举派高僧噶玛拔希(Karma pag shi,1204—1283),本名绰思吉喇嘛(Chos kyi bla ma)。噶玛噶举派的开山祖为笃思松坚巴(Dus gsum mkyen pa,1110—1193),1187 年在今西藏堆龙德庆县建立粗卜寺,成为噶玛噶举派的主寺。噶玛噶举派是藏传佛教中第一个采用活佛转世制度的教派,它的最主要的活佛系统为黑帽系,笃思松坚巴被认定为该系第一世活佛。噶玛拔希被认定为笃思松坚巴的转世,黑帽系第二世活佛。1253

年忽必烈征大理,派人延请噶玛拔希,两人在今四川西北会晤。噶玛拔希拒绝忽必烈请他长期随侍左右的请求,游历今宁夏、内蒙古西部地区。1256年噶玛拔希应蒙哥汗诏赴蒙古首都哈剌和林,得到蒙哥汗的崇信。蒙哥汗封他为"国师",授金印。1260年忽必烈即位后,下令逮捕噶玛拔希,后释放。噶玛拔希回到吐蕃,于1283年去世(参见王辅仁、陈庆英:《蒙藏民族关系史》,中国社会科学出版社,1985年,第22—23页,第70—71页)。

⑦ 贵由为窝阔台汗长子,大蒙古国第三位合罕,庙号定宗。皇后脱列哥那哈敦所生。据《元史》,他生子丙寅年(1206),卒于戊申年即1248年("定宗本纪",第38—39页)。

⑧ 贵由的上师为萨思迦板的达的说法,在17世纪蒙古文史书中仅见于此书。

⑨ 阔端,为窝阔台汗次子。阔端在窝阔台汗时期受封于西夏故地,住凉州。1239年,阔端派兵吐蕃,蒙古与西藏始有交通。阔端遣使后藏萨思迦地方,以蒙古皇帝的名义下诏书,敦请萨思迦班第公哥监藏赴蒙古。据《萨迦世系史》记载,阔端给公哥监藏的诏书如下:"长生天气力里,大福荫护助里,皇帝诏书。晓谕萨迦班第达贝桑布。朕为报答父母及天地之恩,需要一位能指示道路之喇嘛。在选择时选中汝萨班,故望汝不辞道路艰险前来。若是汝以年迈而推辞,那么往昔佛陀为众生而舍身无数,此又何如?汝是否欲与汝所通晓之教法之誓言相违?吾今已将各地大权在握,如果吾指挥大军(前来),伤害众生,汝岂不惧乎?故今汝体念佛教和众生,尽快前来!吾将令汝管领西方众僧。赏赐之物有:白银五大升,镶缀有六千二百粒珍珠之珍珠袈裟,硫黄色锦缎长坎肩,靴子,整幅花绸二十四等。着多尔斯衮和本觉达尔玛二人赍送。龙年(1244)八月三十日写成。"(阿旺贡嘎索南:《萨迦世系史》,陈庆英等译,西藏人民出版社,1989年,第80—81页)1246年,公哥监藏抵达凉州,不久给西藏僧俗上层写了劝降书。书云:"祈愿吉祥利乐!向上师及尊者文殊菩萨顶礼!具吉祥萨迦班第达致书卫藏阿里各地善知识大德及诸施主:吾为利乐于佛法及众生,尤为操吐蕃语

之众，前来蒙古之地。召我前来之大施主甚喜，曰：'汝携带如此幼小之八思巴兄弟与侍从一起前来，是眷顾于我。汝以头来归顺，他人以脚来归顺，汝系因我召请而来，他人则是因恐惧而来，此情吾岂能不知！八思巴兄弟先前已习知吐蕃教法，可仍着八思巴学习之，着恰那多杰学习蒙古语言。若吾以世间法护持，汝以出世间法护持，释迦牟尼之教法岂有不遍弘于海内者欤！'此菩萨汗王敬奉佛教，尤崇三宝。以良善之法度护持臣下，对我之关怀更胜于他人。汗王曾对我云：'汝可安心说法，汝子所需，吾俱可供给。汝作善行吾知之，吾之所为善否，天知之。'彼对八思巴兄弟尤为喜爱。彼有'为政者善知执法，定有益于所有国土'之善愿，曾曰：'汝可教导汝吐蕃之部众习知法度，吾当使安乐！'故众人俱应努力为汗王与王室诸人之长寿而祈祷祝愿之！当今之势，此蒙古之军队多至不可胜数，窃以为赡部洲已全部入于彼之治下。与彼同心者，则苦乐应与彼相共。彼等性情果决。故不准口称归顺而不遵彼之命令者，对此必加摧灭。畏兀儿之境未遭涂炭且较前昌盛，人民财富皆归其自有，必阇赤、库吏及别乞均由彼等自任之。汉地、西夏、阻卜等，于未灭亡之前，将彼等与蒙古一样看待，但彼等不遵命令，攻灭之后，别无出路，只得归降。其后，因彼等悉遵命令，故现在各处地方亦多有委任其贵人充当别乞、库吏、军官、必阇赤者。我等吐蕃部民愚顽，或期望以种种方法逃脱，或期望蒙古因路远而不来，或期望与之交战而能获胜，凡以悭、诳、诡三种办法对待蒙古者，最终必遭毁灭。各处投降蒙古之人甚多，因吐蕃众人愚顽之故，恐只堪被驱为奴仆贱役，能被委为官吏者，恐百人中不到数人。吐蕃归顺者虽众，然贡物微薄，故其贵人们心中颇为不悦，此情至关重要。前此数年，蒙古兵未至上部地方，由我率白利归顺，因见此归顺甚佳，故上部阿里、卫、藏等部亦归顺，复又使白利诸部输诚，故至今蒙古未遣军旅前来，亦已受益矣，然吐蕃之上部诸人有不知此情者。其时有口称归降，但所献贡品不多，未能取信而遭兵祸，致使人财尽失，此事想尔等亦有所闻。与蒙古交兵者，欲想以其地险、人勇、兵众、甲坚和娴熟箭法等而能获胜，终遭覆亡。众人或以为：蒙古本部乌拉及兵差轻微,他部乌拉及兵差甚重,殊不知与他部相比,蒙古本身之乌拉及兵差甚重。两相对比,他部之负担反较轻焉。(汗王)又谓:若能唯命是听,则汝等地方及各地之部众原有之官员俱可委任官职,对于由萨迦之金字使和银字使召来彼等,任命为我之达鲁花赤等官。为举荐官员,汝等可派遣干练使者前来,将该处官员姓名、百姓数目、贡品数量缮写三份,一份送来我处,一份存放萨迦,一份由各自长官收执。另需绘制一幅标明某处已归降及某处未归降之地图,若不区分清楚,恐已降者受未降者之牵累,遭到毁灭。萨迦金字使者应与各地官员商议行事,除利益众生之外,不可擅作威福。地方官员亦不得在不与萨迦金字使商议的情况下擅权自主。不经商议而擅自妄行是目无法度,若获罪谴,我在此亦难求情,惟望汝等众人同心协力。奉行蒙古法度,则必有好处。对于金字使者应好生迎送,殷勤服侍。盖因金字使者至,(汗王)必先向彼等众人:'有逃遁者乎?遇拒战者乎?对金字使者殷勤服侍乎?有乌拉供应乎?归降者坚城乎?'若有对金宇使者不敬,彼必进危害之言;若恭敬承事,彼亦能福佑之。若不听从金字使者之言,补救甚难。此间对各地贵人及携贡物而来者俱善礼待之。若我等亦愿受礼遇,那么我等之所有官员则应携带丰盛贡物,差人与萨迦人同来,商议进献何种贡物为好,我亦可在此计议。然后返回自己地方,对己对他俱有裨益。总之,去年我亦曾遣人告知汝等'若如此而行则为上策',然未见汝等照此行事者,岂汝等愿在败灭之余方俯首听命耶?汝等今日不听我言,将来不可谓:'萨迦人至蒙古地方后,对我等并无利益。'我怀舍己身利他人之心,为利益所有操蕃语之众而来蒙古地方。如听我之言,必有好处。汝等未曾目睹此间情形,故对耳闻又难以相信。那种欲凭实力而行事者,正如'安逸之余突遭魔鬼压'之谚,在受此压抑之后,则恐卫、藏子弟及生民等等仍将被驱来蒙古之土。我无论遭祸得福均不后悔。凭藉上师三宝之加持恩德,仍可得福也,汝等亦应敬奉三宝。汗王对我关切逾于他人,故汉地、吐蕃、畏兀儿、西夏等地之善知识大德及官员百姓均感奇异,前来听经,极为崇敬。无须顾虑蒙古如何对待我等来此地之众人,均甚为关切,待之优厚。

至于我之各方面，众人自可放心为是。贡物以金、银、象牙、大粒珍珠、银珠、藏红花、木香、牛黄、虎(皮)、豹(皮)、草豹(皮)、水獭(皮)、蕃呢、卫地上等氆氇等物为佳，此间甚为喜爱。此间对于一般财物颇不屑顾，然各地当以最佳财物进贡可也。'有金能如所愿'，其深思焉！愿佛教遍弘于各方！愿一切皆吉祥！"(《萨迦世系史》，第91—94页)从此，吐蕃地方向蒙古归降。

阔端虽然以皇帝的名义下过诏书，但从来没有即过大位。阔端即皇位的说法只见于《大黄史》，《阿萨喇克其史》的记载源于该书。

阔端的卒年，《大黄史》作猪儿年(1251)，无误。《阿萨喇克其史》未采此说，称卒于马儿年，不知依据为何。

⑩ 这是维护忽必烈子孙皇统的说法。

⑪ 蒙哥，拖雷长子。大蒙古国第四位合罕，庙号宪宗。生于1209年，母克烈氏唆鲁禾帖尼。猪儿年(1251)，蒙哥在术赤子拔都等诸王的支持下在阔迭额阿剌勒地方即位，此为拖雷系掌控蒙古皇位之始。在位九年，1259年在进攻合州钓鱼山(今重庆合川)的战争中病死。此处的庆王州城，佚名《黄金史》作庆章府城，罗藏丹津《黄金史》称庆王府城。

⑫ 蒙哥汗的喇嘛索南嘉穆禅(Bsod nams rgyal mchan，1184—1239)，指萨思迦板的达之弟。

⑬ 忽必烈(1215—1294)，拖雷次子，蒙哥汗之胞弟，即元世祖(1260—1294)。1260年在部分诸王的拥戴下，在开平即位，建元中统。1271年，忽必烈将"大蒙古国"汉译为"大元"(此前与汉地联系时译作"大朝"，因不雅之故，取《易经》"大哉乾元"之意，改译为"大元")，正式定为国名。

⑭ 库楞参丹城："库楞"，意为绛紫色；"参丹"，即檀香树。元大都有座紫檀殿，或许指此而言。

⑮ 三色国：按蒙古人的习惯，蒙古为蓝色，吐蕃(西藏)为黑色，汉地为红色，此处即指蒙古、汉地和西藏。

⑯ 札巴僧格(Grags ba seng ge，1283—1349)，噶玛噶举派红帽系第一世活佛。

1333 年创建了乃囊寺,曾一度成为红帽系主寺。

⑰ 阿赤塔撒秃合罕:ačata sadaru,是梵文 Ajatasatru 的音译。此人为古印度麻伽答国王(公元前 485—公元前 453)。Sayibar oduγsan 是藏文 bde bar gshegs pa(善逝,梵音译作修伽陀,佛名)的意译。arbijiqui šaril 是藏文`phel gdung(舍利,佛骨)的意译(参见堪培,第 83 页)。

⑱ 据《萨迦世系史》记载,忽必烈接受了萨迦派特有的喜金刚灌顶。他为第一次灌顶奉献了吐蕃十三万户之地。第二次奉献了吐蕃三区之僧众与属民。在第三次,按照八思巴的教戒,废止了在汉地以人填河渠之制(《萨迦世系史》,第 108—109 页)。

⑲ 阿可珠比佛:梵语 Aksobhya,东方天国 Abhirati 的佛(堪培,第 84 页)。

⑳ 据《元史》,忽必烈汗有子十人:长子朵儿只王,次子皇太子真金,三子安西王忙哥剌,四子北安王那木罕,五子云南王忽哥赤,六子爱牙赤大王,七子西平王奥鲁赤,八子宁王阔阔出,九子镇南王脱欢,十子忽都鲁帖木儿王。忽必烈汗没有名叫阿勒坦台吉的儿子。完泽笃皇帝的父亲是皇太子真金(1243—1285),先于忽必烈汗逝世。完泽笃也不是真金的长子,而是三子。完泽笃汗即成宗(1294—1307),本名铁穆耳。

㉑ 答剌麻八剌,可能指忽必烈的帝师(1282—1286) Dharma ba la raksha`da。此人为八思巴弟恰那多结的儿子,八思巴的继承者。《元史·世祖本纪》称他为答耳麻八剌合吉塔,《释老传》作答儿麻八剌乞列,误。《阿萨喇克其史》说他是成宗的帝师有误,因为答耳麻八剌合吉塔卒于 1286 年(至元二十三年)。关于成宗的父名及其帝师的记载不见于其他蒙古文文献,史源不详。

㉒ 曲律合罕,即元武宗(1307—1311),本名海山。完泽笃合罕之兄答剌麻八剌之长子。善巴将曲律合罕作完泽笃合罕之弟,误。

㉓ 搠思吉斡节儿,畏吾儿人,任过元朝国师。他翻译过不少佛经,还写过一本蒙古语语法书——《心箍》。

㉔ 普颜笃合罕,即元仁宗(1311—1320),名爱育黎拔力八达,武宗之弟。

㉕ 多尼特巴，应为藏文 Don yod pa 的音译，据说该喇嘛名 Don yon rgyal mtshan（见堪培，第 85 页）。

㉖ 格坚合罕，即元英宗（1320—1323），名硕德八剌，仁宗子。1323 年八月，英宗自上都南返大都，途中驻跸南坡店，被权臣铁失与锁南等刺杀，史称“南坡之变”。

㉗ 索南监藏，藏文 Bsod nam rgyal mtshan。据《元史》，英宗时期的帝师为公哥罗古罗思监藏班藏卜（Kun dga'blo gros rgyal mtshan dpal bzang po），今译贡嘎罗追坚赞，是八思巴的侄孙。索南监藏或许指此人。

㉘ 也孙铁木儿合罕，即泰定帝（1323—1328），也孙帖木儿，忽必烈次子真金长子甘麻剌之长子。忽必烈死后其次子真金子孙即皇位已成为传统，故也孙铁木儿合罕的即位，为日后的两都之战种下了火种。

㉙ 噶白索南，藏文 Dga`ba bsod names，不见于汉藏文记载。据《元史·释老传》，泰定帝的帝师名旺出儿监藏（第 4 519 页）。

㉚ 泰定帝又被称为“阿哩巴罕合罕”的记载，不知引自何书。

㉛ 札牙笃合罕，即元文宗（1328—1332），武宗次子，名图贴睦尔。《阿萨喇克其史》说他即位四个月后死，误。图贴睦尔在泰定帝时被封怀王，居建康，后迁江陵。1328 年，泰定帝死，知枢密院事燕帖木儿在大都发动政变，谋立武宗子为帝，遣使迎接图贴睦尔。八月，梁王王禅、丞相倒沙剌等拥立泰定帝子阿剌吉巴于上都，改元天顺，发兵攻大都。九月，图帖睦尔即位于大都，改元天历，在燕帖木儿和一部分武宗旧部的支持下，击败王禅、倒剌沙等，取上都。这是元朝历史上有名的“两都之战”。图贴睦尔即位时，其兄和世㻋在按台山（今阿尔泰山）以西之地，图帖睦尔为了不引起他的反对，在即位诏中曾表示“谨俟大兄之至，以遂联固让之心”（“文宗本纪”，第 709—710 页），并遣使迎接和世剌回朝。1329 年，和世剌得讯南还，在和林北即帝位，是为明宗。当明宗南行至上都附近的旺忽察都（在今河北张北县北）时，名义上已逊位的图帖睦尔携燕帖木儿前往迎接，伺机毒死明宗。于是图帖睦尔复于八月即位于上都。次年，改元天历。至顺三年（1332）八

月病死,庙号文宗。

㉜ 文宗上师为亦邻真旺的说法,不见于汉藏文史书记载。

㉝ 忽都笃合罕,即元明宗(1329),名和世㻋,武宗长子。

㉞ 上文说札牙笃合罕已死,此处又说他再度即位,相互矛盾。这实际上是指图贴睦尔即位后逊位,不久复立的事。

㉟ 额儿点绰黑图合罕,即宁宗(1332),名懿璘质班,明宗次子。"额儿点绰黑图"为他藏语名懿璘质班(Rin chen dbal)的蒙古语译文。宁宗即位时年仅六岁,即位不及两个月即去世。

㊱ 乌哈笃合罕,即元顺帝(1333—1370),名妥欢帖睦尔,宁宗之兄。妥欢帖睦尔为元朝统治内地的最后一位皇帝。

㊲ 普颜奴鲁(Buyan-u luu),译言福龙,藏文名应该是 Bsod names klu。但是,在《元史》和藏文文献中未见此名。据《元史》,顺帝的帝师为公哥儿监藏班藏卜,八思巴的侄孙,在 1333 年至 1358 年间任帝师。

㊳ 1368 年。

㊴ 指明太祖朱元璋的父亲。

㊵ 当指两个人,即孛斡儿赤的三世孙木剌忽与孛斡儿赤四世孙阿鲁图。木剌忽曾袭爵为万户,封广平王。阿鲁图于 1337 年袭广平王爵,1344 年任中书右丞相,后罢,1351 年复起为太傅,出守和林边,同年死(见乌兰:《〈蒙古源流〉研究》,第 261 页)。

㊶ 指朱元璋。

㊷ 即元顺帝中书右丞相脱脱。据《元史》,他是篾里乞氏,出身名门,父亲马札儿台、伯父伯颜都是朝廷重臣。脱脱本人历仕泰定帝、文宗、惠宗几朝,1335 年统兵平息唐其势党羽,1338 年进御史大夫。1341 年出任中书右丞相之职,在任期间,曾主持修撰辽、金、宋三史,并奏请修《至正条格》,后封太师,1354 年被罢黜。1355 年流放云南,被哈麻派人杀死(见乌兰:《〈蒙古源流〉研究》,第 261 页)。

㊸ 此人名见于莫日根葛根所写《黄金史》中:合撒儿第三子 Toγtowa 后裔 Tomoloqu baγatur、Genji kölüge 二人，他们又被称作 Örüb temür 和 Aruγ temür。Tomoloqu baγatur 在妥欢帖睦尔失去国政的戊申年五十一岁时与汉人厮杀中被害（罗布桑丹：《黄金史》，齐木德道尔吉、孟和宝音、格日乐等整理翻译，内蒙古文化出版社，1998 年，第 64—65 页）。合撒儿没有名叫 Toγtowa 的儿子，Toγtowa 也许是指合撒儿三子脱忽（秃忽）而言。Örüb temür 和 Aruγ temür 是 15 世纪前期瓦剌太师脱欢时期的人物，如 Tomoloqu baγatu 与 Örüb temür 同一个人，其事迹应与元顺帝无涉。但是，据莫日根葛根所掌握的合撒儿后裔世系，合撒儿后人仍还记得有位叫做 Tomoloqu baγatu 的人曾经为了捍卫元顺帝而战死，时年五十一岁。综合这些因素可以认为，这位 Tomoloqu baγatu 可能是真实的历史人物，是脱忽后人。

㊹ 此指应昌府。

㊺ 原文 kirsa qotun。Kirsa，沙狐，乞儿撒（《华夷译语》，甲种本，“鸟兽门”，明洪武二十二年刻本）。沙狐城，即今河北省沙城。

㊻ 即后来的元昭宗（1371—1378），名爱猷识理达腊，顺帝子。在位七年，年号宣光。

㊼ 这首《妥欢帖睦尔合罕的悔恨诗》见于除《大黄史》以外所有 17 世纪蒙古文历史文献，但详略不同。善巴所收这首诗是最简短的一个变文。

㊽ 可苛和屯城：据郭造卿《卢龙塞略》卷 19《译部》载，泰宁城的蒙古语名为“可苛合托”（青城之意）。泰宁即今赤峰市宁城县大明城。让蒙古皇后所生的儿子居住在泰宁城的故事，是明太祖封第十七子朱权为宁献王，镇守大宁的讹传（见朱风、贾敬颜译注：《蒙古黄金史纲》，第 46—47 页）。

㊾ 永乐皇帝为元顺帝遗腹子的传说见两《黄金史》，善巴所记内容与二书相同。

㊿ 所谓翁吉剌惕皇后所生的儿子指明成祖朱棣。

(51) 山阳六千兀鲁思指明人所谓“兀良哈三卫”。1388 年（洪武二十一年），在明军的压力下，辽王阿札失里投附明朝。次年，明朝在辽王封地设泰宁、福余、朵颜等三卫。其中泰宁卫牧地在元泰宁路（今吉林省洮南附近）一带；

朵颜卫在朵颜山(今内蒙古扎赉特旗北)一带;福余卫在福余河(今嫩江左岸支流黑龙江省齐齐哈尔市附近)一带(和田清:《东亚史研究·蒙古篇》,第107—149页)。泰宁、朵颜、福余三卫是辽王阿札失里统治下的三部。泰宁卫人自称罔留,朵颜卫人自称五两案(兀良哈),福余人自称我着(兀者),蒙古文史籍中称他们为"山阳六千兀者人 ölge-yin jirγuγan mingγan üjiyed"、"兀者兀鲁思 üjiyed ulus"或"山阳万户 ölge tümen"。"山阳"指兴安岭之阳。

52 女真是现在满族的先民。在元代,居住在混同江(即松花江和黑龙江下游)流域和乌苏里江流域,元朝在这里设万户府、元帅府等机构。永乐元年(1403),明朝派人到黑龙江、乌苏里江流域招抚女真人。在明朝初期,女真人分为建州女真、海西女真和野人女真三大部。蒙古人称他们为"水滨三万女真"。

53 所谓翁吉剌惕皇后所生的儿子擒获并流放汉人皇帝的儿子,影射明史上的"靖难之役"。

第3卷

［译文］

乌哈笃合罕的儿子永乐皇帝即位。因正统皇帝之裔即了大位，上尊号为“大明永乐皇帝”。据说，［永乐皇帝］因有功赏赐山阳六千户兀者人以三百大都[1]，赏赐女真人以六百大都。永乐皇帝在位二十二年后驾崩。永乐皇帝的子孙有十四人当了皇帝。如记载他们的名字，因同时记载［蒙汉］两朝皇帝即位事，不易知晓，故在此不载。[2]

乌哈笃合罕驾崩那一年，他的儿子必里秃合罕在应昌府即大位，在位九年后驾崩。其后，兀思哈勒合罕在马年即大位，在位十一年，龙年驾崩。其后，在同一年，招力图合罕即大位，历四年驾崩。其后，恩克合罕即大位，历四年驾崩[3]。

其后，额勒别克合罕即[4]大位。［有一次］额勒别克合罕见射杀的兔血滴在雪上，对瓦剌[5]的忽兀海太尉[6]说：“世上有雪一样白，血一样红润脸颊的美人吗?”忽兀海太尉回答说：“这般美人，您儿子都隆帖木儿洪台吉的夫人完者秃豁阿妣吉，您的儿媳妇，就是!”额勒别克合罕对忽兀海太尉说：“能让我见到我未曾见到的，能满足我所欲望的，我的太尉，你让我见一见［她］吧!”忽兀海太尉前去对妣吉说：“合罕想要看看你的容貌!”儿媳妇（妣吉）气愤地说：

“天和地岂能混合?

至上的合罕岂能觑看自己的儿媳妇?

合罕已经变成黑狗了吗?

合罕的儿子已经死掉了吗!”

合罕[竟然]杀害了儿子,收纳了儿媳妇[⑦]。后来,忽兀海太尉来讨"达鲁花"称号,因合罕不在宫里,就坐在外边等候。妣吉摆好酒席,去请太尉来。[妣吉]给他斟酒说:

"你使我低下之身变得高贵,

使我卑微之身变得显要,

使我妣吉之称变成太后之尊!"

她用单口双腹壶,一边盛酒,一边装水。[妣吉]自己喝水,给太尉喝酒,灌醉了他。为报先前[杀夫]之仇,把太尉躺倒在[妣吉]自己的床上,抓破自己的脸,扯乱头发,并派人向合罕通报。合罕得知后,急忙赶来。太尉酒醒,逃走了。合罕追上[太尉],相互厮杀,[太尉]射断了合罕的小拇指。合罕杀掉了太尉,叫雪泥惕氏扎申太保剥下太尉脊背上的皮,带回来交给了妣吉。妣吉将合罕的血和太尉脊皮上的油搀合在一起舔了舔说:"[我]虽为妇人,却为丈夫报了仇。要杀我,就杀了吧!"合罕虽知被妣吉所骗,但恋于她的姿色,没有杀[她]。因误杀了太尉,让其子巴秃剌丞相[⑧]、兀格赤哈什哈[⑨]二人掌管四万户瓦剌。六年后,瓦剌巴秃剌丞相、兀格赤哈什哈二人杀了额勒别克合罕。这就是巴秃剌丞相、兀格赤哈什哈二人统帅四万户瓦剌人,成为仇敌分裂出去的缘由。

其后,坤帖木儿合罕[⑩]于兔儿年即大位,马儿年驾崩。其后,完者帖木儿合罕[⑪]即位,于虎儿年驾崩。其后,答里巴合罕[⑫]即大位,于羊儿年驾崩。其后,斡亦剌歹合罕[⑬]即大位,过了十一年,于蛇儿年驾崩。

其后,阿台合罕[⑭]即大位,为报前仇,出兵征讨瓦剌。在孛罗那孩丘陵上交战时,从阿台合罕阵营里,合撒儿后裔小失的把阿秃儿[⑮]作先锋出阵。从巴秃剌丞相阵营里,其属下忽里台篾儿干[⑯]出阵。在对阵双方的中间,忽里台篾儿干头戴三层头盔,跨上线脸铁青马前来。小失的把阿秃儿身披三层铠甲,胸前夹着护心镜,乘骑黄骠马迎战。忽里台篾儿干说着:"做外甥的我先出招!"一箭射去,射穿了小失的把阿秃儿的前鞍桥、三层铠甲和护心镜,使他仰落在后鞍桥上。小失的说着"就看我这黄骠马的鼻梁,这凹口刀的锋刃吧!"砍忽里台篾儿干的头,劈开三层盔甲,直到脖颈上。征讨瓦剌,杀死了巴秃剌丞相,合罕收纳了他的妻子。[⑰]让巴秃剌丞

相的儿子脱欢[18]，为阿鲁台太师[19]家放羊。

后来，阿台合罕召集内部会盟。脱欢正牧羊，遇见了会盟返回的人，就问："会盟上谈些什么？"那人说："因为你不在，所以没讨论什么！"那人走后，脱欢向天叩拜说："这话不是你说的，是苍天的旨意！"后来，阿鲁台太师对妻子说："当着脱欢的面，不要梳头，不要挠痒！"脱欢在屋外听到后，向天叩拜说："这不是你的话，是苍天的旨意！"脱欢又说："蒙古的孩儿号啕哭泣，收集马群时大喊大叫，狗儿嚎吠，盖是不祥之兆吧！"便朝天叩拜。后来，脱欢的母亲对阿台合罕说："虽然你扶持我封为哈屯，可又为什么把我的儿子脱欢交给他人使换呢？要么把他杀掉，要么就放他走！"合罕同意哈屯的意见，就派二名使臣送脱欢返回故土。

[后来]四瓦剌人举行会盟，向脱欢探询："蒙古的近况如何？"脱欢说：

"贤能的大臣被排挤在外，

平庸之辈在理朝政。

将战马骑用在家务上，

乘骑驽马来作战。

让叛降之人掌管国政。

以皮囊里的酒作乐享。

阿鲁台太师年纪已上。

[蒙古人]像没有种驼的驼群，

像没有种牛的牛群！

如果不信我的话，

就让兀格赤哈什哈去证实！"

瓦剌人送很多东西给阿台合罕的两个使臣，又拿很多物品送给阿台合罕，让脱欢[为使者]饯行。[合罕]使臣回来禀告："[瓦剌]没有疑心。"随后，四万瓦剌来进攻蒙古，是役脱欢俘虏了阿台合罕。阿台合罕说："我封你母亲为哈屯，也没有杀害你本人！"脱欢说："难道我母亲没有丈夫吗？难道我本人没有父亲吗？"便杀死了阿台合罕。阿台合罕在位十四年，于马儿年被瓦剌人俘虏害死[20]。

其后，也在马儿年，太松合罕[21]即大位。

取得蒙古政权后,脱欢太师想当合罕,到圣主八白帐里,酒醉后说道:"你若是福荫圣皇帝,我便是福荫圣皇后的后裔!"大声叫喊着敲打了圣主的圣坛。脱欢太师正要从那里出去,[突然]口鼻流血。大家见到,圣主撒袋内的鹫翎箭矢染上了血,在颤动着。脱欢说:

"福荫圣皇帝显示他的雄威了,

福荫圣皇后之裔脱欢我死了。

芒刺已除尽,

只需把满官嗔的猛贵[22]杀死!"说完就死了。

其后,太松合罕的弟弟阿黑巴儿只吉囊[23]率右翼三万户蒙古投靠四瓦剌。阿黑巴儿只吉囊与瓦剌人合兵前来攻打自己的兄长太松合罕。到了晚上,[瓦剌方面的]士兵每人点燃了十堆篝火。太松合罕亲自来查看,心想"我们怎能战胜?"于是带着少数随从逃向客鲁涟河。过去,[太松合罕娶]火鲁剌(郭尔罗斯)人彻卜登的女儿阿勒台哈屯[24],听说[哈屯]与哈勒察海私通,于是杀死了哈勒察海,使哈屯的鼻子和嘴破相后送回了彻卜登家。合罕[逃亡途中]到了那位哈屯家。彻卜登说:

"嫌水草不好而遗弃的牧场,

还回来驻牧吗?

嫌姿色不佳而抛弃的妻子,

还回头来娶吗?"

于是,他就杀害了太松合罕和他的两个儿子。留下了自己的外甥莫兰[25]。太松合罕在位十五年。

其后,马可古儿吉思[26]即大位,无子嗣,于鸡儿年驾崩。

谦只兀人答哈台太保、火鲁剌的莫勒台二人,把太松合罕的儿子、彻卜登的外甥莫兰从彻卜登家里送到也可兀鲁思[27]边境上,交给了人。那个人又把莫兰交给不克别勒古台的后裔毛里孩王[28]。众人提议毛里孩王即合罕之位。毛里孩王说:"我受不起[如此大福],我的合罕也不是没有子嗣。"于是推举七岁的莫兰登上合罕之位。其后,阿儿秃斯的合答、不花二人[29]对莫兰合罕进谗言:"毛里孩王怀疑你与撒蛮地哈屯有染,准备害你。我们抢先出兵吧!"[莫兰合罕]出兵攻打。有人向毛里孩王通报,[王]不信,直至看到兵马影儿,才[信以为真]召集自己的兵马,向苍天洒马奶酒献祭禀告:“上苍长生天明鉴!我对福荫圣主的后裔做了好事。但您的子孙[却]对我怀有恶意!”说着朝天叩拜。双方展开激战,大败莫兰合罕,于狗年加害。莫兰合罕无子嗣。

当太松合罕与阿黑巴儿只吉囊二人被瓦剌与彻卜登夺去政权时,他们同父异母的叫满都鲁的弟弟,在伊苏特山梁[30]驻牧[而幸免于难]。其后,羊儿年,那位满都鲁合罕[31]在哈撒哈喇答的夏营地即了大位。

满都鲁合罕有两位哈屯,大哈屯满都海[32]是土默特部汪古地方绰罗思拜帖木儿丞相的女儿。小哈屯是瓦剌人乩加思兰太师[33]的女儿也可哈巴儿图中根。

其后,以也先[34]为首的瓦剌人内部商议:“这个阿黑巴儿只吉囊他连自己的亲骨肉都不顾的人,能为我们着想吗?”[决意陷害他,便对他说]:“我们要推举你为合罕。”[瓦剌人]设大宴,在帐房里掘大坑,请[吉囊等人]由一个门入座,从另一个门[抬]出去,杀害了以吉囊为首的三十三名饰羽毛的、四十四名插羽翎的和六十一名擎旗的,其尸体填满了深坑。阿黑巴儿只吉囊的儿子哈儿忽出黑台吉有所发觉后,派自己的伙伴纳哈出去看看吉囊为首的大小官人在谈论什么。纳哈出去看完回来说:“我没见着吉囊等大小官人,只见顺着毡墙下流淌着血水!”哈儿忽出黑台吉说:“说了要躺,就躺吧!”于是和纳哈出二人逃进山里扎寨。瓦剌人围了过来,身披双层铠甲的人沿一条路上来。纳哈出一箭射穿了那人的双层铠甲,他连同跟在后面的人一起摔死了。接着身穿三层铠甲、手握长枪的人走了过来。纳哈出说:“我不行,你来射!”哈儿忽出黑台吉用一只套羚羊角箭镞的箭射去,那箭穿透了那人的三层铠甲后发出了声响。那个人带着跟随他后面的人撤退了。到了夜里,纳哈出迈过围着熟睡的人群,偷来了两匹马,骑上马毫无目的地走着,来到了托克马克的一富人家住下。有人劝说富人:“这个人目光炯然,身态怪异,把他杀了吧!”富人没有杀害他。纳哈出说:“我们形影孤单,怎能成就事业?我到瓦剌人那里,把你哈屯接来!”又嘱咐[台吉]:“我回来之前,不要让人发觉自己的本来身份。不要把手放在他人的肩膀上。不要杀绝很多的野兽。”后来,那富人将女儿嫁给哈儿忽出黑台吉为妻。有一天外出打猎,[台吉]射死了二十只黄羊中的十八只。富人的弟弟托词围猎时出差而加害了哈儿忽出黑台吉。

脱欢太师的儿子也先管辖众蒙古人与四瓦剌人。哈儿忽出黑台吉的被瓦剌人抢去的妣吉生了一个孩子。也先太师派人去说：

“如果是女孩，

要梳她的发！

如果是男孩，

要梳他的心！”

妣吉知道后，把那孩子的小雀儿向后拽着，就像女孩子一样把尿。来人回去报告给也先太师说：“是个女孩儿！”等那人走后，妣吉把家里使唤的察罕儿的豁勒伯惕之斡堆婆娘的女儿换来放入摇车里。那个人又返回来，解开摇车看完，回去报告给也先：“确实是个女孩子。”其后，瓦剌的斡吉台把阿秃儿常抱怨[自己的主子]：“我做了十三次战役的先锋，可他[从来]没赏赐过我！”纳哈出得知后说：“哈儿忽出黑台吉的妣吉生了一个男孩儿，如果你想寻求重用，就把那男孩儿送往蒙古。你将成为六万户蒙古人的显贵！”按照纳哈出的话，瓦剌人斡吉台把阿秃儿、弘吉剌人额薛来太保、哈剌嗔人孛来太师、撒儿塔兀勒人伯哥歹阿哈剌忽四人，带着这孩子投奔到蒙古。到了蒙古的边境上，[他们]到了兀良哈的忽秃黑少师那里。[等那孩子长大后]，忽秃黑少师将名叫失乞儿的女儿嫁给了他，称他为“伯颜猛克孛罗忽吉囊”。[这样]满都鲁合罕与孛罗忽吉囊[35]二人共同统辖着六万户蒙古。

[后来]有一个名叫晃豁来的人，向满都鲁合罕进谗言：“听说您弟弟孛罗忽吉囊，想要夺走您的也可哈巴儿图中根夫人！”晃豁来又到孛罗忽吉囊那里说：“你的合罕哥哥恨你与他自己平起平坐，对你怀有恶意。不久他会派人来试探你！”满都鲁合罕为了核实晃豁来的话，叫吉囊去他那里。吉囊认为晃豁来的话为真，害怕[合罕加害]而没有前往。合罕[于是]把晃豁来的话当真，出兵征讨了吉囊。

孛罗忽吉囊得知后，逃到叫德速勒台（Desüretei，德勒速台 Deresütei 的倒误）的地方居住时，失乞儿太后在那里生下了把秃猛可[36]。[父母]将把秃猛可寄养在巴勒哈嗔人巴克什（下文作巴海，巴克什应该是巴海的笔误——译者）家里。后来，畏兀惕的萨穆勒太师[37]来袭击，抢走了失乞儿太后，并收纳了她。孛罗忽吉囊

和拐子孛罗二人在卜尔报[38]境内一起逃亡。在逃亡途中，于虎年，被应绍卜五鄂托克的客哩耶、察罕、猛可、哈喇等人杀害。

满都鲁合罕于鸡儿年驾崩，无子嗣。

巴海抚养把秃猛可很不精心。帖木儿哈达黑[向巴海]乞求："请把这孩子送给好人收养吧，要么就交给我吧！"[巴海]没有答应，于是帖木儿哈达黑[将把秃猛可]夺回去照料。那孩子染上了痞疾。帖木儿哈达黑的妻子用九峰白骆驼的乳汁，磨穿三只银碗治好痞疾。后来，帖木儿哈达黑将把秃猛可交给塞因满都海哈屯。

哈布图合撒儿的后裔好儿趁的把阿秃儿小失的之弟兀捏孛罗王[39]，在瓦剌夺取蒙古政权时，他因驻牧在斡难河流域而躲过劫难。[后来]他报别勒古台后裔毛里孩王杀害莫兰合罕之仇，说："原先，成吉思合罕与合撒儿是同胞兄弟，别克帖儿和别勒古台是同胞兄弟。为报成吉思合罕和合撒儿二人杀害别克帖儿之仇，这[别勒古台裔]毛里孩王杀死了莫兰合罕！"于是兀捏孛罗王出兵讨伐毛里孩。"我的合罕虽没有子嗣，合撒儿后裔我尚在！"说着，从兀鲁灰客列额[40]地方出发追击毛里孩王，割掉[毛里孩王]兄弟七人的头颅，所以[那个地方]被称作多伦哈鼎脱鲁盖("七汗之首")。这是合撒儿后代又一次相助[成吉思合罕后裔]。

塞因满都海哈屯佩戴弓箭，把散乱的头发拢上来，将把秃猛可放在座箱里，以客失旦的阿赉多布[41]为向导，在帖思孛儿都[42]地方发起进攻，大败四万瓦剌人，进攻他们的驻地和牲畜，消灭了他们[43]。

后来，好儿趁的兀捏孛罗王对塞因满都海哈屯说："我为你点燃灶火，指点游牧地。"哈屯说：

"我圣主的遗产，

你合撒儿的子孙能继承吗？

合撒儿子孙的遗产，

圣主的子孙能继承吗？

[圣主]有[别人]推不开的门扉，

有[他人]跨不过的门槛。

你以为合罕的子孙年幼，

你以为普天之下无主，

你以为哈屯我寡居，

你以为合撒儿叔父的后裔强大，

［竟敢说这样的话?!］”

塞因满都海哈屯给把秃猛可穿上三层靴子，带他到八白帐，令名叫芒金伊喇古的人向圣主洒用花色瓶盛的酒致祭。满都海哈屯这样祷告：

“我从青马毛色无法辨认的地方作儿媳礼。

［欺侮］合罕您的子嗣年幼，

合撒儿叔父的后人想娶我，

［所以］我来到了合罕大殿跟前。

我从花马毛色无法辨认的地方作儿媳礼。

［欺侮］您的子孙幼小，

远方的叔父想收纳，

［所以］我舍命来到金殿跟前。

如果我把您宏大的门户看轻了，

如果我把您高大的门槛看低了，

如果我嫁给了兀捏孛罗，

您套马杆的杆子长呵，

您套马杆的套子宽呵，

愿您把我套住；

如果［他］欺侮您年幼的子嗣［把我］强行迎娶，

您将兀捏孛罗套住。

如果我祈奏的这番话真诚，

请赐予我七个儿子一个女儿！”

兀捏孛罗听到哈屯的祷告后，害了怕，收回了原来说过的话。

在把秃猛可七岁时，塞因满都海哈屯［令他］受继自己。猪儿年，把秃猛可答言合罕即了大位。

答言合罕的满都海哈屯生有：铁力摆户和兀鲁思摆户系孪生，巴儿速孛罗和阿儿速孛罗系孪生，阿赤赖孛罗和安出孛罗系孪生，纳力不剌和坚阿巴孩系孪生。另一哈屯瓦剌的客哩耶秃子之女古失哈屯生有：克鲁岱、青两个孩子。兀鲁兀的斡罗出少师的女儿吉迷思斤哈屯生有：革儿孛罗、格呼森札两个儿子。这就是答言合罕的十一个儿子。[44]

答言合罕出兵征讨满官嗔，在兔儿根河[45]交战，降服了他们。后来，出征降服了畏兀惕的萨穆勒太师，并接来自己的母亲失吉儿太后。后来，出征乩加思兰太师，为报孛罗忽吉囊之仇，将乩加思兰太师杀死在吉勒只儿秃忽木。据说，杀死［乩加思兰太师］的地方后来长出了食盐。后来，右翼万户发生了内乱，［答言合罕］派去兀鲁思摆户治理。畏兀惕的亦卜剌太师和阿儿秃斯的勒古失阿哈剌忽杀害了［兀鲁思摆户］。[46]［当时］巴儿速孛罗正住在右翼万户满官嗔的火筛拓不能［之妻］多古郎公主姐姐的家里。当［右翼人］要杀害［巴儿速孛罗］时，他姐姐使他逃脱。

答言合罕出兵征讨右翼万户。右翼万户听说后便在答兰帖哩温[47]地方迎战。阿喇黑出惕人察罕札噶林、乌珠穆沁人额勒登格巴克什二人算卦，说："亦卜剌属火命！"于是燃起火来，把银碗里的水倾入火中。汪古人秃勒哥歹占卜师说："如果孛儿斤家族的身体矮粗的红脸庞的人，手握虎纛打头阵，我们将赢。"按照他的话，哈布图合撒儿的后裔兀儿图忽海那颜带领他的儿子卜儿海、兀良哈人巴雅海把阿秃儿、好儿趁人彻格彻把阿秃儿、五鄂托克罕哈人巴噶孙，这五个人要打头阵。右翼三万户摆成弓形推阵来迎战。合罕摆成六十一头犍牛角顶阵扑向他们。上述五个人率先冲阵，打败了［右翼］。[48]

［答言合罕］于是重赏了那五人，将满都海哈屯所生的独生女儿嫁给了［其中的］巴噶孙。命巴儿速孛罗掌管右翼三万户。答言合罕四十四岁时驾崩。

[注释]

① 大都(daidu),指明朝赐给蒙古、女真各部的允许其来京"进贡"(实为官方贸易)的文书。蒙古人称北京为大都,故得此名。

②《阿萨喇克其史》关于永乐帝子孙十四个皇帝即大位的记载与两《黄金史》均不同(罗藏丹津记为十一代,佚名《黄金史》记为十三个皇帝)。

③ 招力图合罕的全称为恩克招力图合罕。善巴误将恩克招力图合罕分作"招力图合罕"与"恩克合罕"两人。

④《大黄史》和《蒙古源流》记载,该合罕是脱古思帖木儿合罕的次子。学界认为此说有误,但不能确指其家世。

⑤ 瓦剌(oyirad),元代称斡亦剌惕,明代作瓦剌,清代以降一般称作卫拉特。成吉思汗时期,斡亦剌惕人生活在蒙古高原西部,色楞格河支流德勒格尔河至叶尼塞河上游锡什锡得河一带。其首领忽都合别乞归降成吉思汗,被封为千户。明代,瓦剌势力强盛,不断东进,占领东到杭爱山的地方。

⑥ 此人为瓦剌著名首领也先的曾祖父。"忽兀海"意为睾丸,为此人诨名。

⑦《蒙古源流》载,额勒别克合罕杀弟夺弟媳妇。

⑧ 也先祖父。明代汉籍中的瓦剌三大首领之一马哈木即此人。

⑨ 此人大约是明代汉籍中记载的瓦剌首领猛可帖木儿。

⑩ 两《黄金史》作脱欢,《大黄史》与《蒙古源流》作坤帖木儿,与本书同。

⑪ 两《黄金史》作鄂累帖木儿,《大黄史》、《蒙古源流》的写法与该书同。

⑫ 罗藏丹津《黄金史》、《大黄史》作德勒伯。

⑬ 两《黄金史》与本书同,《大黄史》与《蒙古源流》作额色库。

⑭ 该合罕的家系在蒙古文文献中有几种不同的说法:《蒙古源流》说他是斡赤斤后裔,《大黄史》说是成吉思汗后裔。有的学者认为他是窝阔台裔(详见乌兰:《〈蒙古源流〉研究》,第 302—303 页)。

⑮ 合撒儿第十一世孙，是好儿趁（科尔沁）部第一个统治者，是蒙古大汗脱脱不花麾下的诸王之一。也先杀死脱脱不花后，又杀死了小失的王。对此《蒙古源流》、两《黄金史》都有记载。小失的之名也见于《明英宗实录》正统四年正月癸卯条、八年正月壬午（此条倒误为“小的失王”）、十年正月己亥等。

⑯ 两《黄金史》记载，瓦剌大将名叫归邻赤把阿秃，而不是忽里台篾儿干。

⑰ 据《蒙古源流》，这次战争发生在太松合罕与瓦剌之间，打头阵的小失的是兀鲁人。《大黄史》简单记载了阿台合罕在札剌蛮山攻打瓦剌，俘获巴秃剌丞相的事情，但没有提到双方大将阵前厮杀情景。《阿萨喇克其史》的记载近似两《黄金史》。

⑱ 瓦剌首领，马哈木之子，也先之父。1431 年，脱欢粉碎东蒙古阿鲁台势力，1433 年拥戴脱脱不花为合罕。1434 年，脱脱不花与脱欢大败东蒙古太师阿鲁台。1438 年，脱欢攻杀阿鲁台所拥立的阿台合罕，领有阿鲁台部众，驻牧于蒙古东部地区。1439 年死。

⑲ 阿鲁台，又作“阿鲁克台”、“阿禄台”。阿速氏。15 世纪前期蒙古汗廷的太师、权臣。阿鲁台即明代汉籍中著名的鞑靼首领“阿鲁台”。《蒙古源流》说此人本名为 Ögedelekü，因为瓦剌的脱欢太师让他背筐拾畜粪，故得名为阿鲁台（Aruγtai，背筐人）。这本是民间对阿鲁台一名的俗语言学解释。在《华夷译语》“鸟兽门”有“獐：阿剌黑台”（*Araqtai）的记载，阿鲁台实际上就是这个词（乌云毕力格：《喀喇沁万户研究》，内蒙古人民出版社，2005 年，第 22 页）。阿鲁台原是元末名相脱脱长子哈剌章部下，出身阿速部，当是元代阿速卫首领的后裔。明代汉籍中，阿鲁台之名最早出现在 1403 年，当时他是大汗鬼力赤的部下，称为“太保枢密知院”。《明太宗实录》记载，1403 年（永乐元年）二月，明成祖招谕鬼力赤并其部下大臣“太师右丞相马儿哈咱、太傅左丞相也孙台、太保枢密知院阿鲁台等”（《明太宗实录》永乐元年二月乙未），可知当时拥立鬼力赤为大汗的主要是马儿哈咱、也孙台、阿鲁台三人。1406 年鬼力赤心腹也孙台被杀，马儿哈咱逃亡瓦剌，阿鲁台

与鬼力赤则迁到北元大汗昔日根据地海剌儿河(《明太宗实录》永乐四年十月乙卯)。回到蒙古高原东部后,阿鲁台、鬼力赤继续与瓦剌争战。据《明实录》,1407年,阿鲁台废去鬼力赤,迎立元裔本雅失里为汗。1409年,阿鲁台、本雅失里率众征瓦剌,结果被瓦剌马哈木打败。1409年,阿鲁台打败北征的丘福所率明军,取得不小的胜利。次年,明成祖北征,大敌当前的关键时刻,本雅失里与阿鲁台离心,向西投奔瓦剌,结果死于其妹夫马哈木之手。本雅失里被杀后,阿鲁台又拥立鬼力赤子阿台为汗,由此拉拢住了部分鬼力赤部众,如也先土干、朵儿只伯等人。而瓦剌马哈木抓住东蒙古被明军打败的机会,1411年拥立答里巴为大汗,开始主动进攻阿鲁台。1413年,马哈木兵至饮马河(今克鲁伦河)、哈剌莽来,袭击阿鲁台。阿鲁台不敌,向明朝求援。当时瓦剌已攻到阿鲁台根据地。1414年,明成祖亲征瓦剌,在忽兰忽失温大败瓦剌。瓦剌势力受挫,阿鲁台得利。永乐十三年(1415),瓦剌进攻蒙古。十月,瓦剌军队由斡难河南下,兵至阿忽马吉(今内蒙古西乌珠穆沁旗一带),阿鲁台率三万卫兵,迎击瓦剌军队,蒙古大胜,瓦剌马哈木、答里巴被杀(《明太宗实录》永乐十三年十月癸巳、十二月戊辰、十四年三月壬寅、六月丁卯)。阿台汗与阿鲁台太师杀死巴图剌(即马哈木),俘其子脱欢,马哈木之妻被阿台汗所娶。经这次战败,瓦剌中衰,失去了在与蒙古争霸斗争中的优势地位。阿鲁台为首的东蒙古强盛、瓦剌处于劣势的局面由于1422年、1423年明军北征而发生变化。1422年明军北征,阿鲁台虽未与明军正面交锋,但听命于阿鲁台的朵颜等三卫却遭明军重创。1423年,明军再次出边,阿鲁台不敢南向。1434年初,瓦剌脱欢所立脱脱不花合罕率兵南下,袭击阿鲁台。阿鲁台与失捏干率一万三千人徙居母纳山、察罕脑剌(《明宣宗实录》宣德九年十月乙卯)。失捏干是阿鲁台部下部落首领,永乐年间一直活动在明朝大同边外。七月,脱欢大败阿鲁台、失捏干,两人被杀。

⑳ 善巴记载的阿台合罕事迹,与《蒙古源流》有很大不同。根据萨囊彻辰的记载,举行会盟的是四瓦剌人,听到吉利的话语后向天叩拜的是阿鲁台。而

有关脱欢弑阿台合罕的过程,也与《蒙古源流》大不相同。善巴有关阿台合罕事迹的记载,与佚名《黄金史》基本一致,只是最后对阿台合罕在位年数记载有分歧(佚名记载为十年)。

㉑ 名脱脱不花。明代汉籍作脱脱不花王、不花王或普化合罕。脱脱不花是成吉思汗后裔台吉,据《蒙古源流》记载,额勒别克汗弟哈尔固楚克有遗腹子阿赛台吉,阿赛台吉有三子,长子脱脱不花、次子阿噶巴尔津、幼子满都鲁(乌兰:《〈蒙古源流〉研究》,第265页、第267页、第272页)。瓦剌首领脱欢崛起后,欲登合罕位,但因蒙古人传统的黄金家族观念而不得登位。《明史》记载,脱欢"内杀其贤义、安乐两王,尽有其众,欲自称合罕。众不可,乃共立脱脱不花,以先所并阿鲁台众归之。"(《明史》,卷328,瓦剌,中华书局标点本)脱脱不花于1433年被拥戴为合罕。1434年(明宣德九年),脱脱不花与脱欢大败东蒙古太师阿鲁台。据记载,是年二月,"瓦剌脱脱不花王子率众至哈还兀良之地,袭杀阿鲁台妻子部属,及掠其孳畜。阿鲁台与失捏干,止余人马万三千,徙居母纳山、察罕恼剌等处。七月,脱欢复率众,袭杀阿鲁台、失捏干,其部属溃散。阿鲁台所立阿台王子止余百人,遁往阿察秃之地。"(《明仁宗实录》,宣德九年冬十月乙卯)母纳山就是黄河、包头方面的母纳山;察罕恼剌是乌拉特境内的察汉泉。1438年(明正统三年),攻杀阿鲁台所拥立的阿台合罕,领有阿鲁台部众,驻牧于蒙古东部地区。脱欢死,其子也先继承太师淮王欲控制蒙古各部。脱脱不花与也先"君臣鼎足而立,外亲内忌。"(刘定三:《否泰录》,纪录汇编本)随着也先对中亚、明朝的接二连三的胜利,野心膨胀,终以太子拥立问题为导火线,合罕与也先太师开始仇杀。脱脱不花正室为也先姊,也先欲立其外甥为太子,脱脱不花不从。明人记载,"也先姐为其(脱脱不花)正室,有子不立为太子,而欲以别妻之子立之。也先言之不从。乃起兵来攻也先。"(《明英宗实录》,景泰三年二月壬午)君臣反目后,也先下人阿哈剌忽知院与喀喇沁部头目等不满于也先专权而投奔了太松合罕,脱脱不花势力强盛,在1451年底起兵攻也先,也先败走。到了次年年初,也先反攻,在脱脱不花弟阿黑巴儿只吉

囊的协助下打败了脱脱不花(《明英宗实录》,景泰三年二月壬午)。脱脱不花不久被他前岳父所杀。

㉒《大黄史》和《蒙古源流》作孟古柏,罗藏丹津《黄金史》称蒙哥。

㉓ 阿黑巴儿只吉囊,太松合罕之弟。背叛太松合罕后,被瓦剌诱杀。

㉔ 太松合罕前妻"阿勒台哈屯"的名字在《大黄史》和《蒙古源流》中作"阿勒塔哈勒真"。

㉕ 莫兰台吉,脱脱不花合罕之阿勒台哈屯(沙不丹之女)所生子。被别勒古台后裔毛里孩王立为合罕。

㉖ 该合罕(1455—1465)的名字是叙利亚文,与聂思脱里派基督教有关。脱脱不花死后,留有二子,一即小哈屯撒木儿太后所生幼子马可古儿吉思。他被权臣孛来拥立。据《大黄史》,他七岁即位,故被称作"ögegtüqaγan",即"坐在驮箱里的合罕"。明人听到该称呼后,称他为"小王子",此后以"小王子"通称蒙古历代合罕。

㉗ 成吉思汗异母弟别勒古台后裔统治下的兀鲁思被称作"也可兀鲁思"("大兀鲁思")或"也可土门"("大万户")。后来的阿巴噶、阿巴哈纳尔二部是从也可兀鲁思演变、分化而来的(见宝音德力根:《十五世纪前后蒙古政局、部落研究》,第120—121页)。

㉘ 又作卯里孩、木里王、摩里海等,蒙古语写作 Mooliqai,或 Maγuliqai。孛儿只斤氏,成吉思汗异母弟别勒古台后裔。《大黄史》称他为别勒古台后裔毛里孩巴图鲁王(Mooliqai baγatur ong),而明人又呼作"黄苓王毛里孩"(《明宪宗实录》,成化三年三月己丑)。别勒古台后裔王号为"广宁王",黄苓王即广宁王之音变。蒙汉文史料一致证明,毛里孩为别勒古台后裔。关于毛里孩另立新合罕之事,蒙古文史料多有记述。毛里孩王死于科尔沁万户贵族之手。据《明实录》载,1467年春,"齐王孛鲁乃、黄苓王毛里孩"等一起遣使明廷(《明宪宗实录》,成化三年三月己丑)。这位齐王孛鲁乃就是合撒儿后裔王。可见,毛里孩曾经与齐王家族有密切联系。据佚名《黄金史》记载,兀捏孛罗(孛鲁乃弟)听说毛里孩杀死合罕的消息后说道:"也速该

把阿秃儿乃吾父，我母诃额仑额克诞育了帖木真、合撒儿、哈赤温、斡赤斤，我等系一母同胞，另由苏齐克勒皇后怀中降生了别克帖儿、别勒古台二人。以圣主为首，率领我们的祖先合撒儿害死了别克帖儿。以此嫌隙，这才杀了摩伦合罕。吾汗虽无子嗣，但作为合撒儿后裔的我，终须干预。”（朱风、贾敬颜译注：《蒙古黄金史纲》，第185页）为了报莫兰合罕之仇，兀捏孛罗兴兵征讨毛里孩。毛里孩发觉后逃走。兀捏孛罗追上毛里孩子弟七人，尽数杀死。毛里孩王骑着他甘草黄马，穿着脱毛旱獭皮衣，在空归河与札卜罕河之间（在今蒙古国西境）用锦棘儿搭帐篷，吃生湿之物度日，终因饥饿死亡。有学者认为，这里把孛罗乃的事迹误记到了他的弟弟兀捏孛罗王身上，实际上是指1468年（成化四年）底或1469年初毛里孩被其昔日的盟友孛罗乃杀害一事。

㉙ 罗藏丹津记载，向莫兰合罕进谗言的两个人是鄂尔多斯的蒙哥和合丹不花二人。

㉚ 应在成吉思汗之弟合赤温后人的领地上，即呼伦贝尔地区。因为合赤温后人的兀鲁思是由翁牛特、伊苏特和哈剌车里克三部构成的，伊苏特山梁要么以部得名，要么伊苏特部以山得名，总之，伊苏特山梁与伊苏特部有关。

㉛ 太松合罕脱脱不花幼弟。满都鲁合罕的名字，两《黄金史》作Manduγuli，《大黄史》作Manduγul，《蒙古源流》作Manduγulun，明代汉籍记为满都鲁。满都鲁即位后，见侄孙伯颜猛克很高兴，立刻降旨说：“愿他成为孛儿只斤皇家的种嗣！”封伯颜猛克为“孛罗忽吉囊”，命其以吉囊（即汉语的“晋王”）身份统领鄂尔多斯万户。但后来在孛罗忽吉囊与满都鲁汗发生了不可调和的矛盾。1476年，满都鲁合罕、应邵不万户首领太师乩加思兰杀害孛罗忽吉囊。1479年，满都鲁在杀死专权跋扈的太师乩加思兰后病故。

㉜ 满都鲁合罕死后，三十三岁的满都海夫人嫁给了七岁的把秃猛可，辅佐他成为蒙古“中兴之主”。详见关于答言合罕的注释。

㉝ 乩加思兰（？—1479）是15世纪蒙古汗廷的异姓权臣。文献对乩加思兰的出身有不同记载。佚名《黄金史》说他是瓦剌人（oyirad）；罗桑丹津《黄金

史》说他是畏兀特(uyiγud)人;萨冈彻辰《蒙古源流》一说他是瓦剌人,又说畏兀特人;《明实录》指他为麦克零;而郑晓《皇明北虏考》则称他为哈密北山的乜克力,麦克零大概就是乜克力。蒙古史学界早就认定明代汉籍中的癿加思兰即诸蒙古文史书所称之 Begersen Tayisi。据伯希和研究,癿加思兰可能是突厥语名称 Bäg-Arslan 伯克·阿儿思兰(此处转引自乌兰:《〈蒙古源流〉研究》,第 341 页),此名足以表明他信仰伊斯兰教。癿加思兰原住巴尔思渴就是巴里坤。他在明天顺年间(1457—1463)离开西域逐渐东迁,并开始寇明边。明成化间,癿加思兰始入黄河河套,与当时活跃在那里的满都鲁、孛罗忽、猛可、斡罗出(阿罗出)等会合,成为明榆林边外的强敌。癿加思兰很快与孛罗忽结为盟友,在 1471 年时把斡罗出赶出河套,控制了河套地区。此后,癿加思兰与孛罗忽等联手,大举进攻明边。癿加思兰势力强盛后,欲以太师之职左右蒙古政治,以女可哈巴儿图中根妻满都鲁。后又欲杀满都鲁合罕,另立毛里孩之子斡赤来为汗。1479 年(成化十五年)满都鲁合罕在其手下亦思马因和脱罗干的帮助下,杀死了癿加思兰。

㉞ 也先,绰罗斯氏,祖父为马哈木,父亲是脱欢太师。1439 年,脱欢死,其子也先继任为太师,控制脱脱不花汗,成为蒙古实际上最高的统治者。也先在其父脱欢统一瓦剌、兼并蒙古各部的基础上继续发展,以武力威胁、政治联姻等手段向外扩张,在西部征服哈密、沙州三卫,东破兀良哈三卫,势力直抵达女真。然后南下,于 1449 年(明正统十四年)大举侵明,在土木之役中俘获明英宗。1452 年杀死脱脱不花合罕,即蒙古合罕之位,1454 年死于内讧。

㉟ 孛罗忽吉囊,名伯颜猛克,脱脱不花合罕孙。脱脱不花合罕长弟阿黑巴儿只吉囊,幼弟满都鲁。也先诱杀阿黑巴儿只吉囊时,吉囊的儿子哈儿固楚克台吉出逃托克马克,途中被人杀害。哈儿固楚克台吉的妻子薛扯克妃子是也先的女儿,在其丈夫死后三个月生下遗腹子伯颜猛克,后来被送至兀良哈斡罗出(阿罗出)少师处,斡罗出少师将女儿失吉儿嫁给伯颜猛克,并

把伯颜猛克夫妻送至其叔祖父满都鲁处。此时,满都鲁为蒙古合罕。满都鲁合罕封伯颜猛克为"孛罗忽吉囊"(乌兰:《〈蒙古源流〉研究》,第277—281页),命其以吉囊身份统领鄂尔多斯万户。1476年,满都鲁合罕联合应邵不万户首领太师乩加思兰杀害了孛罗忽吉囊。

㊱ 把秃猛可(1473—1516),伯颜猛克孛罗忽吉囊之子。即位后尊称答言合罕,又译写为歹颜哈(《北虏世系》《四夷考》《武备志·四夷》)、答言罕(《登坛·北虏各支宗派》)等。据乌兰研究,汉文史料中的"歹颜、达延"等均为汉语"大元"的蒙古化发音(详见乌兰:《Dayan与"大元"——关于达延汗的汗号》,载《内蒙古大学学报》1990年第1期)。答言合罕生于1473年,卒于1516年。1479—1516年间在位。答言合罕的母亲是兀良哈斡罗出(又作阿罗出)少师的女儿失吉儿太后。据两《黄金史》,答言合罕的出生地叫德勒速台(Deresütei),该《阿萨喇克其史》作德速勒台(Desüretei),必定是德勒速台(Deresütei)的倒误。答言合罕四岁的时候,权臣乩加思兰族弟亦思马因太师强娶其母亲失吉儿太后。因此把秃猛可先后被巴海与帖木儿哈大黑家抚养。七岁时,满都鲁合罕之遗孀满都海夫人嫁给他,称"答言合罕"(大元合罕)。答言合罕统一中央六万户蒙古,将诸子分封到各部,取消各部异姓贵族世袭统治权,历史上被称作"中兴之主"。

㊲ 萨穆勒太师,即《蒙古源流》等书所记载的亦思马因太师。亦思马因太师的名字,蒙古文作Isman tayiši,Ismal或Smal。这是一个伊斯兰教名字,原形为Ismail,即阿拉伯语Ismāīl。明代汉籍中称亦思马因太师。他是哈密北山野乜力人。亦思马因之父是毛那孩平章,后来曾为蒙古太师。亦思马因于1476年参与了满都鲁、乩加思兰等人驱逐伯颜猛克孛罗忽吉囊的行动,孛罗忽吉囊死后他还娶了他的妻子、答言合罕的生母失乞儿太后。因此,亦思马因是答言合罕的继父。1479年他与满官嗔—土蛮(土默特)的首领脱罗干一起杀死了乩加思兰,成为应绍不首领并继任太师。明人记载,"满鲁都('满都鲁'之倒误)死,太师马亦思因('亦思马因'之倒误)立把秃猛可为可汗,亦曰小王子。"可见,答言合罕的即位得到了这位权臣的支持。

但是,答言合罕不愿意长期受制于亦思马因,很快向亦思马因开了战。1483年(成化十九年),"亦思马因为迤北小王子(答言合罕)败走"(《明宪宗实录》,成化十九年五月壬寅),西逃至"甘肃以北亦集乃等处"。据蒙古文史书记载,1486年,答言合罕派山阳万朵颜卫首领脱火赤为首的多名战将率兵出征亦思马因,并杀死亦思马因,将其妻亦即答言合罕生母失乞儿太后与亦思马因所生两个儿子卜儿孩、巴不歹带回答言合罕处。

㊳ 卜尔报,Burbuγ,察哈尔万户的一个鄂托克名。

㊴ 兀捏孛罗王为合撒儿十二世孙,把阿秃儿小失的之子,孛罗乃之弟。也先杀死小失的后,孛罗乃落在了瓦剌人之手,后逃回好儿趁。在这段时间里,兀捏孛罗乘其兄不在,曾继承了齐王之位。孛罗乃返回后,他让位于其兄。孛罗乃死后,兀捏孛罗又一度成为好儿趁万户首领,并觊觎蒙古合罕之位。

㊵ 该地应在今锡林郭勒盟东乌旗乌拉根郭勒河流域。多伦哈鼎脱鲁盖(Dolon qad-un toluγai),可能指今东乌旗政府所在地北山多伦脱鲁盖。朱风、贾敬颜将该地名读作Doluγad-un toluγai,并译写为"多罗噶顿拖罗该",误。

㊶ 满都海哈屯的向导名,在两《黄金史》中作Alayidung,善巴作Alayidub,可能是笔误。

㊷ 战场帖思孛儿都地方,指的是今蒙古国境内流入乌布苏淖尔湖的塔斯河与博尔河会流处(乌兰:《〈蒙古源流〉研究》,第350页)。

㊸ 答言合罕即位之初,满都海哈屯携幼年的答言合罕出征瓦剌。《大黄史》、《蒙古源流》等书形象地记载,"聪明过人的满都海彻辰哈屯把垂散的头发梳上来,做成发髻,把国主答言合罕放在座箱里,领着他出征,去讨伐四瓦剌。"(《大黄史》A本,第99页;乌兰:《〈蒙古源流〉研究》,第285页)合罕军队在流入乌布萨湖(今蒙古国乌布苏淖尔湖)的特斯河与博尔河之间的地方打败瓦剌,获得大量战利品。

㊹ 答言合罕十一子:答言合罕诸子的名字和齿序以及他们的母亲,各书记载不一致。佚名《黄金史》载:"(答言合罕与满都海哈屯生了七个儿子:)铁力孛罗与兀鲁思孛罗二人系孪生,阿儿速孛罗与巴儿速孛罗二人孪生。

……阿赤赖孛罗与安出孛罗一对双生子。后来又生了纳力不剌。七子皆以'孛罗'命名。兀良哈的忽秃黑少师的孙女撒木儿太后另生了格呼森扎和革儿孛罗二人。另一个[哈屯]古失哈屯生了克列迪、青台吉二人。"(朱风、贾敬颜汉译:《汉译蒙古黄金史纲》所附蒙古文文本,内蒙古人民出版社,1985年,第191—192页)罗藏丹津《黄金史》与此同(第160页)。《蒙古源流》载:"后来,满都海扯臣哈屯生下了铁力孛罗、兀鲁思孛罗一对儿子,之后又孪生了脱啰勒图公主和巴儿速孛罗,再后又生下阿儿速孛罗一个。"后来,生下了纳勒出孛罗田和阿赤赖孛罗两个孪生子。"以后,又生了纳儿孛罗。""又有札剌亦儿人忽秃黑少师的女儿速米儿哈屯生了格咧孛罗、格列山只两个儿子;瓦剌—巴图特的把哈儿衮鄂托克的阿剌丞相的儿子忙吉来阿哈剌忽的女儿古失哈屯生了五八山只称台吉、克列兔台吉两人。"(乌兰:《〈蒙古源流〉研究》,第285、353页)《大黄史》载:"铁力孛罗和兀鲁思孛罗系双生,巴儿速孛罗和阿儿速孛罗系双生,阿赤赖孛罗和安出孛罗系双生,纳力不剌和坚阿巴孩系双生。另一哈屯瓦剌的客哩耶秃子之女古失哈屯生有:克鲁岱、青两个孩子。兀鲁兀的斡罗出少师的女儿吉迷思斤哈屯生有:革儿孛罗、格呼森扎两个儿子。答言合罕的十一个儿子,独生女儿。"(《大黄史》A本,第101—102页)除了长子和次子的名字以外,《阿萨喇克其史》的其他记载与《大黄史》完全相同。根据17世纪初蒙古文《俺答汗传》,答言合罕长子名铁力摆户,次子兀鲁思摆户,所以,善巴记载的答言合罕长子和次子名字是有根据的。

据宝音德力根考证,答言合罕子女生母与齿序应如下:答言合罕共有十一子一女,皇后满都海生有七男一女,另外两个妃子兀鲁氏和巴儿虎氏各生二男。十一子中,皇后满都海所生长子铁力摆户,又名图鲁孛罗和巴儿虎氏妃子所生第八子克列兔早卒,没有留下后代。由于答言合罕长子铁力摆户夭折,同胞双生次子兀鲁思摆户实际成为答言合罕长子。兀鲁思摆户小名阿尔伦,汉籍有时简称五路士(蒙古文史书又称他为兀鲁思孛罗,有时只尊称阿巴海)。兀鲁思摆户大约出生在1488年,1507—1508年被蒙古右翼异姓贵族亦不剌等人杀害。答言合罕三子巴儿速孛罗，小名阿着，1517—1519年间，乘不地年幼曾一度夺取蒙古合罕之位，因此有赛那浪罕(Sayin alaγ qaγan)的汗号。答言合罕第四子名阿儿速孛罗，与三子巴儿速孛罗同胞双生。《九边考》《北虏考》等汉籍中其名作“满官嗔”，而《北虏世代》《夷俗记·北虏世系》则作“我角黄台吉”、“我折黄台吉”。答言合罕第五子名阿赤赖孛罗，其名在《俺答汗传》作乌达孛罗(Udabolud)。答言合罕第六子名安出孛罗，《俺答汗传》将安出孛罗之名误记为“Nelbuγura”。史料来源与《俺答汗传》相同的明末汉籍《北虏世代》《夷俗记·北虏世系》的记载与之相同，为了区别，只好用不同汉字，分别译作“纳力不剌”和“那力不剌”。这样，答言合罕就有了名字完全相同的两个儿子了。答言合罕第七子名那力不剌，他是皇后满都海所生幼子，是真正意义上的幼子，地位与身份远高于妃子所生幼子即第十一子格呼森扎。答言合罕第十子五八山只称台吉，“五八山只”是其名，“称台吉”为其号。《北虏世代》和《夷俗记·北虏世系》误将五八山只称台吉的名号割裂，分别列为第十子五八山只、第八子称台吉。由此，自然就漏记了答言合罕第九子革儿孛罗。答言合罕第九子名革儿孛罗，《俺答汗传》作革根猛可(Gegen möngke)。答言合罕第十一子名格呼森扎与革儿孛罗同母(宝音德力根:《答言合罕子孙分封考》，载QMD2)。

㊺ 今呼和浩特市大黑河。

㊻ 这段历史的真相是这样的：满都海哈屯和答言合罕鉴于百年来异姓权臣专权、黄金家族萎靡不振的情况，决心结束混乱割据的局面。答言合罕首先攻杀太师亦思马因。据蒙古文史书记载，1486年，答言合罕派山阳万朵颜卫首领脱火赤为首的多名战将率兵出征亦思马因，并杀死亦思马因，将其妻亦即答言合罕生母失乞儿太后和她与亦思马因所生两个儿子卜儿孩、巴不歹被脱火赤带回答言合罕处。答言合罕消灭太师亦思马因后，取消了作为北元政权最高行政、司法、军事长官的太师官衔。明人说，“虏中太师官最尊。诸酋以王幼，恐太师专权，不复设太师。”1487年，答言合罕携皇后

满都海出征瓦剌亦不剌、亦剌思及其控制下的原亦思马因部众。但因遭瓦剌突袭而败北，退兵途中满都海坠马，答言合罕双生子因此而早产。但是，答言合罕并没有因暂时的挫折而气馁，当时答言合罕率七万之众，长期“潜住贺兰山后”，对亦不剌、亦剌思部众进行了不懈的征讨。1495年答言合罕大兵压境，亦不剌、亦剌思等被迫投降。打败亦思马因、取消太师一职后，答言合罕派自己的儿子兀鲁思孛罗到右翼阿儿秃斯部担任吉囊，同时派三子巴儿速孛罗到满官嗔—土默特部。这是答言合罕分封诸子的最初尝试。阿儿秃斯部本是答言合罕之父孛罗忽吉囊及其祖先的部众。孛罗忽被满都鲁、乩加思兰等人杀死，其部众被吞并，从此阿儿秃斯部统治权就落入异姓贵族之手并成了乩加思兰、亦思马因等统治下的应绍不万户的附庸。答言合罕时代该部首领为勒古失阿哈剌忽，与亦不剌、火筛同为右翼三万户首领。据蒙古文编年史书《黄金史》记载，应绍不万户新首领亦不剌部下曾偷窃兀良哈万户把颜脱脱的马群，未曾治罪。后来亦不剌部下又将前来争夺马群的把颜脱脱杀死，犯下大罪。因为涉及左右翼两大万户的诉讼，答言合罕派自己的长子兀鲁思孛罗等前去断案。恰巧，兀鲁思孛罗的一个近侍欠亦不剌族人一匹马，因索要马匹，二人发生争执。兀鲁思孛罗偏袒自己的近侍，杀死了亦不剌的族人。亦不剌、勒古失(又作满都来阿哈剌忽)、火筛等不满，杀死了答言合罕子兀鲁思孛罗及其随从。此时，答言合罕第三子巴儿速孛罗在满官嗔—土默特部首领火筛家入赘为婿，因惧怕其岳丈加害，将幼小的次子俺答弃于火筛家，带着自己的长子衮必里克及其侍从逃回答言合罕处。

㊼ 今鄂尔多斯市鄂托克旗东北达楞图如湖。

㊽ 答言合罕得报新派吉囊在右翼被害，于1508年(明正德三年)率部征讨右翼，结果在土儿根河被火筛打败，火筛率部追击答言合罕至哈海额列速(今西乌珠穆沁旗境的噶海额列苏)，大掠察罕儿克什旦、克木齐兀(谦州)二鄂托克而还。1509年，答言合罕重整旗鼓，在达兰特哩衮与右翼三万户之军决战，取得了重大胜利。1510年，火筛带着答言合罕孙俺答来降，亦不

剌、满都来(勒古失)以及亦思马因子卜儿孩(答言合罕同母异父弟)等人则逃往青海。后来,满都来在青海境内被杀,亦不剌在哈密被害。特哩衮之战的胜利,保证了答言合罕统治的确立,也为日后答言合罕后裔黄金家族直接统治东蒙古各部打下了坚实的基础。

第 4 卷

［译文］

答言合罕的长子是铁力摆户[①]，他的儿子是不地阿剌黑[②]、乌巴山只台吉[③]、也密力台吉[④]。铁力摆户没等到即位就去世了。因不地阿剌黑年幼，巴儿速孛罗即了大位[⑤]。后来，不地阿剌黑长大成人，率领左翼三万户，来叩拜圣主八白帐，对巴儿速孛罗说："你乘我年幼，非法称合罕，现在我即了合罕位，你给我叩头吧！"巴儿速孛罗同意，并叩了头。巴儿速孛罗做了吉囊，成为右翼三万户的那颜，不地阿剌黑即了大位。

其后，哈布图合撒儿的后裔把阿秃儿小失的之子孛罗乃[⑥]，为先前的太松合罕报仇，征讨了彻卜登的儿子摩罗其[⑦]。［摩罗其］兄弟三人筑起栅栏［抵抗］，逃身。

后来，门都王[⑧]去征讨，杀死了他们三人。合撒儿的后世子孙为［成吉思］合罕的后世子孙又做了一件好事。

其后，不地阿剌黑合罕在主都郎温都儿地方于羊儿年春末月初十日驾崩。不地阿剌黑合罕的儿子[⑨]有：库登合罕、可可出大台吉、都喇哈勒台吉、卓里克图台吉、不和台吉。

库登合罕[⑩]于猪儿年即大位。这位合罕执政时期，国家安定，亲族和睦，六大兀鲁思安详。［库登合罕］于蛇儿年三十八岁时驾崩。

库登合罕的儿子土蛮札萨克图合罕[⑪]即大位，多次征伐了汉地。［他执政时］大国幸福安详。猪儿年驾崩。

土蛮札萨克图合罕的儿子不彦答言扯臣合罕[⑫]即大位。［他］夺回太松合罕失掉的玉玺，使平安大国更加繁荣，使普天之下更加安详。

答言扯臣合罕的儿子莽古速台吉[13]没即罕位前就去世了。

莽古速台吉的儿子林丹[14]库图克图福荫成吉思大明薛禅战无不胜者吉祥察卡喇瓦尔地大太宗天之天宇宙天帝转金轮教法合罕。他的儿子额尔克孔果尔[15]与阿巴鼐亲王[16]二人。阿巴鼐亲王娶女真人巴儿速车臣汗之女固伦公主[17]，生有布尔尼王与罗卜藏两个儿子[18]。

答言合罕次子兀鲁思摆户没有子嗣[19]。他在年幼时，被畏兀惕人亦卜剌太师杀害。

答言合罕的三子巴儿速孛罗吉囊[20]的儿子们有[21]：库木里麦力艮哈剌吉囊、赛因格艮汗、剌不台吉、伯思哈勒昆都力汗、伯颜答喇那林台吉、卜只剌我托汉台吉。

巴儿速孛罗的长子库木里麦力艮哈剌吉囊[22]，他的儿子们为那言大儿吉囊、伯桑豁儿狼台吉、斡亦答儿麻那莫按台吉、那木塔儿尼黄台吉、不阳忽里都喇哈勒台吉、巴札喇威正台吉、八的麻扯臣台吉、阿木答喇打儿汉台吉、翁剌罕银锭台吉。

库木里吉囊的长子那言大儿吉囊，他的儿子们有：不彦把都儿黄台吉、那木图台吉、隐布台吉、济巴石台吉、莽骨思朝库儿。不彦把都儿黄台吉的儿子们是：卜失兔吉囊、完者秃宾图、班第著力兔。那木图台吉的儿子们是班第都隆、满珠失哩台吉。莽骨思朝库儿的儿子们是：不纳班黄台吉、不答失哩、奔巴歹、奔巴、不彦台、阿巴鼐。

库木里吉囊的次子伯桑豁儿狼台吉，他的儿子们有：埃答必思答言台吉、奥巴著力兔、塔噶济宰桑台吉。埃答必思答言台吉的儿子们是：阿赤图答言台吉、额呈吉台吉、马第台吉。奥巴著力兔的儿子们是：阿难答合收赤、亦木辛爱、晁兔台吉、朵儿只台吉、图巴台吉。

库木里吉囊的三子斡亦答儿麻那莫按台吉，他的儿子们是：铁盖合收赤黄台吉、海努海把都儿、纳乞牙昆迭连歹成、朝儿库青把都儿、哭线威正著力兔、朵儿只台吉、公谷儿薛缠。铁盖合收赤黄台吉的儿子们是：沙剌、乞塔特。海努海把都儿的儿子们是：乞塔特都喇哈勒、古哲额赤台吉、土麦台吉、马柴台吉、库先台台吉。纳乞牙昆迭连歹成的儿子们是：斡亦马孙台吉、扯臣台吉。朝儿库青把都儿的儿子们是:哈丹、青。哭线威正的儿子们是:朵儿只台吉、萨冈台吉。朵儿只台吉的儿子们是:兀努衮黄台吉、亦失衮歹成、山巴答喇台吉。

库木里吉囊的四子那木塔儿尼,他的儿子们是:忽图黑台朝克察孙济鲁肯黄台吉[23]、不颜答喇合落赤台吉、赛因答喇青把都儿、那木大麦力艮台吉。忽图黑台朝克察孙济鲁肯黄台吉的儿子们是:完者允都赤打儿汉把都儿、石答答扯臣朝库儿、苦跌跌宾兔歹成、不言大扯臣著力兔、奔不歹晁兔台吉、奔巴失哩扯臣把都儿、答纳失哩哈坛把都儿。不颜答喇合落赤台吉的儿子是莽骨思合落赤。赛因答喇青把都儿没有子嗣。那木大麦力艮台吉的儿子是土雷青合落赤。

库木里吉囊的第五子不阳忽里都喇哈勒,他的儿子们是:别勒该歹崩台吉、不儿赛歹成。别勒该歹崩台吉的儿子纳臣台吉。不儿赛歹成的儿子们是:撒台扯臣歹成、撒只把都儿黄台吉、瓦剌麦力艮台吉、阿歹银锭台吉、薛呤哈坛把都儿、巴图特台吉、察忽麦力艮著力兔。

库木里吉囊的第六子巴札喇威正台吉,他的儿子们是:朵儿计歹成、庄秃赉威正、恩克合收赤。庄秃赉威正的儿子们是:喇失威正黄台吉、答来宰桑、失喇卜晁兔、翁归朝库儿、喇失颜台吉、阿巴台台吉。恩克合收赤的儿子是萨只台吉、失答台台吉。

库木里吉囊的第七个儿子八的麻扯臣台吉没有子嗣。

库木里吉囊的第八个儿子阿木答喇打儿汉台吉,他的儿子们是:土麦打儿汉台吉、明爱额耶赤台吉、比八失台吉。土麦打儿汉台吉的儿子是奔拜台吉。

库木里麦力艮哈剌吉囊的第九个儿子翁剌罕银锭台吉的儿子们为吉赤吉银锭、备巴哩台吉、虎秃台吉。吉赤吉银锭的儿子是宰桑台吉。

巴儿速孛罗的次子赛因格艮汗[24]。他的儿子是辛爱都龙汗、不彦把都儿台吉、铁背台吉、宾兔银锭台吉、答剌特哥力各台吉、不他失礼黄台吉、衮楚克台吉、嘉木措台吉。

赛因格艮汗于铁羊年忽然萌发了佛心,当佐格[阿]兴喇嘛[25]来到蒙古时,汗向他询问[佛法],[那位喇嘛]详细解说了识一切索南嘉措[26]的身、语、意。汗[听后]产生了无可动摇的信仰,就像夏天的湖水般洋溢在他心中。于是派使者带金册和大量布施,前去延请[索南嘉措喇嘛]来辽阔的北方[地区]弘扬佛法。使者到达禀报后,[索南嘉措喇嘛]光临[蒙古地方]。喇嘛和布施主约定在青海会面,详细传授[关于会面的]一切事宜后,派大祭祀喇嘛都勒巴却结谆惴桑卜[向蒙古地方]出发。[索南嘉措喇嘛]于蒙古历十一月二十六日从哲蚌寺出发,向这边走来。再往这里进发时,在形状像白海螺般的山岩旁边的伏藏中取了一个大白海螺。再往这边走,冰山神主率领二百名骑士来叩拜。他们在两个锁好的箱子上面放两把钥匙,上面又放了一条白绸,[把这些]献给喇嘛,并倾听观世音菩萨灌顶之法。住在上甘曲的百姓布施了三千两黄金等物,近一千人出家为僧。这时喇嘛就座的石头靠背上,自然显现了四臂观世音菩萨之法身。从那里继续向这边行走时,护法神伯札领来蒙古地方的马首、驼首、猫首等天神和魔鬼前来,使[他们]发誓皈衣佛法。从那里继续往这边走来时,阿儿秃斯的切尽黄台吉、土默特的答云那颜二人为首,领三千余骑来献金、银、绸缎等物,并顶礼。切尽黄台吉还亲眼目睹了四臂观世音菩萨的显形。在长生天的气力里作斗刼转轮王的格艮俺答汗,为了显示以白色光芒照明自己境内的黑暗之兆,身穿白绸衣,领一万名扈从,与自己哈屯为首的全体属民来迎驾。施主(俺答汗)作为向喇嘛磕头的喜宴之礼,献上了用一百零五两白银制造的坛城,和西藏的桶一样大小的金碗里盛满的珍宝,二十匹白色、黄色、红色和绿色的绸缎,用珍宝装饰马鞍、缰绳的十匹白马备马为首的一百匹马、用威力震慑盛宴的十匹上好的绸缎、一千两银和绸缎布匹等物。于是,在那聚集十万之众的地方,喇嘛和施主二人像太阳和月亮一般相遇时,切尽黄台吉通过固实傍什通译,上奏这番话:"因为从前从天降生的本质,力量强大,征服了蒙古、西藏和汉人。薛禅合罕成为八思巴喇嘛的施主,广传佛法。后来,自妥欢帖睦尔合罕以来,佛法中断,做了很多罪孽,就像黑暗血海一样。这时,托日月般的喇嘛与汗二人会面的福,使血海化作乳海,其恩德无量!"并向全体蒙古人下令,从即日起大家遵奉十善福。

喇嘛、施主二人互相详细交换旨意时,俺答汗短时间失去知觉,恍恍惚惚地说道:"从前八思巴喇嘛修筑兴衮寺时,我曾为薛禅合罕,你曾为八思巴喇嘛。你曾为寺庙开光。从那以后直到今天,我迷失路途,不知走向何处了!"如此追忆先世之事。达赖喇嘛护身的神灵有五种征兆,用那五色绸缎系的吉祥符,加盖法印,在

宝碗中盛满各种果实,赐给汗。

俺答汗向索南嘉措奉献了"达赖喇嘛瓦只喇达剌"的尊号。[索南嘉措喇嘛]向格艮俺答汗赐予了"法王大梵天"的尊号。赛因格艮汗将从必里秃合罕以来中断十九代合罕的佛法更加发扬光大。

在这位汗时期,成为最初弘扬佛法的[合罕]还有喀尔喀的瓦齐赉赛音汗[27]、察哈尔的土蛮札萨克图合罕。

赛因格艮汗的儿子是辛爱都龙汗,辛爱都龙汗的儿子是松木儿台吉。在成吉思合罕黄金家族里,达赖喇嘛云丹嘉措[28]是这样转世的:父亲是松木儿台吉,母亲是哈布图合撒儿的后裔斡难威正那颜的女儿拜罕烛剌。当[云丹嘉措]进入她母胎时,母亲看见有一高雅丽质的孩子骑着白马而来,到她家毡帐的天窗上。他入她母胎后,待在母亲的胸膛中,母亲清楚听见从她肚子里发出的六字真言的声音。从毡帐中发出彩虹,天降花雨,出现了种种吉祥的征兆。怀胎十月,于阴土牛年[29]正月初一日,在太阳升起的时候,从至上的母亲拜罕烛剌生下了俊郎身段的[儿子]。据说,牛儿年水月[30],在蒙古地方,正月初一那天,从地区统治者的尖端,升起了圣教的太阳[31],从根本上扫除了可恶的邪道的黑暗。

当时,用彩虹的光芒搭毡帐,天降大花雨。异常的龙声漫漫轰动,散发着未曾闻到的芳香,弥漫着各种未曾听到的悦耳的声响,大地颤动,现出了奇异的征兆。[灵童]在转世的那个月里,能叫出父亲的名字,并说了很多话。有一天,[灵童]叫母亲从寺庙里请来《甘珠尔经》的"嘛"字卷。[等母亲]请来后说道:"这就是我的传记。"众人打开一看,是圣书《白莲经》里面的顿悦厦巴[32]的传记。[于是]大家都说[该灵童]是观世音菩萨之化身。[33]三个月大时,在他父亲寺庙中的众佛像里,指着索南嘉措的像说:"这就是我!"并修好了其先世(索南嘉措)赐给松木儿台吉的佛珠松动的开关。众人无不赞叹。铁兔年,土默特的汗前来拜见,[灵童]用茶杯赐予了茶水,大家喝得都非常解渴,于是更加赞叹。蒙古的六大兀鲁思供奉的财宝,像合罕国库收取的税赋一样,其布施来的物品丰富得快要超过财神了。于是,宗喀巴的教法像太阳般照耀蒙古地方。此后,北方人之主、黄教施主等大小官人和甘丹、色拉、哲蚌三大寺为首许多寺庙派使者来延请[云丹嘉措],于是[云丹嘉措]

前往拉萨。

巴儿速孛罗吉囊的第三子剌不台吉[34]，他的儿子把都儿台吉，他的儿子是打儿麻台吉。

巴儿速孛罗吉囊的第四子伯思哈勒昆都力汗[35]，他的儿子是摆三忽儿威正台吉、斋三忽儿青把都儿、赖三忽儿台吉、满五素台吉、满五大台吉。

巴儿速孛罗吉囊的第五子伯颜答喇那林台吉[36]，他的儿子是狼台吉、豁阿台吉、都腊儿台吉、打儿大台吉。

巴儿速孛罗吉囊的第六子卜只剌我托汉台吉[37]，他的儿子是恩克跌儿歹成那颜、也辛跌儿都腊儿台吉、那木跌儿合落赤台吉。

恩克跌儿歹成那颜的儿子是恩克七庆那颜、埃生威正那颜、鄂尔斋图阿拜。恩克七庆那颜的儿子是土麦台吉、八答麻台吉、阿伯秃台吉、朵儿只额耶图宰桑、噶儿麻银锭、喇麻札布朝库儿、卜颜图青把都儿、却亦儿扎威正、萨兰毕喇什额儿德尼宰桑、扎木错朝库儿、衮布台吉、札米昂台吉、林沁札布台吉。埃生威正那颜的儿子是不儿孩七庆朝库儿、朵儿只诺木齐宰桑、噶儿麻威正著力兔。鄂尔斋图阿拜没有子嗣。不儿孩七庆朝库儿的儿子是林沁台吉。诺木齐宰桑的儿子是那木扎勒托音、失喇敖金歹成。威正著力兔的儿子是彻不腾额儿克歹成、扎木错毕力秃托音、彻林台吉。彻不腾额儿克歹成的儿子是固实托音。

答言合罕的第四子阿儿速孛罗麦力艮黄台吉[38]的儿子是不只克儿台吉、五侬台吉。

不只克儿台吉的儿子是把都儿台黄台吉、麦力艮台吉、去青海的库登火落赤那颜。五侬台吉的儿子是不禄慎台吉、克出辛爱台吉。

答言合罕的第五子安出孛罗[39]的儿子是虎剌哈赤台吉。虎剌哈赤台吉的儿子是威正、速巴海、兀班、答补歹、炒花爪儿兔。

答言合罕的第六子阿赤赖孛罗[40]的儿子是打来、打来孙。打来的儿子是赛那拉、威敬黄把都儿。赛音那拉的儿子是麦力艮失喇儿歹。麦力艮失喇儿歹的儿子是丹巴林沁黄台吉。[丹巴林沁黄台吉]的儿子是索得那木台吉。[索得那木台吉]的儿子是麻那呼台吉。麻那呼台吉的儿子是阿尤失。威敬黄把都儿的儿子是

阿灰七庆台吉。阿灰七庆台吉的儿子是苏迷儿黄台吉。苏迷儿黄台吉的儿子是班弟七庆台吉。班弟七庆台吉的儿子是理儿不台吉。理儿不台吉的儿子是我得塞儿台吉。

答言合罕的第七子那力不剌台吉[41]。那力不剌台吉的儿子是阿著台吉、失喇台吉、不克台吉、莫兰台吉。

阿著台吉的儿子是乩加思兰台吉。失喇台吉的儿子是失剌呼库德台吉。不克台吉的儿子是着力兔台吉、把都儿台吉、宾兔台吉、银锭台吉、卜颜图台吉。

答言合罕的第八子克鲁岱[42]没有子嗣。

答言合罕的第九子青台吉[43]。青台吉的儿子是通石台吉、长力台吉。

答言合罕的第十子是革儿孛罗台吉[44]。他的儿子是狼台吉。

［注释］

① 铁力摆户:答言合罕长子,又称铁力孛罗,清代译作图鲁博罗特。先于其父去世,没有子嗣(《俺答汗传》、佚名《黄金史》)。《大黄史》《蒙古源流》和罗藏丹津《黄金史》均载,铁力孛罗是不地等人的父亲。较早的汉文史书如郑晓《皇明北虏考》记载答言合罕子有三:长阿尔伦(Arlun)、次阿著(Aju)、次满官嗔(Mangγoljin),并说阿尔伦被亦不剌杀死,遗二子,长卜赤(即不地)、次乜明("乜"即"也"字之误)。考之蒙古文史书,郑晓所言答言合罕长子、次子和三子分别是蒙古文史书中的次子兀鲁思摆户、三子巴尔速孛罗和四子阿儿速孛罗。宝音德力根据此认为,佚名《俺答汗传》、《黄金史》等早期蒙古文史书记载可信,铁力孛罗无子嗣(《15世纪中叶前的北元可汗世系及政局》,载《蒙古史研究》第六辑)。

② 不地阿剌黑:答言合罕次子兀鲁思孛罗长子。又称不着(《登坛必究》)、卜赤(《皇明北虏考》《四夷考》《万历武功录》等)、孛只(《万历武功录》)、保只(《明实录》)、钵帝阿拉克(《蒙古世系谱》)等等,清译博迪。答言合罕去世前,指定不地为蒙古汗位的继承人。按照蒙古合罕斡耳朵住察哈尔万

户、蒙古合罕直接统领察哈尔万户的传统，不地及其弟弟也密力被分封到察哈尔万户。关于不地生年，《蒙古源流》记为甲子年(1504 年)。他大致在 1520 年左右即位，1547 年卒(乌兰：《〈蒙古源流〉研究》，第 390 页)。

③ 乌巴山只台吉：据《大黄史》与抄自《大黄史》的该《阿萨喇克其史》记载，他是铁力摆户次子，实际上是兀鲁思孛罗次子。该人不见于 17 世纪其他蒙古文史书和明代汉文史籍。

④ 也密力台吉：兀鲁思孛罗幼子。又作乜明(《万历武功录》《皇明北虏考》)、我力命(《登坛必究》)。他被答言合罕封到察哈尔万户。16 世纪中叶，察哈尔万户一部分在蒙古合罕打来孙率领下南下大兴安岭驻牧，征服了成古思汗幼弟斡赤斤后裔所属山阳万户即明人所谓的泰宁等三卫。同时，打来孙对旧部和新征服的部众进行第二次分封。这样，不地、也密力后裔统治下的察哈尔万户形成了合罕斡耳朵直属部众和左右翼八鄂托克。

⑤ 巴儿速孛罗为答言合罕第三子。小名阿着(Aju)，1517—1519 年间乘不地年幼曾一度夺取蒙古大汗之位，因此有赛那浪罕(Sayin alaγ qaγan)的汗号。1519 年不地兴师问罪，巴儿速孛罗让位于不地并于同年死去。在镇压蒙古右翼异姓贵族叛乱后不久，答言合罕便派巴儿速孛罗到阿儿秃厮万户担任吉囊。《俺答汗传》《蒙古源流》等出自右翼蒙古人之手的史书都记载，巴儿速孛罗最初就有统治整个三万户之权。学者们认为这种记载不可轻信，这是巴儿速孛罗的子孙为了掩盖其父利用窃取的合罕权力，剥夺答言合罕四子和七子部众的历史而编造出来的谎言。

⑥ 孛罗乃是合撒儿十二世孙，其父为小失的，被瓦剌也先所害。孛罗乃在东蒙古贵族的保护下回到好儿趁(科尔沁)万户，成为该万户的首领。孛罗乃在《明实录》中以"齐王孛鲁乃"和"孛罗乃西王"之名出现(《明宪宗实录》，成化三年三月乙丑；《明英宗实录》，天顺七年六月丁亥)。据佚名《黄金史》记载，孛罗乃在瓦剌时，其弟兀捏孛罗成为好儿趁首领。当孛罗乃返回后，兀捏孛罗对其兄说："兄长你不在时，我非礼占据了(王位)。现在合法的你即位吧！"(朱风、贾敬颜译注：《蒙古黄金史纲》，第 199 页)于是孛

罗乃继承了齐王之位。

⑦ 脱脱不花合罕之岳父彻卜登之子。

⑧ 门都王,好儿趁贵族。

⑨ 不地阿剌黑合罕诸子:不地汗诸子,《大黄史》记为三人,即库登打来孙台吉、可可出大台吉、汪兀都喇尔,《蒙古源流》同。罗藏丹津《黄金史》只记载了库登合罕一人,并错将可可出大台吉、都喇尔诺颜、卓里克图台吉和不忽(不和)台吉四人记载为库登合罕诸子。明代汉文史籍《北虏世系》列有五人之名:打来素台吉、可可出大台吉、汪兀都喇台吉、公兔台吉、那宾兔台吉。考于诸史,不地合罕有五子。那宾兔(善巴书中的卓里克图台吉?)和公兔两台吉(善巴书中的不和台吉?)可能是庶出之子,故有些蒙古文史书不载他们的名字。善巴在蒙古贵族世系方面的记载总是比他书全面,他可能掌握着一部我们所不知道的蒙古世系谱。

⑩ 不地汗的长子。又作达赉逊库登台吉、枯登台吉、库登汗、打来孙、打来素台吉等。据乌兰研究,打来孙合罕生于庚辰年(1520),卒于丁巳年(1557)。16世纪中叶,打来孙合罕率领察哈尔万户,与好儿趁万户与喀尔喀万户的左翼一道南下大兴安岭驻牧,征服了成吉思汗幼弟斡赤斤后裔所属山阳万户。

⑪ 土蛮札萨克图合罕:库登合罕的儿子。明代汉籍作"土蛮"(《明实录》《北虏世系》《万历武功录》《四夷考》等)、"土蛮罕"、"土买罕"(《万历武功录》)、"土蛮憨"(《辽夷略》)等。据《蒙古源流》载,其即位年为戊午(1558)。《明实录》中土蛮之名首次出现的时间也是1558年(《明实录》嘉靖三十七年十月壬申条)。他的卒年,据《蒙古源流》为壬辰年(1592)。两《黄金史》不载。土蛮之名在《明实录》中最后出现的时间是1588年(万历十六年闰六月壬午)。土蛮合罕时期,察哈尔万户实力强盛,控制山阳万户和女真等部,向女真人收取贡赋,从五个万户(时兀良哈万户已不存在)中各选一位能力较强的首领任执事,以便协调各万户,加强统治。明人说他"控制之士六万,最精壮"(《万历武功录》,卷10)。他经常率兵侵掠蓟辽明边,1567年九月入明境,"京师震动"(《明实录》隆庆元年九月壬申,十二

月乙巳)。

⑫ 不彦答言扯臣合罕:土蛮合罕之子。在明代汉籍中,记其名为“不彦七庆台吉”(《北虏世系》)、“卜言台周”(《万历武功录》)、“七庆哈”(《武备志》)、“扯臣憨”(《辽夷略》)等。据《蒙古源流》,他于癸巳年(1593)即位,卒于癸卯年(1603)。

⑬ 莽古速台吉:不彦扯臣合罕的儿子。据《金轮千福》,不彦扯臣合罕有子二人,长莽古速莫尔根台吉、次毛祁他特鄂特珲台吉。《辽夷略》也记扯臣憨有二子:莽骨速台吉、毛起炭。毛起炭即毛祁他特(Muu Kitad)。《北虏世系》记扯臣合罕有“子十”,但未记其名,恐误。

⑭ 林丹合罕:林丹合罕(1592—1634)之名,有的蒙古文史书作 Lindan(《大黄史》、罗藏丹津《黄金史》、《金轮千福》),有的作 Ligdan(佚名《黄金史》、《恒河之流》、《水晶数珠》)。汉籍中作“虎墩兔”(《明史》《辽事实录》)、“民旦”(《武备志》)、“虎酋”、“虎憨”、“虎酋插汉儿王子”(《明实录》)、“林丹汗”(《清实录》)等。林丹合罕生于 1592 年,1604—1634 年在位。林丹合罕即位后,立志改变答言合罕以后大权旁落的局面,但各万户首领不顺从,实际受林丹合罕控制的仅仅是察哈尔万户。17 世纪初,察哈尔万户有“八大部二十四哨”,人口众多,实力雄厚,主要分布在西拉木伦河以北地区,在西拉木伦河以南和大兴安岭以北,也有一些分支。1616 年,建洲女真首领努尔哈赤建立了爱新国。1619 年和 1624 年,爱新国分别与蒙古东部的内喀尔喀五部和嫩科尔沁(即好儿趁)部建立了反明朝、反察哈尔的政治、军事同盟。1627 年,林丹合罕西征。在 1627—1628 年间,征服了右翼诸万户。1632 年和 1634 年,满洲军队大举进攻林丹合罕。1634 年进入青海,不久病死在青海大草滩(今甘肃省天祝藏族自治县境内)。

⑮ 林丹合罕长子。其名在蒙古文史书中或作额尔克孔果尔(《黄史》),或作额哲洪果尔(罗藏丹津《黄金史》)。汉籍中有“黄鹅儿”(《明史纪事本末》)、“额尔克孔果尔额哲”(《清实录》)等写法。额哲是名字,额尔克孔果尔为号。1632 年随父亲西征。1634 年林丹合罕死,额哲与其母苏泰太

后率残部东返,驻于托里图之地(今内蒙古鄂尔多斯市乌审旗陶力苏木一带)。1635 年四月被爱新国军队俘获。后尚皇太极次女固伦公主玛喀塔,封和硕亲王,率察哈尔部众驻牧以今内蒙古库伦旗为中心的地方。1641 年卒,无嗣。

⑯ 林丹合罕次子。其名《清实录》作阿布奈,《王公表传》作阿巴鼐。1645 年继娶兄嫂(皇太极次女固伦公主玛喀塔),生有布尔尼、罗卜藏二子。1669 年,因不敬清帝而遭弹劾,被囚于盛京。1675 年,布尔尼叛清,不久战败被杀。阿巴鼐也被处以绞刑(《清圣祖实录》,康熙八年二月辛卯条,康熙十四年五月辛酉、癸亥条)。

⑰ 巴儿速车臣汗:指清太宗皇太极。太宗建立大清之前称 sure han(汉译天聪汗),蒙古人呼作"sečen qaγan 车臣汗",意思与满语的 sure han 同。固伦公主,指皇太极和孝端皇后所生的玛喀塔公主,称"固伦温庄长公主"。1636 年嫁给林丹合罕长子额尔克孔果尔额哲。额哲死后,1645 年又嫁给额哲的弟弟阿巴鼐,生有布尔尼、罗卜藏二子。玛喀塔公主卒于 1663 年。

⑱ 布尔尼王,林丹合罕孙,阿巴鼐与玛喀塔所生。1675 年,布尔尼起兵叛清,希望恢复蒙古汗国统治。清朝派图海等率军征讨,布尔尼不久兵败身亡。罗卜藏,布尔尼之弟。随兄布尔尼起兵,兵败后逃至今开鲁县境内,被其岳父科尔沁额驸沙津所杀。

⑲ 兀鲁思摆户:应为答言合罕次子,不地、也密力二人之父。包括该《阿萨喇克其史》在内的一些蒙古文史书认为他没有子嗣,是因为和其兄铁力摆户混淆的结果。该书中的"答言合罕次子兀鲁思摆户没有子嗣。他在年幼时,被畏兀惕人亦卜剌太师杀害"这个记载,直接引自《大黄史》。

⑳ 巴儿速孛罗吉囊:答言合罕第三子。蒙古文史书又称"赛那剌"(sayin alaγ)或"阿著"。汉文史籍作"赛那剌"(《北虏世系》《四夷考》《名山藏》)、"赛那浪"(《两朝平攘录》《登坛必究》)、"赛那浪罕"(《筹边纂议》)、阿着(《皇明北虏考》)等。答言合罕在派次子兀鲁思摆户到右翼鄂尔多斯部担任吉囊时,也派巴儿速孛罗到满官嗔—土默特部。这是答言合

罕分封诸子的最初尝试。在右翼叛乱,兀鲁思孛罗被害后,巴儿速孛罗从满官嗔—土默特部逃回,将自己的次子俺答留在了满官嗔—土默特部。他乘不地阿剌黑年幼,一度以吉囊身份夺取了蒙古合罕之位,1519年死(《俺答汗传》中记其卒年为“兔儿年”即1519年)。

㉑ 巴儿速孛罗诸子,《大黄史》载6人:库木里麦力艮哈剌吉囊、俺答格艮汗、剌不台吉、伯思哈勒昆都力汗、伯颜答喇那林台吉、卜只剌我托汉台吉;《蒙古源流》记7人:衮必里克麦力艮吉囊、俺答汗、剌不台吉、伯思哈勒昆都力汗、伯颜答喇那林台吉、卜只剌我托汉台吉、塔喇海台吉。罗藏丹津《黄金史》也载7人:麦力艮哈剌吉囊、昆都力汗、俺答汗、剌不那颜、那林台吉、卜只剌、蒿济哥儿台吉。

㉒ 库木里麦力艮哈剌吉囊:又作衮必里克麦力艮吉囊(《蒙古源流》)、麦力艮吉囊(《北虏世系》)等。巴儿速孛罗长子。他的父亲窃取蒙古大汗之位后,决定由麦力艮继承自己的位子,他成了右翼三万户的吉囊,称衮必里克麦力艮吉囊。库木里(野韭菜)是他的绰号。麦力艮吉囊生于1506年(《蒙古源流》),卒于1542年(蒙古文《俺答汗传》《万历武功录》)。麦力艮吉囊于1533年首次出现在明代汉籍中(《明实录》嘉靖十二年二月癸卯),当时已“拥十余万众”,势力日盛,不时侵略明边。他还和弟弟俺答一起,联合不地合罕,曾多次率兵攻打兀良哈万户,直到最终灭掉该万户。1532年、1534年两征青海亦卜剌、卜儿孩,收服其众。

㉓ 忽图黑台朝克察孙济鲁肯黄台吉(1540—1586),明代汉籍作“切尽黄台吉”。1562年,忽图黑台黄台吉率鄂尔多斯部兵马出征瓦剌,行至额尔齐斯河征服锡木毕斯、土尔扈特二部后撤兵。1573年,忽图黑台黄台吉率兵远征哈萨克,1574年,远征托克马克(当即古碎叶城所在地的Tokmak,在吉尔吉斯斯坦境内),击败哈萨克的阿克萨尔汗。凯旋途中出征瓦剌,在扎拉满罕山阴收服喀木苏、都哩图为首的巴图特部,他的儿子完者允都赤紧追三月,在图巴罕山(今唐努兀梁海地区的都播山)之阴收服以绰罗斯的必齐呼锡格沁为首的四鄂托克而回。1577年,同俺答汗西掠瓦剌,由于明朝的

出卖,俺答汗与忽图黑台黄台吉战败而归。忽图黑台黄台吉不仅是重要的军事领袖,也是16世纪著名的文人和弘扬佛法者。16世纪中叶,最早与西藏佛教格鲁派接触的人物就是这位忽图黑台黄台吉。据《蒙古源流》记载,忽图黑台黄台吉于二十七岁(1566)时向西藏东北部远征,在失里木只(锡里木济,silimji)三河汇流之处扎营,迫使当地宗教首领,收聚起三河地区的吐蕃部落,给予安置后,遂将卜拉尔根喇嘛、阿斯朵黑赛汗班第、阿斯朵黑瓦只剌土麦桑哈斯巴等三人带回蒙古。后来将名叫兀罕出沁丹的女人配给阿斯朵黑瓦只剌土麦桑哈斯巴,并给予"国王欢津"(掌礼仪之官),"封他为众臣之首"。研究家们认为,从此以后,在这些西藏僧人的引导和指导下,忽图黑台黄台吉精通了藏文佛经,成了西藏佛教的热心信奉者。1576年,他前去拜见了其叔父俺答汗,并建议说:"有益于今世和来世的,[唯]有佛法经教。听说如今西方雪域有识者大自在大慈悲观世音菩萨以真形现世。如果迎请他前来,依照从前圣明的忽必烈薛禅皇帝、贤明的八思巴喇嘛二人的旧制,建立政、教[二道],岂不是美事吗?"俺答汗极为赞许,随即与右翼三万户协议,就在那丙子年(1576)派出俺答汗[方面]的阿都萨打儿汉、昂客打儿汉二人,以及彻辰洪台吉[方面]的晃豁歹达延经师等人,[前去]邀请圣识一切锁南坚错圣人。在1578年仰华寺法会上,他做了著名的劝蒙古人皈依佛法的演讲。库图克台彻辰洪台吉在北元时期蒙古政治和宗教文化方面的最重要的贡献之一就是编纂了《十善福法门白史》一书。库图克台彻辰洪台吉根据元代八思巴国师所著《彰所知论》所述印度、西藏、蒙古三个神权国家的修史模式,在蒙古第一次写出按此模式的著作,先写印度众恭王摩诃三摩谛合罕,然后再写吐蕃有福的观世音菩萨之化身松赞干布和蒙古瓦其尔巴尼(金刚手菩萨)之化身成吉思汗铁木真。他在蒙古史籍中第一次提出三个神权国家,为日后"印度、西藏、蒙古同源说"的产生打下了基础。库图克台彻辰洪台吉在书中重点叙述了蒙古"政教并行"的理论和实践,它是古代蒙古意识形态发生根本变化的标志,反映了16世纪末以后蒙古政治理论的基础和思想体系。

㉔ 赛因格艮汗：巴儿速孛罗次子。一般作俺答汗，又译为“阿勒坦汗”、“格根汗”等。明代汉籍作“俺答”（《明实录》）、“俺探”（《译语》）、“安滩”（《卢龙塞略》《皇明世法录》）、“俺滩阿卜亥”（《北虏纪略》）等。俺答汗生于1507年（蒙古文《俺答汗传》），其母博同哈屯。其汗号是蒙古合罕不地阿剌黑于1538年所封。当年，漠南蒙古左右二翼联合大举征讨兀良哈万户。由于俺答在此次战斗中英勇善战，极大地削弱了敌人的力量，又能同兄长和睦相处，协同作战，被合罕授予“索多汗”（《俺答汗传》），开创了蒙古历史上除蒙古合罕以外的万户首领拥有汗号之先例。1543年，不地合罕为报答勇敢真诚的俺答汗，又赐封俺答为“土谢图彻辰汗”（《俺答汗传》）。自1524年开始，蒙古各万户多次征讨并瓦解了兀良哈万户。1558—1568年，俺答汗几次远征瓦剌，直趋阿尔泰山。同时，俺答汗会同其兄吉囊出征青海，对避居青海的右翼畏兀特诸部和其他部族给予沉重的打击。1532年，俺答同吉囊首次出征青海，大败亦不剌和卜儿孩，使亦不剌走死哈密。1534年，吉囊和俺答再次远征青海，击败畏兀特部众。吉囊逝世后，于1543年俺答汗率右翼征青海，降服了卜儿海，征服撒里畏兀儿诸部。为了扩大战果，于1558年，俺答汗又一次率右翼西征，再次征服畏兀特残部和撒里畏兀儿诸部，掳获大量财物。并留儿子丙兔据青海，留从孙宾兔守松山（今甘肃天祝藏族自治县东松山）。俺答汗积极努力开通与明朝的通贡互市关系。1571年三月，明廷封俺答为“顺义王”，史称“隆庆和议”。隆庆和议之后，明朝与蒙古右翼保持六十余年的和平相处局面。俺答汗利用投靠他的白莲教徒和出口汉人，在土默特部所居的丰州滩地区发展农业。丰州滩出现了大量的所谓的“板升”，即汉人居民点。从1572年开始，俺答汗在土默特大兴土木，在大青山脚下、黄河之滨，建造城郭，到1575年竣工，称“库库可屯”（即今呼和浩特）。明朝赐名“归化城”。16世纪后半期，随着俺答汗的侵入青海和藏族地区，藏传佛教经青海传入蒙古。1578年，俺答汗和格鲁派首领索南嘉错在仰华寺会面，召开法会，举行了隆重的入教仪式，蒙古受戒者多达千人，仅土默特就有108人出家为僧。在法会上，索

南嘉错被俺答汗等尊之为"圣识一切瓦齐尔达喇达赖喇嘛"(后称第三世达赖喇嘛)。索南嘉错也给俺答汗上了"转千金法轮咱克喇瓦尔第彻辰汗"的称号。俺答汗接受藏传佛教后,兴修大寺庙,1580年竣工,称"伊克昭"(大昭寺),明廷命名为"弘慈寺",蒙古民间又称"格根汗庙"。同时,俺答汗扩建归化城,到1581年建成了方圆20里的宏大的城市。1582年春,俺答汗去世,享年75岁。俺答汗逝世后,他的子孙邀请蒙古各部汗王以及第三世达赖喇嘛为俺答汗会葬。索南嘉错应邀前往,于1585年到达归化城,按照佛教的礼仪,为俺答汗举行葬礼。

㉕ 阿兴喇嘛(?—1636),本名西尔巴,出生在青海安多地方的萨木鲁家族。少年时出家,前往哲蚌寺等著名寺院学习,成为一名博学的喇嘛。他与三世达赖喇嘛的母亲是同族近支,被尊为"阿兴曼殊室利",简称"阿兴喇嘛"(舅父上师)。阿兴喇嘛学成之后,到五台山,后到蒙古土默特部,结识俺答汗。阿兴喇嘛的主要功绩,是劝说俺答汗皈依佛教。在阿兴喇嘛和彻辰洪台吉的建议和劝说下,俺答汗决定接受藏传佛教,延请格鲁派首领索南嘉措。1574年,赴藏邀请索南嘉措。因为阿兴喇嘛劝俺答汗敬奉三宝,皈依佛门,功劳显著,在1578年仰华寺法会上俺答汗赐他以"额齐格喇嘛"之称号。"额齐格喇嘛",意为"父亲上师"。俺答汗之孙素囊黄台吉曾刻一方用藏文音写蒙古语的金印献给阿兴喇嘛,印文为"素囊黄台吉献给额齐格绰尔济的贵重金印"。此印今藏在北京故宫博物院。俺答汗、三世达赖喇嘛相继去世后,阿兴喇嘛在17世纪初离开土默特地区,东游至巴林、喀喇沁等地,继续传教。1629年,应爱新国天聪汗之邀,入居盛京。后回蒙古地方,居于盛京西之巴克山,始称"巴克山曼殊室利呼图克图"。后居今内蒙古库伦旗境内,其地始有"曼殊室利库仑"之称。在中国第一历史档案馆藏17世纪20—30年代蒙古文文书中,有一份蒙古文文书出自"额齐格喇嘛"之手。该文书是一份向天聪汗问安的书信,内容极其简略,简单通报了额齐格喇嘛一行安全到达目的地,并说明因为缺少马匹未能派遣使者和与明朝没有进行贸易情况,最后建议派遣名为察罕喇嘛的人出使曼殊室利。

寄信人自称“额齐格喇嘛”,书信背面用旧满文书写“喀喇沁之额齐格喇嘛”。这封信应是阿兴喇嘛在喀喇沁传教时写给皇太极的。这说明阿兴喇嘛经常活动在爱新国和蒙古各部之间,并与明朝进行贸易。

㉖ 索南嘉措(又译作锁南坚错,1543—1588),藏人,第三世达赖喇嘛,藏历第九绕迥水兔年(1543)正月十五日生于拉萨附近的推拢地方,父名南结札巴,母名北宗布赤。索南嘉措一生对蒙古的最大影响,是他把藏传佛教格鲁派教义传播到内蒙古地区,使蒙古人全部皈依格鲁派。这是他与蒙古右翼汗王俺答汗共同完成的。1559 年,俺答汗进入青海,在那里接触到了格鲁派。1576 年,俺答汗派人到拉萨,邀请索南嘉措来青海会见。为了迎请索南嘉措,蒙古方面由丙兔主持建造了察卜齐雅勒庙(即仰华寺)。《蒙古源流》记载,俺答汗曾三次派出使团迎请索南嘉措。1576 年第二次派出使团邀请后,1577 年索南嘉措从拉萨动身,于 1578 年夏天来到仰华寺。俺答汗率蒙古贵戚亲自迎接。“俺答可汗身穿白衣,骑上白马,与那颜出中根哈屯为首,率领一万人再次前去迎接圣识一切,将他接到恰卜恰勒寺住下。举行欢庆盛宴当中,俺答可汗献上了具有皈依之缘的见面礼,其中包括:以五百两白银所制造的宝银坛城、以十两黄金制作的镶嵌着七珍八宝的三十两重的盛满宝石的金碗、前所未见的上好绸缎各十匹、五色绸缎一百匹、备有镶嵌宝石之金鞍的白马十匹等等,共币帛五千件,牲畜五千头,总计万件。”法会上,索南嘉措赐俺答汗以“转千金轮斫迦罗伐剌底扯臣可汗”之号,封博什克图济农为“斫迦罗伐剌底扯臣济农哈失罕”之号,其余贵族依次封号。俺答汗尊封索南嘉措以“瓦只剌答剌达赖喇嘛”。这便是“达赖喇嘛”称号之由来。此后其前世根顿珠和根顿嘉措被追认为一世和二世达赖喇嘛,索南嘉措被称为第三世达赖喇嘛。1579 年,俺答汗率众返回蒙古。索南嘉措派东科尔呼图克图云丹嘉措作为代表,跟随俺答汗在蒙古讲经说法。他自己离开青海前往西康理塘地方讲经。1580 年为理塘大寺举行了开光仪式。然后又到芒康、昌都地方弘法。1582 年初俺答汗病故,其子僧格都楞汗即位,遵遗命遣使至昌都邀三世达赖。据《三世达赖喇嘛传》

《俺答汗传》和《蒙古源流》等蒙藏文史料记载，三世达赖喇嘛应蒙古土默特部辛爱都龙汗之请，于木鸡年（乙酉，1585）从藏地启程，火狗年（丙戌，1586）来到库库克屯（今呼和浩特），在土默特、喀喇沁等万户境内广做佛事，并将俺答汗的遗骨火化。在此期间，漠北喀尔喀万户首领阿巴泰于火狗年（丙戌，1586）夏六月十五日前来拜谒达赖喇嘛。这期间，蒙古大汗图蛮合罕也遣纳木岱洪台吉（脑毛大）邀请达赖喇嘛三世到察哈尔传教，又遣克什克腾图迈台吉带领千骑邀达赖喇嘛去察哈尔。1588 年，顺义王扯力克向明廷写信，请求赐给索南嘉措以"朵儿只唱"的封号。"朵儿只唱"是藏语，意即"金刚持"，与俺答汗赐给三年来出的梵文名号意思相同。明神宗接受扯力克的要求，派人到蒙古，邀请三世达赖喇嘛去北京讲经说法。索南嘉措接受了邀请，向北京出发，但在途中于三月二十六日在札噶苏台地方圆寂，时年四十六岁。

㉗ 阿巴泰（1554—1588），格呼森札三子诺诺和，号伟征诺颜，为喀尔喀左翼之长，阿巴泰即其长子。他在 1580 年称汗，号"赛音汗"，喀尔喀始有汗。阿巴泰 1586 年在呼和浩特谒见三世达赖喇嘛索南嘉措，被授予"佛法大瓦齐赉汗"号，此后称作"瓦齐赉赛音汗"。阿巴泰汗立喀尔喀右翼的赉瑚尔为汗，并在库博克儿取得了对卫拉特人的决定性胜利，这些充分显示了他在 16 世纪后半叶喀尔喀历史上的领袖地位，他实际上是当时喀尔喀万户的汗。其孙衮布多尔济始称"土谢图汗"，阿巴泰成为土谢图汗部始祖（详见乌云毕力格：《喀尔喀三汗的登场》，《历史研究》2008 年第 3 期）。

㉘ 云丹嘉措（1589—1617），四世达赖喇嘛。1589 年生于蒙古土默特部俺答汗家族，其父为俺答汗长子辛爱都龙汗之子松木儿彻臣楚古库尔台吉，其母为合撒儿后裔台吉女儿毕格楚克擘吉（又作拜罕烛剌）。迄今为止，云丹嘉措是唯一的蒙古人出身的达赖喇嘛。1602 年，西藏三大寺派出正式代表团前往蒙古，承认云丹嘉措为达赖喇嘛灵童，迎请入藏。1603 年，在藏北热振寺举行了坐床典礼，然后接到哲蚌寺学经，拜当时甘丹寺主持根敦坚赞为师，受了沙弥戒。1607 年，云丹嘉措赴札什伦布寺，向札什伦布寺

法台罗桑却吉坚赞(后来的四世班禅额尔德尼)求法。班禅与达赖的师徒关系从此开始。1614年,四世达赖喇嘛请班禅前往哲蚌寺,拜他为师,受了比丘戒。这是班禅和达赖两个活佛系统之间互为受戒的第一次,其后互相受戒的情况也多次发生,成为达赖、班禅之间关系的一项重要内容。1614年,云丹嘉措继任哲蚌寺第十三任法台,又应色拉寺僧众之请,兼任了色拉寺第十五任法台。据一些资料记载,1616年,明朝万历皇帝派专人进藏,赠赐四世达赖喇嘛为"普持金刚佛"的封号和印信。明朝使臣索南罗追和汉族代表们在哲蚌寺向四世达赖喇嘛宣谕万历皇帝的封赐诏书,献了僧官制服及许多礼物,并转达了万历皇帝迎请他去北京的旨意。四世达赖也接受了邀请。索南罗追曾在汉地建立了一座寺院,四世达赖站在哲蚌寺的殿顶上遥祝其寺庙兴旺,祈祷佛事永昌,并向空中撒了青稞。1617年春,云丹嘉措在哲蚌寺突然圆寂。四世达赖喇嘛的去世,一般都认为是后藏政权首脑藏巴汗——敦迥旺布所害。敦迥旺布的父亲彭措南杰于1612年统一后藏,敦迥旺布于1618年建立了噶玛政权。此前,有传言说,彭措南杰曾身犯重病是因为四世达赖喇嘛诅咒所致。云丹嘉措圆寂后,藏巴汗下令禁止寻找达赖喇嘛的转世灵童。彭措南杰于1620年去世,五世达赖喇嘛因此才得以转世。

㉙ 1589年。

㉚ 蒙古历和藏历中没有"水月"的说法。堪培认为,这是在翻译中出现的误会。在印度正月叫 mchu,译者把它与藏文的 chu(水)相混了(堪培,第112页)。

㉛ 原文中的 čaγan jüg,直译为"白色的方向",后面 qara jüg 直译为"黑色的方向",分别指佛教和非佛教,故译为"圣教"和"邪道"。原文中的"lingquu-a-yin sadun"直译为"莲花之亲属",这是太阳的异名,此指达赖喇嘛。

㉜ 蒙古文原文为 tusatu čalm-a,是藏文 don yod zags pa 的蒙古语意译。他的故事在《甘珠尔》经的《白莲经》(藏文 dam chos bad khatr)中有记载(见堪培,第113页)。

㉝ 这段内容显然来自于五世达赖喇嘛所撰《四世达赖喇嘛传》,参见石滨由美

子、福田洋一:《西藏佛教宗义研究(第四卷)——土官〈一切宗义〉蒙古章》,东洋文库,1986 年。还可参见陈庆英、马莲龙译:《四世达赖喇嘛传》,第 262—265 页,中国藏学出版社,2006 年。

㉞ 剌不台吉:又作剌不诺颜(罗藏丹津《黄金史》)、剌不思台吉(《大黄史》,labus 为 labuγ 的形近之讹)。汉籍中称"兀慎打儿汗剌不台吉"(《北虏世系》)。巴儿速孛罗第三子。他是土默特万户兀慎鄂托克领主。

㉟ 伯思哈勒昆都力汗:又作巴雅思哈勒汗或昆都楞汗。汉文史籍作"昆都力哈"(《明实录》《北虏世系》《万历武功录》)、"髡突里哈"、"坤肚儿哈"、"坤的里罕"(《武功录》)、"老把都"(《明实录》《名山藏》《万历武功录》)、"老把都尔台吉"(《北虏世系》)、"把都台吉"(《明实录》)等等。巴儿速孛罗第四子。他是应绍卜万户喀喇沁鄂托克之主,后成为喀喇沁万户领主。

㊱ 伯颜答喇那林台吉:又称那林诺颜或那林台吉。《北虏世系》称那林台吉。察哈尔万户察罕塔塔儿鄂托克领主。

㊲ 卜只剌我托汉台吉:《北虏世系》作"我托汉卜只剌台吉"。答言合罕第七子那里不剌先被封为应绍卜、阿速二鄂托克之主。巴儿速孛罗即位后,改变了右翼万户的格局,改封其幼子卜只剌为应绍卜、阿速之主。

㊳ 阿儿速孛罗,与三子巴儿速孛罗同胞双生。《九边考》、《北虏考》等汉籍中其名作"满官嗔",而《北虏世代》《夷俗记・北虏世系》则作"我角黄台吉"、"我折黄台吉"。

㊴ 安出孛罗,应为答言合罕第六子。《俺答汗传》将安出孛罗之名误记为"Nelbuura"。明末汉籍《北虏世代》《夷俗记・北虏世系》记载为"纳力不剌"。

㊵ 阿赤赖孛罗,应为答言合罕第五子。其名在《俺答汗传》中作乌达孛罗(udabolud)。

㊶ 皇后满都海所生幼子,是答言合罕的嫡幼子。

㊷ 应为答言合罕第十子。

㊸ 应为答言合罕第八子,其本名五八山只,号"称台吉"。

㊹ 应为答言合罕第九子,又作革根猛可。

第5卷

[译文]

项礼上师![1]

在六万户之主把秃猛可答言合罕的平常的诸子后,还有吉迷思斤哈屯所生的格呼森札[2],生于母黑鸡年。[3]

他成为[喀尔喀]七和硕[4]之主的缘由如下:早先,喀尔喀部赤那思氏[5]名叫乌都孛罗的人到答言合罕处,请求说:“如今,由札剌亦儿的西格其讷尔统辖喀尔喀部。请派一个儿子去做[喀尔喀的]主人。”[答言合罕]非常赞同,将吉迷思斤哈屯所生长子革儿孛罗送去。一年后,乌都孛罗将革儿孛罗送回[6],解释说:“[革儿孛罗]性情暴躁且任性,所以担心您安抚的百姓将会受罚!”[乌都孛罗]返回时,带走了正在玩耍的格呼森札,并把他作为养子。[格呼森札长大后]乌都孛罗[将其]作养子,为其做主聘了乌济业特部孟固差达鲁噶的女儿杭图海、莫都的女儿孟贵二人。[后来]迎娶杭图海时,[杭图海]只有一峰白驼,穿一件黄羊皮马甲。那时,乌都孛罗的儿子托克塔呼,用木条和毡子搭起帐房,简单地成了家。[7]

当格呼森札扎雅图札剌亦儿珲台吉十八岁、杭图海太后二十三岁时庚寅年生了阿什海达尔汉珲台吉。诺颜泰哈坦巴图尔生于辛卯年。诺诺和伟征诺颜生于甲午年。阿敏都喇勒诺颜生于丙申年。达喇生于庚子年。德勒登昆都楞生于壬寅年。还是那个壬寅年,小太后生了阿勒泰阿拜。甲辰年生了萨木。乙巳年生了明噶伦阿拜。丙午年生了土蒙肯阿拜。[8]

给了阿什海以兀讷格特、札剌亦儿二[部][9]。给了诺颜泰以卜速忒、额尔济根

[二部][10]。给了诺诺和以克噜特、郭尔罗斯[二部][11]。给了阿敏以和啰、库里叶、绰琥尔[三部][12]。给了达唻以库克亦特、合答斤[二部][13]。给了德勒登以唐古特、撒儿塔兀勒[二部][14]。给了萨木就一个兀良哈[部][15]。

格哷森札札剌亦儿珲台吉三十六岁时,在客鲁涟河畔的博隆地方逝世。

格哷森札札剌亦儿珲台吉长子阿什海珲台吉。他的儿子是巴颜达喇珲台吉、图扪达喇岱青霍图古尔、乌特黑伊勒都齐三人[16]。

巴颜达喇珲台吉的儿子是赤诺沙喇、赍瑚尔汗[17]二人。赤诺沙喇没有子嗣。

赍瑚尔汗的儿子是素班第扎萨克图汗[18]、乌班第达尔玛什哩二人。

扎萨克图汗的儿子是索那木阿海楚琥尔、思其布额尔德尼、诺尔布弼什呼勒图汗[19]、衮布扎克冰图阿海[20]、衮布扎什达尔汉珲台吉、伊沙尔约素图阿海、达沙尔车臣阿海七个儿子。

阿海楚琥尔的儿子那马思其布台吉无子嗣。

思其布额尔德尼的儿子卓特巴台吉无子嗣。

弼什呼勒图汗的儿子是旺舒克墨尔根汗[21]、成衮扎萨克图车臣汗[22]、哈喇阿玉什、察罕阿玉什、根敦岱青、噶朗拉、噶勒丹呼图克图。

达尔汉珲台吉的儿子是罗卜藏达尔汉珲台吉。约素图阿海的儿子是约素图阿海。

乌班第达尔玛什哩的儿子是善巴尔额尔德尼、诺木齐泰朋珲台吉、卓特巴达尔玛什哩珲台吉。

善巴尔额尔德尼没有子嗣。诺木齐泰朋珲台吉的儿子是卓哩克图乌巴什、固噜思其布额尔德尼珲台吉、桑噶尔思其布。卓特巴达尔玛什哩珲台吉的儿子是额尔德尼岱青、额尔克岱青。

阿什海达尔汉珲台吉的次子是(图扪达喇)岱青霍图古尔。他的儿子是硕垒赛音乌巴什珲台吉[23]、明孩哈喇忽喇、乌班岱达尔汉巴图尔三人。

乌巴什珲台吉的儿子是青达玛尼陀音、固什台吉、卓哩克图台吉、巴特马额尔德尼珲台吉[24]、多尔济岱珲台吉、岱诺颜、衮布伊勒登、藏台吉。

阿什海达尔汉珲台吉的第三个儿子乌特黑伊勒都齐没有儿子。

青达玛尼陀音的儿子是固木齐诺木齐、都思噶尔巴图尔、苏勒登台吉、哈干台吉。固木齐诺木齐的儿子是伊达木。都思噶尔巴图尔的儿子是楚琥尔台吉、额尔克台吉、都尔哈勒台吉、固什台吉。

固什台吉的儿子是车臣固什、巴图尔台吉、都格尔岱青和硕齐、贝玛额尔克巴图尔。车臣固什的儿子是萨阑阿海。岱青和硕齐的儿子是霍尔固勒台吉。

卓哩克图台吉的儿子是素德那木楚琥尔、萨阑伊勒登、山珠巴台吉、乌巴什巴图尔、额尔克台吉、塔尔巴车臣卓哩克图。素德那木楚琥尔的儿子是茨塔尔墨尔根阿海。萨阑伊勒登的儿子是巴噶素台吉。山珠巴台吉的儿子是多尔济台吉。乌巴什巴图尔的儿子是多尔济札布。额尔克台吉的儿子是贵达都尔哈勒和硕齐。

巴特马额尔德尼珲台吉的儿子是琳沁赛音珲台吉[25]、扎拉康齐呼图克图格根。赛音珲台吉的儿子是达什哈坦巴图尔、蒿济格尔、班第达、安第、巴罕达什、塔喀奇。

多尔济岱珲台吉的儿子是桑昆巴图尔台吉、额尔德尼岱珲台吉、巴勒丹杜固尔格齐、根敦额尔克岱青。桑昆巴图尔的儿子是呼毕尔罕。额尔德尼岱珲台吉的儿子是玛喀尼图台吉。巴勒丹杜固尔格齐的儿子是阿勒达尔台吉。

岱诺颜的儿子是沙喇布墨尔根岱青、阿玉什巴图尔、罗卜藏岱诺颜。沙喇布墨尔根岱青的儿子是都尔哈勒台吉。

衮布伊勒登的儿子是额尔德尼等三人。

藏台吉没有子嗣。

明孩哈喇忽喇的儿子是昂噶海扎萨克图哈喇忽喇、恩克墨尔根诺颜、拉巴赛车臣台吉、贡布额尔德尼台吉、巴特玛伟征诺颜、温布车臣楚琥尔、沙喇布伊勒都齐哈喇忽喇。

扎萨克图哈喇忽喇的儿子是温布楚琥尔、达什岱青、拉玛泰冰图、云丹额尔德尼、乌努呼绰鲁木、贡济斯克巴图尔、冰图都尔哈勒、楚斯齐布额尔克巴图尔、诺尔布伊勒登。温布楚琥尔的儿子是琳沁伊勒登、巴尔其墨尔根诺颜、巴尔巴噶泰固英、罗卜藏额尔德尼。达什岱青的儿子是绰辉墨尔根台吉、巴噶阑额尔德尼岱青、茂、罗卜藏、察干额尔克岱青。拉玛泰冰图的儿子是阿玉什巴图尔、扎木彦诺木齐、阿哩雅彻木布墨尔根台吉、纳玛什哩。云丹额尔德尼的儿子是伟征台吉、敖其尔岱巴图尔。乌努呼绰鲁木的儿子是固噜齐布车臣台吉、班第台吉。楚斯齐布额尔克巴图尔的儿子是哲布尊。诺尔布伊勒登的儿子是伊勒达海萨喇布。

恩克墨尔根诺颜的儿子是琳沁伊勒登、旺楚克玛奇克乌巴什、丹巴台吉。琳沁伊勒登的儿子是唐奇斯齐布额尔克台吉。玛奇克乌巴什的儿子是呼图克图、土布斯齐布车臣台吉。

拉巴赛车臣台吉的儿子是剌玛斯齐布冰图阿海。冰图阿海的儿子是土毕斯齐布冰图阿海、索克孙额尔克阿海。

贡布额尔德尼的儿子是敖其尔冰图、宾扎雅额尔克台吉、扎木素巴图尔。敖其尔冰图的儿子是墨尔根台吉。宾扎雅额尔克台吉的儿子是博罗巴罕阿海。

巴特玛伟征诺颜的儿子是诺尔布额尔德尼楚琥尔、衮布扎克岱青阿海、琳沁伊勒登阿海、陀音。岱青阿海的儿子是巴罕乌巴什。伊勒登阿海的儿子是垂喇克、讷黑。

温布车臣楚琥尔的儿子是温德忽额尔克楚琥尔。

沙喇布伊勒都齐哈喇忽喇的儿子是呼图克图、色布腾岱青阿海。

乌班岱达尔汉巴图尔的儿子是德格济台吉、绰克图台吉、衮楚克额尔克岱青、策琳伊勒都齐、陀音达尔汉诺颜、沙塔达都尔哈勒、噶尔玛墨尔根。

德格济台吉的儿子是博罗特布克台吉。

绰克图台吉没有子嗣。

衮楚克额尔克岱青的儿子是诺颜绰尔济。

策琳伊勒都齐的儿子是伊斯齐布、翁谆伊诺颜、满珠什哩呼图克图克根、罗卜藏、僧格。

沙塔达都尔哈勒的儿子是衮布墨尔根台吉、扎木素。

噶尔玛墨尔根没有子嗣。

札剌亦儿珲台吉的次子诺颜泰哈坦巴图尔的儿子是土伯特哈坦巴图尔。土伯特哈坦巴图尔的儿子是崆奎车臣济农[26]、赛音巴特玛哈坦巴图尔[27]二人。

车臣济农的儿子是策琳楚琥尔、策哩斯奇布赛因阿海岱青、固噜诺木齐、巴噶阑阿海、查噶斯奇布车臣诺颜、衮楚克墨尔根台吉、额尔克卓哩克图、诺尔布额尔德尼珲台吉。

策琳楚琥尔的儿子是温布、多哩济格尔、多尔济卓哩克图济农。温布、多哩济格尔二人没有子嗣。卓哩克图济农的儿子是札布额尔德尼岱青、陀因。

阿海岱青的儿子策旺多尔济出家后,[取法名]叫腾额哩陀音。腾额哩陀音的儿子是贡格岱青、洪郭尔岱青阿海、班第阿海台吉、罗卜藏伊勒登台吉、温布、吴尔济斯齐布青、玛哈喀噜纳。

固噜诺木齐的儿子是噶尔玛伊勒登、博托果绰台吉、德久阿海、爱古斯伊勒登都尔哈勒、宰达尔伊勒登阿海。噶尔玛伊勒登的儿子是秀尚额尔克阿海。博托果绰的儿子是阿必达额尔德尼台吉、阿玉什哈玛尔。德久阿海的儿子是根敦墨尔根岱青。宰达尔伊勒登阿海的儿子是绰克哩。

巴噶阑阿海的儿子是萨玛第济农、伊克沙布隆、乌巴什台吉、陶尔雅勒双胞胎、纳木扎勒、萨布丹、巴噶沙布隆。

查噶斯奇布车臣诺颜的儿子是喇玛札布车臣珲台吉。

衮楚克墨尔根台吉的儿子是旺舒克贡格墨尔根台吉、罗卜藏斯丹津、落巴达、巴罕阿海。

额尔克卓哩克图的儿子是衮札布额尔克台吉、额彦额尔克台吉。

诺尔布额尔德尼珲台吉的儿子是策温台吉、额真阿伯、陀音。

巴特玛哈坦巴图尔,他的儿子是额尔克布什楚琥尔、奔塔尔哈坦巴图尔、策温车臣绰克图、昆都楞陀音、根惇额尔克岱青、达什伊勒登、喇特那伊勒都齐、策琳衮布哈坦巴图尔、诺木达赉、迈达哩呼图克图格根、多尔济斯齐布、杜尔格齐。

额尔克布什楚琥尔的儿子是斯丹津扎安珲台吉。

奔塔尔哈坦巴图尔的儿子是噶尔丹哈坦巴图尔、达尔玛达拉额尔克岱青、尼玛陀音。噶尔丹哈坦巴图尔的儿子是罗卜藏策琳。

根惇额尔克岱青的儿子是青台吉、额尔德尼巴图尔。

达什伊勒登没有子嗣。

策琳衮布哈坦巴图尔的儿子是桑济衮臣哈坦巴图尔、诺尔布格盖额尔德尼台吉。

札剌亦儿珲台吉的三子诺诺和伟征诺颜在色楞格河畔驻牧时，于木虎年[28]，其妻额成肯卓哩克图合屯生一子。孩子出生时，食指上带有黑色血迹，起名叫阿巴泰。在后来，[他]从十四到二十七岁，经常从事征战，收服外敌于自己的权势之下，扶持诸兄弟与自己无二致，最初被尊奉为土谢图汗而闻名于世。铁蛇年，汗二十八岁时，在杜尔格齐巴图尔家从芒官嗔—土默特地方来了一批商人。听说他们中间有被称为“邦什”的人，于是派使臣前去请来。那位邦什谈话中讲道：“我们格艮汗那里有三宝和东科尔满珠什哩活佛。”[29]于是土谢图汗大发禅心，派那邦什和奇勒古特的阿喇克达尔汉二人到格艮汗那里迎请喇嘛。格艮汗在七十五岁那年，患有重疾，当那位使臣返回时，已经躺在床上七天没有说话了。听说使臣来了，[汗]下令携郭芒囊索前往[喀尔喀]，便在那里逝世。阿喇克达尔汉迎请喇嘛返回。[阿巴泰]受戒信法，非常尊崇那位喇嘛。因对佛法[在喀尔喀的]最初的传播做了好的中介，封阿喇克达尔汉为“达尔汉”之上的“大达尔汉”，并赐给了朱色敕书和印玺。水羊年[30]，萨木喇囊索前来。木鸡年夏[31]，在尚呼图山阴的故城动土筑基，当年建起寺庙。这座寺庙从建造到现在的第十一绕迥的火蛇年已经九十三年了[32]。[阿巴泰汗于]火狗年起程，于夏末月十五日[33]叩谒了达赖喇嘛索南嘉措，献上了千匹马为首的众多金银财物。[达赖喇嘛]授他以众多灌顶，并令[阿巴泰汗]从满屋的佛像中选取[自己所需的佛像]。[阿巴泰汗]选取了一尊旧佛像，是伯木古鲁巴[34]。达赖喇嘛说：“当满屋佛像连同房屋一起遭火灾的时候，[该佛像]不曾被烧毁，是大有神力的。”又赐给[阿巴泰]拇指大小的[一块]释迦牟尼佛的舍利子、一尊绿宝石做成的斫迦罗苫婆罗佛像等许多具有神力的供养和虎皮帐房等教法施舍，说：“[你]是瓦齐尔巴尼的化身”，并赐予了“佛法大瓦齐赉汗”号。于是，自那里北上，大营地在哈喇兀隆地方时回来了。[阿巴泰汗]首先将喀尔喀万户导向释迦牟尼教法。

阿巴泰赛音汗的诸弟有：阿布琥墨尔根诺颜、乞塔特伊勒登和硕齐、土蒙肯昆都楞楚琥尔[35]、巴喀赖和硕齐诺颜、博第颂敖特根诺颜六人。

阿巴泰赛音汗的儿子是萨布固泰鄂尔齐图珲台吉、额列克墨尔根汗。

鄂尔齐图珲台吉的儿子是鄂尔果岱诺木齐、固木宰绰鲁木、穆禅乌巴什珲台吉。

鄂尔果岱诺木齐的儿子是达什珲台吉。达什珲台吉的儿子是额尔克台吉、额尔德尼巴图尔、垂札布冰图阿海、车旺札布。

固木宰绰鲁木的儿子是阿尼绰克图台吉、沙克都尔额尔德尼。

乌巴什珲台吉的儿子是锡布推哈坦巴图鲁、额尔德尼诺木齐、额尔克台吉、墨尔根阿海、那木扎勒陀音、冰图阿海、喇札布绰克图台吉。

墨尔根汗的儿子是衮布土谢图汗、那玛斯奇布岱青诺颜、拉布塔尔火落赤达尔汉珲台吉（出家[取法名]叫青达玛尼达尔汉陀音）、多尔济杜尔格齐诺颜四人。

土谢图汗的儿子是信仰和力量具备的瓦齐赉土谢图汗[36]、巴图尔珲台吉、识一切第二胜者善智法幢善吉祥的转世[37]、多尔济冰图岱青四人。

信仰和力量具备的瓦齐赉土谢图汗的儿子是噶勒丹、多尔济额尔德尼阿海、纳木扎勒额尔德尼班第达、车凌巴勒、索诺木巴勒。

巴图尔珲台吉的儿子是喇布丹额尔克阿海、多尔济、陀音。

那玛斯奇布岱青诺颜的儿子是占巴拉岱青诺颜、额尔德尼阿海。

青达玛尼达尔汉陀音的儿子是喇特那额尔德尼巴图尔、诺木齐珲台吉、冰图岱青、达尔汉珲台吉。额尔德尼巴图尔的儿子是著里额尔克台吉。诺木齐珲台吉的儿子是察克巴额尔克阿海、车登额尔克台吉、齐巴。冰图岱青的儿子是海萨伊勒登绰克图、策旺墨尔根台吉、绰克达喇、擦玛杨、车德琳沁。达尔汉珲台吉的儿子是喇旺陀音。

杜尔格齐诺颜的儿子是青珲台吉。青珲台吉的儿子是旺楚克。

诺诺和伟征诺颜的次子是阿布琥墨尔根诺颜。他的儿子昂噶海墨尔根诺颜、喇瑚里达赉诺颜。

墨尔根诺颜的儿子是巴特玛什墨尔根楚琥尔、索诺岱青珲台吉、多格尔札布冰图台吉、扎木素绰克图台吉、扎木彦阿海、阿尔察墨尔根岱青。

墨尔根楚琥尔的儿子是额尔克阿海。

岱青珲台吉的儿子是伊斯奇布额尔德尼、墨尔根珲台吉、伊沙尔诺木齐阿海、达沙尔额尔德尼岱青、纳木淳都尔噶勒阿海、罗卜藏台吉、诺颜呼图克图、达什额尔克台吉。

伊斯奇布额尔德尼的儿子是齐巴克额尔德尼。

墨尔根珲台吉的儿子是莲花必勒克图、齐巴克额尔德尼音扎那。

多格尔札布冰图台吉的儿子是察克巴冰图阿海。

扎木彦阿海的儿子是达哩伊勒登绰克图。达哩伊勒登绰克图的儿子是博达札布额尔克台吉。

阿尔察墨尔根岱青的儿子是奇木楚克阿海、第木楚克。

扎木素绰克图台吉的儿子是巴勒丹绰克图阿海。

喇瑚里达赉诺颜的儿子是本塔尔楚琥尔、奔巴斯奇布绰克图台吉、班奔额尔德尼、扎木素绰克图台吉、色尔济达赖岱青、固噜墨尔根台吉、琳沁台吉。

本塔尔楚琥尔的儿子是罗卜藏岱青、垂木喇、诺内王、萨玛第公绰克图台吉。

奔巴斯奇布绰克图台吉的儿子是噶尔玛诺木齐、巴特玛。

班奔额尔德尼的儿子是车琳扎勒额尔德尼台吉。

扎木素绰克图台吉的儿子是色布腾、旺楚克、陶库图。

达赖岱青的儿子是博尼绰克图台吉、诺尔布额尔克阿海、诺哩冰图阿海、达木琳卓哩克图阿海、阿塔尔墨尔根阿海、多尔济札布、根敦。

固噜墨尔根台吉的儿子是诺尔布额尔克台吉、乌巴什台吉、诺木齐阿海、阿必达。

诺尔布额尔克阿海的儿子是巴罕班第、礼塔尔。

诺哩冰图的儿子是博布。

诺尔布额尔克台吉的儿子是陀音、乌金、敖达、额木根。

乌巴什台吉的儿子是阿玉什。

诺木齐阿海的儿子是德勒登。

车琳扎勒额尔德尼台吉的儿子是贡克、绰克图阿海、乌巴什、沙克都尔札布。

诺诺和伟征诺颜的第三个儿子乞塔特伊勒登和硕齐的儿子是德木泰珲台吉、

秀筛贝玛二人,同阿巴噶的败战中亡故,没有子嗣。

诺诺和伟征诺颜的第四个儿子图蒙肯昆都楞楚琥尔的儿子是卓特巴车臣诺颜、根都斯扎布额尔德尼伟征诺颜(出家后以诺们额真著称)、车凌都尔噶勒诺颜、罗雅克额尔克楚琥尔、济雅克绰克图伟征诺颜、察斯扎布昆都楞诺颜、扎木本台吉、班珠尔额尔克宰桑(出家后称丹津陀音)、巴图尔额尔德尼诺木齐成为乌巴什后称毕玛里吉哩谛、萨尔扎达云珲台吉、桑噶尔斋伊勒登和硕齐、巴噶尔扎扣肯、衮布昆都伦岱青杜尔格齐,共十三个儿子。

卓特巴车臣诺颜的儿子是塔尔巴绰鲁木和硕齐、善巴哈坦巴图尔(出家后称达尔玛格鲁布陀音)、车满楚琥尔(出家后称楚琥尔喇嘛)、班奔墨尔根楚琥尔、绰斯奇布岱青巴图尔、成布木台吉、坦布木诺颜乌巴什、索诺木车臣岱青和硕齐、巴特玛罗卜藏岱青。

绰鲁木和硕齐的儿子是额尔德尼和硕齐、垂扎木素、纳堪珠纳乌巴什、诺木齐台吉、博达伊勒登绰克图、多尔济墨尔根阿海。

额尔德尼和硕齐的儿子是达尔济额尔德尼、绰克图台吉、充达喇台吉阿海。

垂扎木素的儿子是车琳扎勒额尔克台吉、冰图岱青、墨尔根阿海、墨尔根台吉、毕力克图阿海、绰克图台吉、都尔哈勒阿海、额尔德尼台吉、额尔克台吉、乌尔必台吉。

纳堪珠纳乌巴什的儿子是博第达尔玛。

诺木齐台吉的儿子是毕力克图阿海、堪布、阿喇斯巴、额尔克阿海、贝玛斯丹津、萨赖虎勒。

伊勒登绰克图的儿子是唐古特。

多尔济墨尔根阿海的儿子是敖目。

达尔玛格鲁布的儿子是绰克图台吉、巴尔图冰图台吉、阿玉什墨尔根台吉、敖布额尔德尼台吉、阿南达墨尔根阿海、敖拉噶勒齐。

绰克图台吉的儿子是素达雅素达哩、玛尼巴、根敦、策旺多尔济。

巴尔图冰图台吉的儿子是其巴、车琳、第噜巴阿噜巴。

阿玉什墨尔根阿海的儿子是毕喀达、素勒丹、根布巴。

楚琥尔喇嘛的儿子是本塔尔岱青楚琥尔、衮布诺扪达赉。

岱青楚琥尔的儿子是图巴额尔克阿海、善巴札布冰图阿海、陀音乌索。

诺扪达赉的儿子是额尔克台吉、扎木禅呼毕尔罕。

墨尔根楚琥尔的儿子是那玛斯吉墨尔根楚琥尔、伊勒登阿海、喇特那额尔德尼。

那玛斯吉楚琥尔的儿子是额尔克阿海。

岱青巴图尔的儿子是额尔德尼台吉、额尔克岱青、冰图台吉、青台吉、伊勒登阿海、罗卜藏、阿巴哩海、朋素克陀音、班第乌巴什、伊达木。

额尔德尼台吉的儿子是岱青阿海。

额尔克岱青的儿子是札布。

垂噜布冰图台吉的儿子是善巴、伊克乌金、巴噶乌金、博楚拉克。

青台吉的儿子是陀音、唐古特、占巴拉、罗卜藏、朋楚克、春伯、车琳。

成布木台吉的儿子齐勒都台吉没有子嗣。

诺颜乌巴什的儿子是噶尔丹墨尔根台吉、绰克图台吉、伊勒登绰克图、额尔克台吉、绰克图台吉、墨尔根岱青、额尔德尼诺木齐、常呼额尔德尼、陀音青台吉、额尔德尼阿海。

噶尔丹墨尔根台吉的儿子是巴喀伯、阿都尔陀音、兀良哈、拉札布、伊沙尔阿布达。

绰克图台吉的儿子是塔库斯、喇布丹陀音、扎木禅、绰希雅、罗卜藏、塔尔济阿。

伊勒登绰克图的儿子是道陶尔毕力克图、拜巴噶斯、布喀喇公。

额尔克台吉的儿子是车琳扎勒、固噜、丹津、奔禅、韬赉。

绰克图台吉的儿子是固库、敖拉噶勒齐。

墨尔根岱青的儿子是阿尔齐布、沙克扎、善巴。

额尔德尼诺木齐的儿子是扎克台吉、图巴、乌金。

常呼额尔德尼的儿子是巴噶拜。

青台吉的儿子是达木琳。

扎克阿海的儿子是诺尔布、多尔济札布、喇布坦。

车臣岱青和硕齐的儿子是伊勒登珲台吉、沙布隆、乌巴达额尔德尼阿海、托达额尔克阿海。

罗卜藏岱青的儿子是第噜巴、阿噜巴、玛尔巴、堪布巴、帕克巴、布哩贡巴、莎哩布达哩、摩伦陀音。

著名的诺扪罕的儿子是伊勒登都尔格齐、绰克图伊勒都齐、岱青和硕齐、察木查尔额尔德尼诺木齐、墨尔根岱青、青绰克图出家后称罗卜藏陀音、额尔德尼岱青、固噜斯奇布额尔克阿海。

伊勒登都尔格齐的儿子是图巴札布额尔德尼伊勒登诺颜、噶布珠腾格哩陀音、我自己是善巴额尔克岱青[38]、善巴达尔绰克图阿海。

额尔德尼伊勒登诺颜的儿子是都格尔阿海岱青、诺木齐阿海、希尔第、额尔德尼台吉。

额尔克岱青的儿子是达什栋噜布、车凌达什、纳木扎勒、素特那木札布。

绰克图阿海的儿子是固噜札布、琳沁多尔济。

绰克图伊勒都齐的儿子是察罕冰图台吉、博都呼墨尔根岱青、绰克察巴图尔台吉、丹巴额尔克台吉、韬海固噜、纯贝纳木扎勒。

察罕冰图台吉的儿子是车琳多尔济。

博都呼墨尔根台吉的儿子是塔尔巴、伊锡客。

丹巴额尔克台吉的儿子是噶尔丹。岱青和硕齐的儿子是成衮卓哩克图台吉、德德克赫墨尔根阿海、本塔尔奔扎勒墨尔根台吉、锡固尔察、钟达尔、达什栋噜布、车凌多尔济。

卓哩克图台吉的儿子是乌金台吉、垂札布台吉。

墨尔根阿海的儿子是乌金额尔德尼台吉、达尔吉达什旺楚克、达什。

察木查尔额尔德尼诺木齐的儿子是伊素罕额尔克阿海。

墨尔根岱青没有儿子。

罗卜藏陀音的儿子是素达尼冰图阿海、沙喇绰克图台吉、拉伦额尔德尼台吉、拉札布伊勒登阿海。

冰图阿海的儿子是萨尔万察、萨第宾察、丹察、毕克达、毕那噶、毕噶达。

额尔德尼岱青没有子嗣。

固噜斯奇布额尔克阿海的儿子是噶尔丹伟征阿海、斡齐尔墨尔根阿海、旺济勒、图巴札布、垂札布、博第达尔玛、旺丁。

车凌都尔噶勒诺颜的儿子是班谆诺木齐、衮布墨尔根阿海。

班谆诺木齐的儿子是阿玉什都尔哈勒诺颜。

阿玉什都尔哈勒诺颜的儿子是丹巴札布岱青阿海、洪郭尔额尔德尼阿海、达木琳额尔克岱青、达什、根惇、达什栋噜布、根惇札布、达什喇扎克巴。墨尔根阿海的儿子是达尔济雅王、达木垂陀音、乌金、沙喇布。

达尔济雅王的儿子是固噜斯希、图巴、斡罗斯、达什。

乌金的儿子是扎木彦、扎木布。

额尔克楚琥尔的儿子是班第达呼图克图格根、斡尔呼达克额尔德尼岱青。

额尔德尼岱青的儿子是萨第达。

绰克图伟征诺颜的儿子是阿玉什伟征诺颜、尼玛琳沁墨尔根阿海、达尔玛琳沁。

伟征诺颜的儿子是帕克巴札布、巴拉、朋楚克、贡格。

扎木本台吉的儿子是布尼达喇额尔克阿海、博弥额尔德尼台吉、诺颜呼图克图。

昆都楞乌巴什的儿子是扎木彦岱青和硕齐、图巴额尔克岱青、琳沁额尔德尼岱青、固噜墨尔根岱青、青台吉、库克布哩额尔克绰克图、萨木坦伊勒登、沙喇布冰图阿海、布达札布额尔克阿海。

岱青和硕齐的儿子是伊达木札布墨尔根阿海、固噜绰克图阿海、伊勒巴海额尔克台吉、乌金、诺木齐阿海、巴罕乌巴什、萨尔札布。

图巴额尔克岱青的儿子是纳木扎勒乌巴什、占巴喇诺木齐阿海、锡第车臣阿海、尼玛琳沁。

额尔德尼岱青的儿子是什第墨尔根台吉、占巴喇多尔哈勒阿海、绰克图阿海、哈坦乌巴什垂札布。

固噜墨尔根岱青的儿子是达什额尔克阿海、哈坦。

青台吉的儿子是岱青阿海、伊勒登阿海。

额尔克绰克图的儿子是墨尔根阿海。

萨木坦伊勒登的儿子是额尔德尼额尔克台吉。

丹津陀音的儿子是衮济斯喀额尔克台吉、素布尼冰图阿海、陀音墨尔根岱青、阿喇那绰克图台吉、拉哈札布额尔德尼阿海、禅丹绰克图阿海、达木琳札布、固噜札布青台吉、布达札布额尔克阿海、纳木扎勒、根惇札布。

额尔克台吉的儿子是札布、尼玛、瓦其尔、毕喇噶泰、喇布坦。

素布尼冰图阿海的儿子是威噜布、瓦其尔、达什札布、达什、伊勒噶泰。

墨尔根岱青的儿子是罗卜藏、斡尔呼达克、阿喇布齐。

阿喇那绰克图台吉的儿子是垂札布、充布勒、陀音。

额尔德尼阿海的儿子是达尔济、占布拉。

绰克图阿海的儿子是珠尔墨特。

青台吉的儿子是垂札布。

毕玛里吉哩谛的儿子是弼齐格兑额尔克阿海。

额尔克阿海的儿了是丹津额尔德尼、陀音、音扎那。

达云车臣台吉的儿子是色特尔额尔德尼岱青和硕齐、那弥克诺木齐阿海出家以后称罗卜藏陀音、察噶毕塔尔达赉车臣诺颜、沙姆扎特墨尔根阿海、巴扎尔乌巴什、素特那木朋素克额尔德尼巴图尔、扎木彦额尔克岱青、绰斯奇布冰图阿海、策布登诺木齐阿海、绰斯希多尔济阿海岱青、琳沁多尔济、齐旺、丹津、拉旺。

色特尔岱青和硕齐的儿子是帕克巴达尔额尔克阿海、敖宝墨尔根阿海。

罗卜藏陀音的儿子是唐古特、札布绰克图台吉。

车臣诺颜的儿子是斯丹济布额尔德尼阿海、阿玛喇、布尼。

巴扎尔乌巴什的儿子是达什喇。

额尔德尼巴图尔的儿子是萨尔努丕勒都喇哈勒阿海、唐古特。

扎木彦额尔克岱青的儿子是绰克图阿海。

伊勒登和硕齐的儿子是都噶尔伊勒登和硕齐、多尔济额尔克伊勒登、伊拉固克三呼图克图。

都噶尔伊勒登和硕齐的儿子是札布青台吉、阿弼达额尔德尼台吉、尼玛琳沁额尔德尼伊勒都齐、扎拉桑台吉。

多尔济额尔克伊勒登的儿子是图巴额尔克绰克图、博珠、努尔津、呼尔嘎、陀音。

巴喀尔扎扣肯的儿子是纳玛斯奇布岱青和硕齐、车登伊勒登绰克图、根惇阿海岱青乌巴什、垂札布冰图岱青。

岱青和硕齐的儿子是罗卜藏呼图克图、朝拜、阿必达、班第。

伊勒登绰克图的儿子是班第绰克图阿海。

阿海岱青的儿子是班第、鲁奇旺楚克。

昆都楞都尔格齐的儿子是旺堆额尔德尼阿海、琳沁墨尔根阿海、都噶尔札布额尔克阿海。

诺诺和伟征诺颜的第五个儿子巴喀赉和硕齐的儿子是土蒙肯绰克图珲台吉[39]。

绰克图珲台吉的儿子是瓦齐尔汗部的阿尔斯兰珲台吉、喇特纳额尔德尼、莲花车臣岱青、噶尔玛派的扎安珲台吉、阿萨喇勒额尔克岱青。

阿尔斯兰珲台吉没有子嗣。

车臣岱青的儿子是玛噶特岱青台吉、额尔克绰克图、额尔克台吉。

扎安珲台吉的儿子是硕瑚拉克森墨尔根阿海、奇尔第额尔克阿海、素噶巴拉额尔克卓哩克图、素泰伊勒登珲台吉。

阿萨喇勒额尔克岱青的儿子是希克萨巴第、陀音二人。

素泰伊勒登珲台吉的儿子是哈勒津额尔德尼阿海、洪果尔额尔克阿海、陀音。

札剌亦儿珲台吉的第四个儿子阿敏都喇勒诺颜的儿子是多尔察海哈喇扎噶勒杜固尔格其、谟啰贝玛二人。

哈喇扎噶勒没有子嗣。

谟啰贝玛的儿子是锡(硕)垒达赉车臣汗[40]。车臣汗的儿子是嘛察哩伊勒登土谢图、拉布哩额尔克台吉、察布哩额尔德尼乌巴什、巴布车臣汗、奔巴达尔汉珲台吉、绰斯喜布乌巴什珲台吉、阿南达额尔克珲台吉、唐古特额尔德尼珲台吉、什喇达什哈坦巴图尔、达赉珲台吉、布达札布额尔克台吉。

伊勒登土谢图的儿子是喇特那墨尔根珲台吉、沙济额尔克宰桑、达哩伊勒登珲台吉。

墨尔根珲台吉的儿子是伊勒登绰克图、额尔克阿海、墨尔根阿海、贡噶多尔济陀音。

沙济额尔克宰桑的儿子是策旺额尔克宰桑、达木林额尔克岱青。

达哩的儿子是春布勒额尔克阿海、策林。

拉布哩额尔克台吉的儿子宰桑洪台吉出家后称青达玛尼宰桑陀音。陀音的儿子是额尔克珲台吉、达木琳札布、音占墨尔根阿海。

察布哩额尔德尼乌巴什的儿子是罗赖乌巴针、哈喇达什额尔德尼岱青。

额尔德尼岱青的儿子是额尔克阿海。

巴布车臣汗的儿子是穆彰墨尔根楚琥尔、岱青珲台吉、车臣汗、泰朋珲台吉、额尔德尼岱青、额尔德尼伟征、绰克图阿海。

穆彰墨尔根楚琥尔的儿子是韬赉墨尔根楚琥尔、额尔克台吉。

岱青珲台吉的儿子是沙济墨尔根珲台吉、博罗乌那噶额尔克岱青、布格素墨尔根台吉、罗卜藏额尔德尼阿海。

车臣汗的儿子是喇布坦伊勒登珲台吉、纳木扎勒额尔克岱青、额尔克阿海。

泰朋珲台吉的儿子是泰朋珲台吉。

奔巴达尔汉珲台吉的儿子是琳沁达尔汉珲台吉、额尔克阿海、陀音、洪郭尔。

绰斯喜布乌巴什珲台吉的儿子是岱青珲台吉、额尔德尼阿海、巴特玛达什、罗卜藏丹巴、多尔济达什。

阿南达额尔克珲台吉的儿子是图锐诺颜、洪郭尔泰珲台吉、衮楚克额尔德尼岱青、噶尔丹。

唐古特额尔德尼珲台吉的儿子是巴勒昆额尔德尼岱青、额尔克巴图尔、青台吉。

什喇达什哈坦巴图尔的儿子是哈坦巴图尔、额尔克陀音。

达赉珲台吉的儿子是达赉珲台吉、罗卜藏额尔德尼、彻布腾、博达扎布阿海。

达赉珲台吉的儿子是车布腾。

博达扎布额尔德尼珲台吉的儿子是陀音。

札剌亦儿珲台吉的第五个儿子达唻台吉没有子嗣。

札剌亦儿珲台吉的第六个儿子德勒登昆都楞的儿子是敖巴布克诺颜、钟都图岱巴图尔。

布克诺颜的儿子是噶噜图诺颜。噶噜图诺颜的儿子是巴勒布冰图、巴图尔诺颜、喀喀木额尔德尼、楚琥尔额勒伯黑额尔黑、额尔克布什、敖都、通。

巴勒布冰图的儿子是伊勒登伟征、贝勒索诺木呼图克图。

伊勒登的儿子是罗卜藏。

巴图尔诺颜的儿子是伟征、宰桑、噶尔布、衮楚克、衮布衮珠根。

喀喀木额尔德尼的儿子是沙达塔、巴达哩、巴特玛斯奇、乌巴什。

沙达塔的儿子是根惇。

巴达哩的儿子是札布、罗卜藏。

楚琥尔的儿子是墨尔根阿海、罗卜藏、董噶尔。

墨尔根阿海的儿子是固噜格。

罗卜藏的儿子是札布、瑚尔呼勒。

钟都图岱巴图尔的儿子是昂噶都车臣台吉、达雅海墨尔根诺颜、巴图尔台吉、岱青珲台吉、温布楚琥尔、乌什延伊勒登（出家以后称丹巴陀音诺扪额真）、青巴图尔、额尔克台吉。

首先昂噶都车臣台吉的儿子是博达什哩、固什、车臣诺颜、斯丹津、伟征、洪郭尔乌巴什、贝玛、冰图、都喇哈勒、卓特巴。

博达什哩的儿子是萨哩木素。萨哩木素的儿子是班第、巴扎尔。

固什的儿子是崇达尔岱亲。崇达尔的儿子是罗卜藏。罗卜藏的儿子是占布。

车臣诺颜的儿子是玛济克、萨阑、斡齐尔图。

玛济克的儿子是图巴、扎木彦、丹巴。

萨阑的儿子是沙克扎、班扎。

斯丹津的儿子是喀都斯奇、察罕、阿玉什。

喀都斯奇的儿子是纳玛噶阿第萨、金扎。

察罕的儿子是纳布其、札布。

阿玉什的儿子是谆扎。

伟征的儿子是翁谆。翁谆的儿子是奇塔特、札布。

洪郭尔乌巴什的儿子是沙喇布。沙喇布的儿子是齐纳尔、巴扎尔、成噶岱、第珠阑。

贝玛的儿子是绰斯奇布、扎木素、温布、阿塞、布塞、乌巴什、博格素、策策克喇札布。

冰图的儿子是萨喇斯奇、锡谛、温布、桑噶斯奇、罗卜藏、根惇。萨喇斯奇的儿子是巴玛。

都喇哈勒的儿子是善巴。善巴的儿子是车布腾、色布腾。

达雅海诺颜的儿子是车臣台吉、固什、巴图尔台吉、青台吉、绰克图台吉、绰鲁木台吉、墨尔根阿海。

车臣台吉的儿子是陀音囊索喇嘛。

固什的儿子是琳沁、桑噶尔、成衮、阿玉什。

巴图尔台吉的儿子是斡其尔。斡其尔的儿子是沙布隆。

岱青珲台吉的儿子是锡噶木岱青和硕齐、绰鲁木台吉、青台吉。

锡噶木的儿子是额尔克巴图尔。额尔克巴图尔的儿子是塔尔巴。

绰鲁木台吉的儿子是罕都、哈斯巴。罕都的儿子是达什、玉木。

青台吉的儿子是罗卜藏、纳玛达尔、沙济、钟达尔。

温布楚琥尔的儿子是墨尔根台吉、岱青楚琥尔、青台吉、诺木齐、额尔克台吉、萨噜台吉。

墨尔根台吉的儿子是沙哩。沙哩的儿子是阿敏达瓦。

岱青楚琥尔的儿子是沙克扎、班第、达尔济、毕奇、呼达噶、丹津。

沙克扎的[儿子是]绰尔扎、绰拉察海、塔斯奇布。

青台吉的儿子是达尔嘛津、固噜、贡噶、拉嘛札布。

额尔克台吉的儿子是阿玉什。

萨噜台吉的儿子是衮达。

丹巴陀音的儿子是萨阑车臣珲台吉、噶尔丹墨尔根岱青、呼图克图诺颜格隆。

车臣珲台吉的儿子是玉木台吉。

墨尔根岱青的儿子是罗卜藏台吉。

青巴图尔的儿子是宰桑阿海、索诺木青巴图尔。

索诺木青巴图尔的儿子是沙布隆。

额尔克台吉的儿子是墨尔根台吉、伊勒登额尔德尼台吉。

墨尔根台吉的儿子是达尔玛固噜。

伊勒登台吉的儿子是罗卜藏垂恩丕勒。

札剌亦儿珲台吉的第七个儿子鄂特欢萨木贝玛的儿子是洪果尔珠尔哈勒汗、钟素达尔汉巴图尔、博固贝和硕齐、青达罕赛音默济克啅力克图、特木德黑绰克图、忽阑伟征诺颜、海阑楚琥尔。

首先珠尔哈勒汗的儿子是博勒拜堪诺木齐、布尔海达尔汉巴图尔、珠勒克洪诺颜。

博勒拜堪诺木齐的儿子是多尔济达赉乌巴什、班第绰鲁木、索诺木布克台吉、卓特巴青、玛济哈台吉、萨尔扎墨尔根台吉、素勒丹台吉、诺尔布台吉、固噜台吉。

达赉乌巴什的儿子是谟噜台吉、俄罗斯绰克图台吉、图巴台吉、罗卜藏台吉。

班第绰鲁木的儿子是满达哩绰、固木斯奇、墨尔根台吉台吉、达什台吉、萨阑台吉。

索诺木布克台吉的儿子是萨阑台吉、乌墨黑台吉、巴喀赖台吉、班第台吉。

卓特巴青的儿子是策旺青岱青。

默济克台吉的儿子是萨阑台吉、召玛南额尔德尼台吉、巴噶素台吉、巴噶素岱台吉、固噜格台吉。

萨尔扎墨尔根台吉的儿子是乌噜格乃车臣台吉、额勒木素台吉、赛木台吉、巴颜台吉。

素勒丹台吉的儿子是阿喇达尔台吉、扪垂台吉、图凯台吉、乌噜内台吉、素布岱台吉、布里台吉。

诺尔布台吉的儿子是阿玉台吉、衮楚克台吉。

固噜台吉的[儿子是]垂台吉。

布尔海达尔汉巴图尔的儿子是噶勒图巴图尔、图勒都尔岱青、那玛斯奇布额尔德尼。

珠勒克洪诺颜的儿子是博呼特墨尔根台吉、拉玛斯奇布达尔汉岱青、博尼泰巴图尔台吉、索诺木额尔德尼、阿第斯绰克图台吉、琳沁台吉、巴噶素台吉。

噶勒图巴图尔的儿子是本塔尔墨尔根和硕齐、达木凌台吉、萨阑台吉。

图勒都尔岱青的儿子是喇布坦额尔克岱青、巴索泰台吉。

喇玛斯奇布额尔德尼的儿子是达什额尔克台吉、锡哩台吉、玉木台吉。

博呼特墨尔根台吉的儿子是塔毕泰墨尔根台吉。

拉玛斯奇布达尔汉岱青的儿子是博达什哩墨尔根伊勒登。

博尼泰巴图尔的儿子是斡克珠特墨尔根巴图尔、乌金台吉、衮楚克台吉、陀音。

索诺木额尔德尼的儿子是萨阑阿海。

阿第斯绰克图的儿子是色特尔台吉、固拉扎台吉。

博固拜和硕齐的儿子是噶尔图车臣、奇隆呼尔温布、奇哩森哲台吉、策旺敖特浑台吉。

噶尔图车臣的儿子是萨阑哈坦巴图尔、沙达塔额尔克、贡布岱青、固玛伊勒登、善巴台吉、谟达尔台吉。

奇隆呼尔温布的儿子是格萨尔卓哩克图、贡布岱青、萨阑达什、博图克森呼图克图。

奇哩森哲台吉的儿子是额尔克图伊勒登。

策旺敖特浑台吉的儿子是垂尔扎木素。

沙达塔额尔克的儿子是贡楚克台吉、巴罕乌巴什、巴罕喇嘛。

萨阑哈坦巴图尔的儿子是丹津达尔汉巴图尔、伊琳赉乌巴什。

贡布岱青的儿子是色尔济额尔克岱青、成衮额尔克台吉、达什台吉。

固玛伊勒登的儿子是琳沁台吉、衮济赉台吉、那噶木台吉。

善巴台吉的儿子是罗卜藏台吉、巴噶乌巴什。

谟达尔台吉的儿子是呼尔泰台吉。

格萨尔卓哩克图的儿子是纳木扎勒呼图克图。

墨尔根台吉与贡布台吉没有子嗣。

萨阑达什的儿子是温占台吉。

额尔克图伊勒登的儿子是阿南达台吉、温钟陀音、通珠克台吉、博特布台吉。

垂尔扎木素的儿子是巴罕乌巴什。

青达罕赛音默济克的儿子是谟卓哩克图珲台吉、谟宰额尔克诺颜、唐古特墨尔根岱青、达锡尔额尔德尼、多尔济喇布坦珲台吉、巴特玛台吉。

谟卓哩克图珲台吉的儿子是班第岱青珲台吉、巴勒丹车臣珲台吉。

谟宰额尔克诺颜的儿子是奇哩第额尔克珲台吉、索诺木岱青诺颜、萨阑都尔哈勒阿海、乌金台吉。

唐古特墨尔根岱青的儿子是丹津岱青卓哩克图、本塔尔岱青巴图尔、阿宰墨尔根和硕齐、阿巴拉伊勒登。

达锡尔额尔德尼的儿子是绰斯吉台吉、阿玉什台吉、图喇玛海台吉。

多尔济喇布坦珲台吉的儿子是安谆墨尔根台吉、萨阑台吉、讷黑台吉、奇哩泰台吉。

额尔克珲台吉的儿子是罗卜藏。

丹津岱青卓哩克图的儿子是贡格、宾扎喇什。

岱青巴图尔的儿子是墨丹、沙喇都。

阿宰墨尔根台吉的儿子是乌巴什。

阿巴拉伊勒登的儿子是沙克都尔那木扎勒。

特木德黑绰克图的儿子是图垒巴图尔诺颜、多尔济冰图诺颜、班第台吉。

多尔济冰图诺颜的儿子是班第萨纳岱青和硕齐、萨阑达什额尔克岱青、色特尔冰图岱青、固噜墨尔根台吉台吉。

图垒巴图尔诺颜的儿子是萨喇敏呼拉齐台吉、萨阑额尔克绰克图。

班第台吉的儿子达什台吉。

萨喇敏呼拉齐台吉的儿子萨木坦。

萨阑额尔克绰克图的儿子是扎勒布台吉。

［注释］

①《阿萨喇克其史》不分章节，但是从这段内容前面的祈祷语看，善巴将这个段落当作一个独立的单元。同时，它还暗示着，该段落是参考《大黄史》相关内容设计的，所以它保留了这个痕迹。

② 格呼森札(1513—1548)，答言合罕庶出幼子，被封为喀尔喀右翼之主。因为构成喀尔喀右翼的最大鄂托克为札剌亦儿人，故格呼森札有"札剌亦儿珲台吉"之称。格呼森札还是一个幼童时就被分封到喀尔喀。1543 年，格呼森札前往土默特部俺答汗的牧地"拜见"其侄儿俺答汗，领养了俺答汗的一位女儿，后来将她嫁给了阿巴哈纳尔部首领诺密特默克图汗，称阿玉什阿巴海。

③ 壬酉，1513 年。

④ 16 世纪初以后，"喀尔喀"作为一个游牧集团的名称多次出现在蒙汉文史籍中。蒙古文作 qalq-a，明人写作"罕哈"。答言合罕将其第六子安出孛罗与第十一子格呼森札分别分封到喀尔喀万户的左翼和右翼。喀尔喀万户早在答言合罕或者更早的时代就游牧在今哈拉哈河流域。"喀尔喀"一名由"哈拉哈"一词而来，部以河得名。16 世纪中叶，喀尔喀左翼随蒙古大汗打来孙南下大兴安岭住牧，所部号称"山阳喀尔喀"，即清朝所谓"内喀尔喀五部"，实际上脱离喀尔喀万户而自为一部。入清后，该五部或设立扎萨克旗，或编入八旗蒙古，均不再冠以"喀尔喀"名号。右翼封主格呼森札从哈拉哈河流域向西面发展，与兀良哈万户接壤，并与之发生了矛盾。16 世

纪二三十年代,蒙古大汗博迪率领各部征讨并瓜分兀良哈万户,格呼森札分得了原兀良哈万户的牧地和部分属民。其结果,喀尔喀万户的势力一直延伸到杭爱山,尽有漠北草原。16 世纪末 17 世纪初,喀尔喀万户分布于东自呼伦贝尔的额尔古纳河,西至杭爱山,北自贝加尔湖,南抵南蒙古北部的广袤地区,即今天蒙古国的大部分领土。格呼森札将喀尔喀部众分封给其七个儿子,由是逐渐形成了七个大的游牧集团,被称作“喀尔喀七和硕”。和硕为兵民合一的蒙古社会组织。

⑤ 赤那思,《史集》称之为捏古思。它是察剌孩收嫂为妻所生之二子的后裔。克鲁伦河上游有赤那思山,当即此部牧地。

⑥ 乌都孛罗不可能有任意废立主子的权力。该传说可能反映着答言合罕分封诸子的一些内幕,即他最初可能分封革儿孛罗到喀尔喀右翼,后因某种原因(革儿孛罗无子嗣,也许他早亡)改封了格呼森札。

⑦ 该记载源自《大黄史》。传说喀尔喀的乌都孛罗不满于札剌亦儿氏西格其讷尔统辖喀尔喀部,来请求达延汗派一子做喀尔喀之主(《大黄史》A 本,第 222—227 页)。该传说反映了达延汗废黜原喀尔喀万户之主札剌亦儿氏贵族,把季子分封到喀尔喀的事实。格呼森札到喀尔喀以后可能得到赤那孙氏的支持。这个赤那孙无疑是蒙元时期的赤那思部后人。

⑧ 据此,阿什海达尔汉珲台吉生于 1530 年,诺颜泰哈坦巴图尔生于 1531 年,诺诺和伟征诺颜生于 1534 年,阿敏都喇勒诺颜生于 1536 年,达崃生于 1540 庚子年,德勒登昆都楞与阿勒泰阿拜生于 1542 年,萨木生于 1544 年,明噶伦阿拜生于 1545 年,土蒙肯阿拜生于 1546 年。

⑨ 阿什海分得两个鄂托克,《阿萨喇克其史》称其为“兀讷格特(Üneged)、札剌亦儿”,而《大黄史》则称之为“乌审(Üüsin)、札剌亦儿”(《大黄史》A 本,第 229 页)。至于兀讷格特与乌审两种说法,孰是孰非,一时难以断定。札剌亦儿则是古蒙古部落,成吉思汗祖先海都时期就是孛儿只斤氏族的世仆。元代,札剌亦儿是蒙古左翼五投下之一,是后来喀尔喀万户中人口众多的一部。按蒙古人的传统,长子的“斡木其”(ömči,家产)是最丰厚的。

因此,阿什海分得了札剌亦儿鄂托克,并娶该部贵族之女。给札剌亦儿配备的那个"兀讷格特"或"乌审"的人口就不一定那么多了。关于"兀讷格特",有人说它和札剌亦儿成为三斡鲁忽讷惕、五和托辉特、八和硕之祖先(A·Ochir,J·Gerelbadrakh: *Khalkhiin zasagt khan aimgiin tuukh* ([蒙古国]奥其尔、格尔勒巴达喇呼:《喀尔喀扎萨克图汗部历史》),2003,Ulaanbaatar,第383页)。"乌审"又写作"许慎",是阿阑豁阿之前就存在的古蒙古部之一。成吉思汗"四杰"之一的博儿忽为许慎部人(姑茹玛:《入清以前(1691)的喀尔喀车臣汗部研究》,内蒙古大学博士学位论文,2008年)。

⑩ 诺颜泰分得了卜速忒(Besüd)、额尔济根(Eljigen)二部。卜速忒(亦写作别速惕)是尼鲁温蒙古人的一支,出自成吉思汗祖先海都之子察喇孩。成吉思汗"四杰"之一的者别就是卜速忒人。13世纪隶属于泰赤兀惕部,驻牧克鲁伦、鄂嫩、土拉三河流域。北元时期成为喀尔喀万户的一鄂托克。1524年,兀良哈人袭杀卜速忒部的名叫乌林泰的人,不地汗等征讨兀良哈。其驻牧地逐渐向杭盖山西麓迁移,多数隶属扎萨克图汗部。一部分还留在原牧地,今蒙古国东方省的布拉干、呼伦贝尔苏木就居有别速忒人。额尔济根,蒙元时期的燕只斤,是从弘吉剌惕部分离出来的古蒙古人之一。世代驻牧于库奎湖附近。16世纪以后,诺颜泰子图伯特哈坦巴图尔之子崆奎车臣济农(Qongγui sečen jinong)和巴特玛岱青哈坦巴图尔(Badm-a qatan baγatur)领有两个额尔济根鄂托克。直到18—20世纪初,扎萨克图汗部存在称作"两个额尔济根"的两个和硕。诺颜泰家族与喀尔喀左翼间的联姻密切,诺颜泰本人娶了属于诺诺和"斡木其"的克噜特部人,并将一女嫁给了仍属诺诺和"斡木其"的郭尔罗斯部人(姑茹玛:《入清以前(1691)的喀尔喀车臣汗部研究》,内蒙古大学博士学位论文,2008年)。

⑪ 诺诺和分得了克噜特、郭尔罗斯(Gorlus)二部。克噜特,有学者认为来源于乞儿吉思部落。克噜特人何时迁居喀尔喀无从考证,但是此部在16世纪中叶已是喀尔喀万户之主要鄂托克之一了。从诺诺和斡儿朵在土拉河、额尔德尼召来看,大部分克噜特人游牧在喀尔喀中部地区。郭尔罗斯是迭

列斤蒙古人之一。诃额伦母亲三千户"份子"中有郭尔罗斯部人。元代以后,部分郭尔罗斯人西迁,部分则入漠南蒙古。但大部分人于16—17世纪游牧于从杭盖山至克鲁伦河地区,即鄂尔浑、土拉河流域,成为诺诺和及其子孙的世代封地(姑茹玛:《入清以前(1691)的喀尔喀车臣汗部研究》,内蒙古大学博士学位论文,2008年)。

⑫ 和啰、库哩叶、绰琥尔三部名均不见于蒙元时期各书记载。在尼鲁温和迭列勒津蒙古部中找不到这些氏族名。它们可能是较晚形成的鄂托克。"和啰",《阿萨喇克其史》的整理者、蒙古国语言学家沙格德尔苏隆的拉丁文转写作 γoroqu,但是没有注明理由。这个词还可以读作 qoroγo、qoroqo、γoroqo 或 γoroγo 等。不能确定读音,也无法探讨其词义。蒙古国历史学家共果尔把它读作 xopoo,还说在土谢图汗、车臣汗部官方档案中曾经出现过称 xopoo 的鄂托克。目前我们还没有见到这些记载。基于共果尔的研究,我们暂且读作 qoroγo。如共果尔的说法成立,这个鄂托克的人后来散居在土谢图汗、车臣汗二部。"库哩叶",蒙古语意为"圈子",派生出来的意思还有"围墙、院子、园落、营、营垒、寺院"等。共果尔把该鄂托克名与漠南蒙古的"库哩叶喀尔喀 küriy-e qalq-a"联系起来,当然不合适。所谓"库哩叶喀尔喀 küriy-e qalq-a"是在晚近内蒙古出现的名称,指在库伦旗的喀尔喀人,这些人的前辈就是清昭乌达盟喀尔喀左翼旗的居民。《阿勒坦汗传》倒有一处很有意思的记载:"猴年,兀良罕的图类诺廷、格勒巴拉特丞相,进兵袭杀伯速特之乌林泰,围攻库里叶兀鲁斯,俺答汗闻讯后领图古凯诺廷、博迪乌尔鲁克之兵,前往攻打并追击兀良罕。"这是俺答汗、吉囊等人于猴年(1524)征讨兀良哈万户的史事。据此,这个"库里叶兀鲁思"属于兀良哈万户。我们知道,达延汗子孙攻灭兀良哈万户后,喀尔喀分得了他们的大部分兀鲁思和领土。所以,有理由相信,这个兀良哈的"库里叶兀鲁斯"后来变成了喀尔喀的鄂托克。而且,这个库里叶正是阿敏都喇勒分得的库里叶。"库哩叶"作为一个鄂托克至少在1524年前就已经形成。"绰琥尔",蒙古语意为"斑点"。据共果尔研究,土谢图汗、车臣汗部的官方档案中出

现过"大、小绰琥尔"鄂托克的记载。可见,在清代喀尔喀蒙古中仍有大量的绰琥尔人。1664年(清康熙三年),扎萨克图汗部衮布伊勒登(Gümbü yledeng,阿什海次子图扪达喇,其子硕垒乌巴什,其三子即此衮布伊勒登)投附清朝,被安置在土默特旗北、奈曼旗东,他们的俗称为"绰琥尔喀尔喀"(čoqor qalq-a)。这些人必定与绰琥尔鄂托克有联系。那么,绰琥尔的大部分在车臣汗部,而在右翼也有部分绰琥尔。据称,17世纪后半叶,由于左、右翼的争战和噶尔丹的战火,部分绰琥尔人逃避到了布里亚特。今天,绰琥尔人分布在蒙古国的全境。在东方、东戈壁、中央、后杭爱、扎布汗、乌布苏诺尔等六个省的哈拉哈河、巴颜乌兰、巴颜查干、孙布尔、温都尔乌兰、塔哩雅图、桑都麻尔噶查、松济纳、图布台、达布苏图、萨乞勒、布库木连等苏木都有绰琥尔人。东方、东戈壁二省为原车臣汗部牧地,中央、后杭爱二省为原土谢图汗部领地,而扎布汗、乌布苏诺尔二省则是原扎萨克图汗部领地。但是,我们只知道他们的地域分布而不知道人口分布情况。假如,今天的楚琥尔人的绝大多数人口还在东部地区的话,问题就简单了,反之则复杂得多了(姑茹玛:《入清以前(1691)的喀尔喀车臣汗部研究》,内蒙古大学博士学位论文,2008年)。

⑬ 关于库克亦特,我们几乎一无所知。在12—13世纪蒙古人各部中,见不到它的名字。合答斤是尼鲁温蒙古之主体部落之一。传说蒙古女祖先阿阑豁阿寡居,感光生三子:不忽合答吉、不合秃撒勒只和孛端察儿。合答斤即不忽合答吉之后裔。原游牧在安加拉河与叶尼塞河之间,后迁阔连海子(今呼伦湖)一带。1204年被成吉思汗所征服。他们世代居住在呼伦贝尔地区,是喀尔喀万户的早期成员之一。1646年(清顺治三年),合答斤部作为喀尔喀联军的主要成员,出现在清朝档案中。当时,为了抗击尾追苏尼特部腾吉思而入侵喀尔喀的清军,车臣汗派子孙,率领阿巴哈纳尔、巴尔虎、合答斤、兀良哈四部三万军迎战。今天,合答斤人主要分布在蒙古国东方、苏赫巴托、后杭盖、库苏古尔四省七个苏木。其中的东方省和苏赫巴托省就是原车臣汗部领地。据说,17世纪末,有不少合答斤人迁居到了布里

亚特(姑茹玛:《入清以前(1691)的喀尔喀车臣汗部研究》,内蒙古大学博士学位论文,2008 年)。

⑭ 唐古特,本为西夏国统治民族,据认为是古代羌人的后裔。1227 年蒙古征服西夏,部分唐古特人进入蒙古并蒙古化,成为蒙古唐兀惕部。15—16 世纪,出现"唐古特喀尔喀",成为喀尔喀一个鄂托克。今天,在蒙古国境内,唐古特人分布在苏赫巴托、后杭爱、扎布汗、库苏古尔、东方等省。撒儿塔兀勒,是自中亚地区迁来的突厥语族部人。12—13 世纪,与蒙古人互通贸易,随着成吉思汗及其子孙的征服,撒儿塔兀勒人迁居蒙古,后成为喀尔喀万户成员之一。今天,撒尔塔兀勒人分布在蒙古国扎布汗、巴彦洪戈尔、东方、布尔根、肯特等省(姑茹玛:《入清以前(1691)的喀尔喀车臣汗部研究》,内蒙古大学博士学位论文,2008 年)。

⑮ 兀良哈是肯特山和鄂嫩河一带游牧的古老部落。9 世纪,这里就是兀良哈人的住地。后来被从额尔古纳河迁来的蒙古部占据,成为蒙古部兴起的地方。这里的原住居民兀良哈人则被蒙古部征服,成为成吉思汗的斡脱古孛斡勒(Ötögü boγol)。成吉思汗去世后,斡脱古孛斡勒出身的兀良哈人千户玉典赤率其千户住在不儿汗山,世代为成吉思汗守陵。15—16 世纪兀良哈万户的核心就是这些为成吉思汗守陵的兀良哈千户的后人。16 世纪中叶不地汗、吉囊、俺答等多次征讨并瓜分兀良哈万户,遗留的兀良哈百姓及其大部分故地统归格哷森札。格哷森札诸子析产时,按照蒙古人幼子守灶的传统,萨木分得了兀良哈,该部人数不会太少(姑茹玛:《入清以前(1691)的喀尔喀车臣汗部研究》,内蒙古大学博士学位论文,2008 年)。

⑯《王公表传》载,"其(格哷森札——引者)长子阿什海达尔汉诺颜,生子二:长巴延达喇,为西路扎萨克图汗祖,次图扪达喇岱青。"《蒙古游牧记》载:"长子阿什海达尔汉诺颜。生子二:长巴延达喇为西路扎萨克土谢图汗祖;次图扪达喇岱青。"二书均漏记了第三子。据《大黄史》(A 本,第 228 页),阿什海长子巴延达喇,生于丁未(1547)年,次子图扪达喇生于庚戌(1550)年,三子乌特黑伊勒都齐生于甲寅(1554)年。据喀尔喀车臣汗部翁牛特额

尔克木公的奏文,格呼森札前往土默特部拜见俺答汗,回来时领养了俺答汗的一位叫赛音卓拉的九岁女儿,后来嫁给了阿巴纳哈尔始祖诺密特默克图汗,称阿玉什阿巴海。阿玉什阿巴海的三个女婿之一就是乌特黑伊勒都齐巴图尔(《清朝内阁蒙古堂档》,卷6,第50页)。

⑰ 据《大黄史》,赉瑚尔生于壬戌(1562)年。《王公表传》载,"初赉瑚尔为喀尔喀右翼长,所部以汗称。"《蒙古游牧记》也载,"赉瑚尔为右翼长,所部尊之曰汗。"赉瑚尔是由阿巴泰汗立为汗的。土谢图汗察珲多尔济致康熙皇帝的奏疏中称,"又,[阿巴泰汗]以赉瑚尔汗为札剌亦儿台吉(指格呼森札——引者)长子之后嗣,立他为汗。[后]因卫拉特杀死了赉瑚尔汗,[阿巴泰汗]远征卫拉特,在库博克儿之役大败敌人,征服卫拉特,为[赉瑚尔汗]报了仇。[他]对世俗政统的无比大德如此。"(《清内阁蒙古堂档》,内蒙古人民出版社影印本,2005年,卷6,第18页)赉瑚尔汗的事迹和卒年,于史籍俱不详。学界曾认为,赉瑚尔汗在1606年曾与喀尔喀人订立盟约,因此认为他至少活到那个年代。但是,根据前引蒙古文档案资料,阿巴泰立赉瑚尔为汗之后,卫拉特人杀死了他,因此发生了1587年的库博克儿之役。据此,赉瑚尔被推为汗和被杀,均发生在1580年至1587年之间(参考宝音德力根:《从阿巴岱汗和俺答汗的关系看喀尔喀早期历史的几个问题》,第88页)。

⑱《王公表传》与《蒙古游牧记》称素巴弟,误。1596年,喀尔喀七和硕贵族在塔喇尼河畔会盟,推举素班第为扎萨克图汗。17世纪30年代,素班第在清朝征服浪潮面前,以喀尔喀万户之主自居,与后金—清朝对抗,并迅速与卫拉特蒙古媾和,1639—1640年初之间建立了著名的蒙古—卫拉特联盟,1640年举行了喀尔喀—卫拉特贵族会盟。素班第卒于1650年。

⑲ 1650年素班第卒,诺尔布继而成为扎萨克图汗。1659年卒。

⑳ 此人在诺尔布死后自称扎萨克图汗,号浩塔拉汗,1662年被琳沁赛音珲台吉袭杀(宝音德力根:《17世纪中后期喀尔喀内讧》,《明清档案与蒙古史研究》,第一辑)。

㉑ 1664 年继任扎萨克图汗,号莫尔根汗。

㉒ 1666 年旺舒克死,其弟成衮不立旺舒克子,在准噶尔部首领僧格的支持下,自称扎萨克图汗。成衮继位后,向察珲多尔济索要额尔济根和斡勒忽努特二鄂托克在左翼的人口,遭到土谢图汗的拒绝。于是,察珲多尔济和成衮的矛盾趋于激化,察珲多尔济一直拒绝承认成衮为合法的扎萨克图汗。期间,达赖喇嘛先后两次派人调解,并承认成衮的扎萨克图汗之位。察珲多尔济不得已在 1677 年时才承认了成衮的合法性。1686 年卒。

㉓ 硕垒乌巴们,和托辉特部之主。1623 年被瓦剌人所杀。

㉔ 即清代汉籍所记俄木布额尔德尼。

㉕ 指罗卜藏。1662 年,罗卜藏以浩塔拉继位未经七和硕诺颜允许为由,袭杀了新立扎萨克图汗浩塔拉,掠夺了扎萨克图汗麾下的斡勒忽努特鄂托克。1664 年,土谢图汗察珲多尔济等左翼贵族们与从扎萨克图汗部逃出的阿海岱青、达尔玛什哩等用兵罗卜藏,并立诺尔布长子旺舒克为扎萨克图汗。土谢图汗等以惩治右翼不法诺颜为名,掳掠了大量百姓,在左翼的右翼难民越来越多。1666 年,准噶尔的僧格出兵罗卜藏,抓获其本人及其家族。

㉖ 崆奎,号车臣济农,别速惕鄂托克之主。

㉗ 号哈坦巴图尔,额尔济根鄂托克之主。

㉘ 1554 年。

㉙ 三世达赖喇嘛返回西藏后,派该活佛到呼和浩特,作为自己在蒙古的代表。čadas-mari,梵语,意为活佛。

㉚ 癸未年,1583 年。

㉛ 乙酉,1585 年。

㉜ 寺指额尔德尼召。该召建于乙酉年(1585),九十三年以后的丁巳年就是公元 1677 年。

㉝ 关于阿巴泰拜见达赖喇嘛的时间,文献中有 1585 年之后、1586 年和 1587 年三说。本《阿萨喇克其史》是 1677 年阿巴泰家族的后人善巴撰写的史书,他把阿巴泰拜见达赖喇嘛的时间记载到具体的年月日,可见他掌握着

精确的书面或口传资料。阿巴泰拜见达赖喇嘛对其家族及其后裔是莫大的荣誉和重大事件,他们的记忆应该是可靠的,因此阿巴泰汗见三世达赖喇嘛的时间应从《阿萨喇克其史》,即 1586 年夏天(详见拙作《喀尔喀三汗的登场》,《历史研究》2008 年第 3 期)。

㉞ 伯木古鲁巴,全称作伯木古鲁巴·朵儿只杰波(phag mo gru pa rdo rje rgyal po,译言伯木古鲁巴·朵儿只王),是藏传佛教帕竹噶举派的创始人(生活在1110—1170年间),为塔波噶举派的嫡系。

㉟ 图蒙肯于 1617 年朝觐拉萨佛教圣地。当时,四世达赖喇嘛刚去世一年,藏巴汗禁止达赖喇嘛转世,格鲁派处于危机之时。图蒙肯和土默特人联军进藏,保护格鲁派,建立云丹嘉措的银舍利塔,返回时迎请四世达赖喇嘛的法帽到喀尔喀供养。四世班禅喇嘛授予他"昆都伦楚琥尔"的名号。图蒙肯去世后,经四世班禅确认,图蒙肯的"转世"成为喀尔喀一世札雅班第达罗藏呼·丕凌列。

㊱ 指察珲多尔济。

㊲ 指一世哲布尊丹巴呼图克图,名扎纳巴扎尔,一般称温都尔格根。

㊳ 该《阿萨喇克其史》的作者。

㊴ 绰克图台吉是诺诺和卫征之子巴喀来和硕齐的独生子,生于 1581 年,死于 1637 年。在鄂尔浑、土拉河流域拥有大兀鲁思,是 17 世纪前期喀尔喀左翼的重要首领之一。他经常参加喀尔喀的制定法典等重大政治活动,1614 年成为左翼三个洪台吉之一。绰克图台吉有学问,善于创作诗歌。绰克图台吉信奉藏传佛教噶玛噶举派,和他的母亲一起出资建造了六座佛寺,并请人翻译了不少佛典。17 世纪 30 年代,因为察哈尔的战乱,有很多南蒙古难民逃到喀尔喀。为了争夺他们,绰克图台吉在喀尔喀掀起了内战。据当时蒙古法律,绰克图台吉面临被科以流放和被没收兀鲁思的刑罚。因此,绰克图台吉利用同西藏噶举派首领沙玛尔兰占巴的关系,逃出喀尔喀,奔西藏。在途中,打败了青海的土默特蒙古人,征服了青海,统治青海地面,被奉为"绰克图汗"。此后,和后藏的藏巴汗、安多的白利土司结为联盟,从

事迫害格鲁派和打击格鲁派靠山的活动，派儿子阿尔斯兰入藏，前后消灭了入藏保护达赖喇嘛的喀尔喀贵族阿海岱青、入藏支持格鲁派的永邵卜四王子，最后杀死了与格鲁派结盟的亲生儿子阿尔斯兰。1637 年，顾实汗为首的卫拉特—喀尔喀联军为了支援格鲁派而来到青海，一举消灭了绰克图。

㊵ 硕垒(1577—1650)是格呼森札四子阿敏都喇勒的孙子。硕垒(Šoloi)，有文献写作锡垒(Siloi)，在不同时期的蒙、汉文献中记载为“珲台吉”、“达赉济农”、“达赉车臣汗”、“格根汗”、“格根车臣汗”、“车臣汗”、“塞臣汗”、“马哈撒嘛谛车臣汗”、“硕垒汗”等。在 17 世纪俄国文献中，车臣汗以“达赉珲台吉”、“达赉车臣诺颜”、“格根汗”、“格根车臣汗”、“库根汗”、“车臣汗”等不同名号出现。17 世纪 30 年代初，硕垒在蒙古政局发生重大变化之际，在自己的属部与部分察哈尔、阿巴噶部民的拥戴下被推举为汗，成为第一代车臣汗。

跋

[译文]

收服了五色之国[①],英武男子成吉思合罕;

引万众皈依佛法,使之安定幸福,四十万[②][蒙古]之忽必烈薛禅合罕;

失可惜之政教于汉人,不聪慧而名为惠宗的乌哈笃合罕;

将政教二道广布于喀尔喀国,阿巴泰赛音汗。

于遇缘难求佛教之诸施主之名列,

自长生天至四十五世之时[③],

粉红色蛇年[④]昴宿月祥和日,

为使后世明白[历史],

名为阿萨喇克其[⑤]者,编纂成史书。

依天命与善缘的宏力,

迎请哲布尊丹巴胡图克图[⑥]之明尊,

出自札剌亦儿台吉[⑦]与哈通海太后[⑧]二人的

七和硕之众聚集在一起,

引请万千活佛与僧伽

为有情之众生祈福,

以创建的种种娱乐

愿长世享乐! 慎为之。

愿生灵怙主狮圣[⑨]之聪慧

恒久流布于十方之地！

愿无比恩德喇嘛上师

永世光临于顶天里。

愿诸位护法神

将以恒心慈悲坚守此教！

承蒙增持之杭爱山的吉祥

愿兀鲁思和部众聚满世间！

依靠无量导师圣宗喀巴，

信仰无异于吉祥圆满化身之金刚度姆的怙主喇嘛，

无离坐定在彰显本尊之威仪里，

祝愿顺利到达二次第之终极，黄金家族之全体！

［注释］

① 据《大黄史》载，五色国指青色的蒙古国、白色的朝鲜国、黄色的撒儿塔兀勒国、红色的汉人国、黑色的唐古特国。

② 据蒙古文献的说法，蒙古本部有四十万，瓦剌有四万，故常常以"四十万"代表蒙古本部，"四万"代表瓦剌。

③ 按照《阿萨喇克其史》的记载，自孛端察儿至林丹汗的蒙古"合罕"共46代，如将排在第35位的瓦剌合罕去掉，正好是45代（见堪培，第131页）。

④ 指丁未年，公元1677年。

⑤ 即善巴。

⑥ getülgegči qutuγtu，指哲布尊丹巴胡图克图。

⑦ 指格呼森札。

⑧ 格呼森札正妻，乌济业特氏。

⑨ 据堪佛说，"圣狮"可能指宗喀巴（Hans-Rainer Kämpfe, *Das Asaraγči neretü-yin teüke des Byamba Erke Daičing Alias Šamba Jasaγ*(*Eine mongolische Chronik des 17. Jahrhunderts*) ,*Asiatishe Forshungen* ,Band 81 , Otto Harrasowitz, Wiesbaden 1983(H. -R. 堪佛:《善巴额尔克岱青扎萨克所著〈阿萨喇克其史〉——一部 17 世纪蒙古文编年史》,《亚洲研究》丛书第 81 卷,威斯巴登,1983 年,第 132 页))。

蒙文影印件

[01.b]

[01.a]

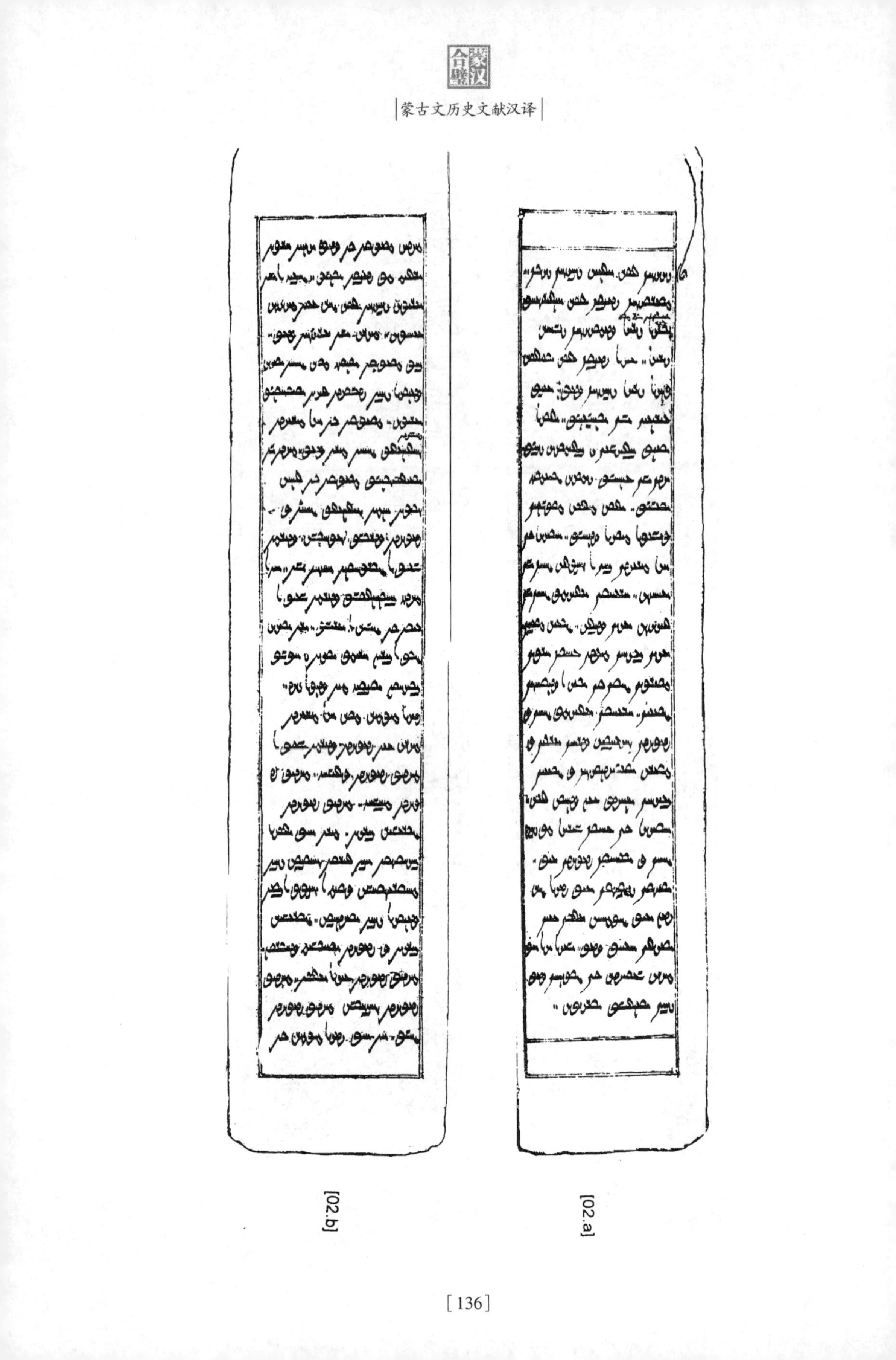

[02.a]

[02.b]

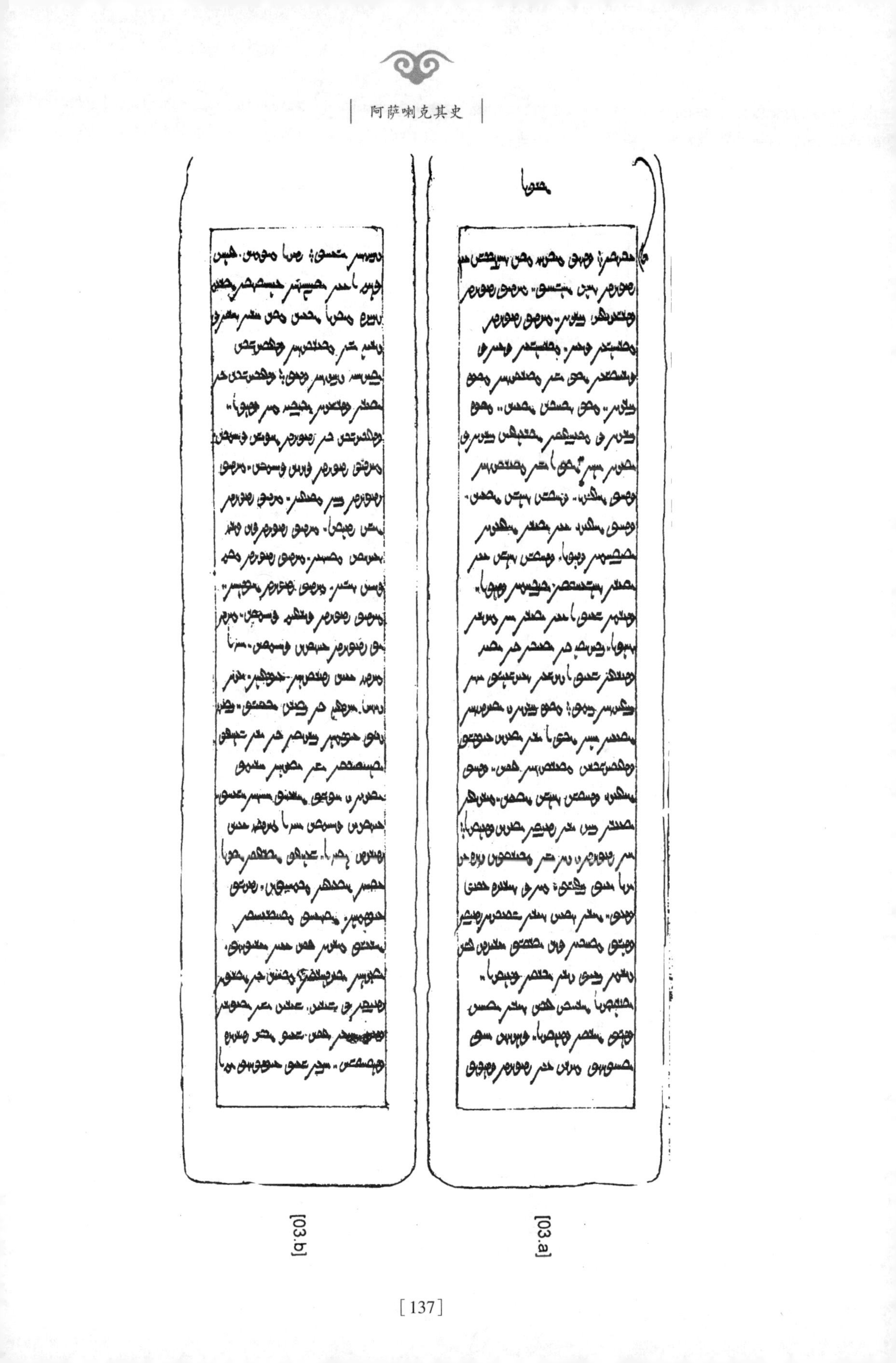

[03.b]

[03.a]

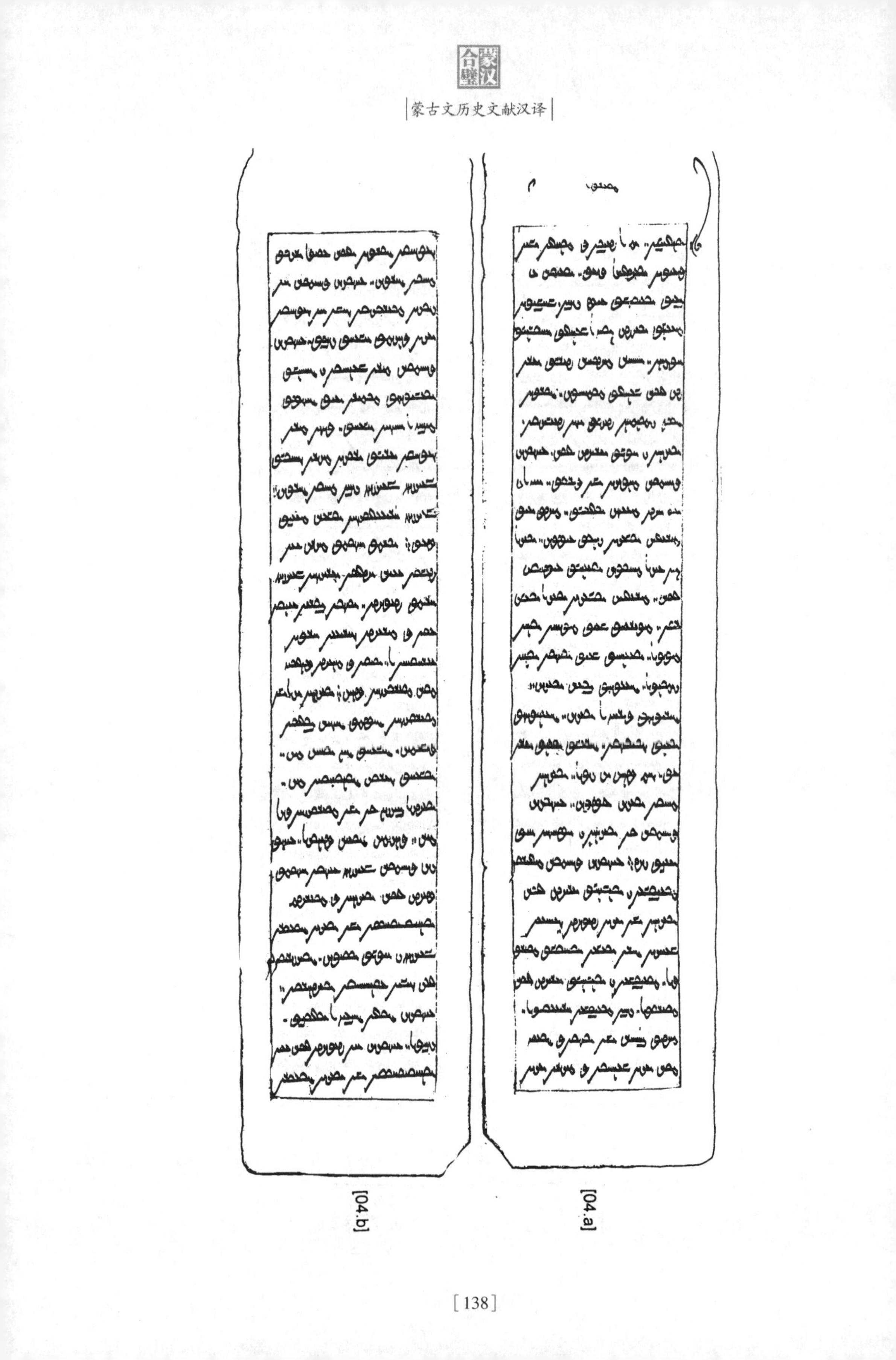

[04.b]

[04.a]

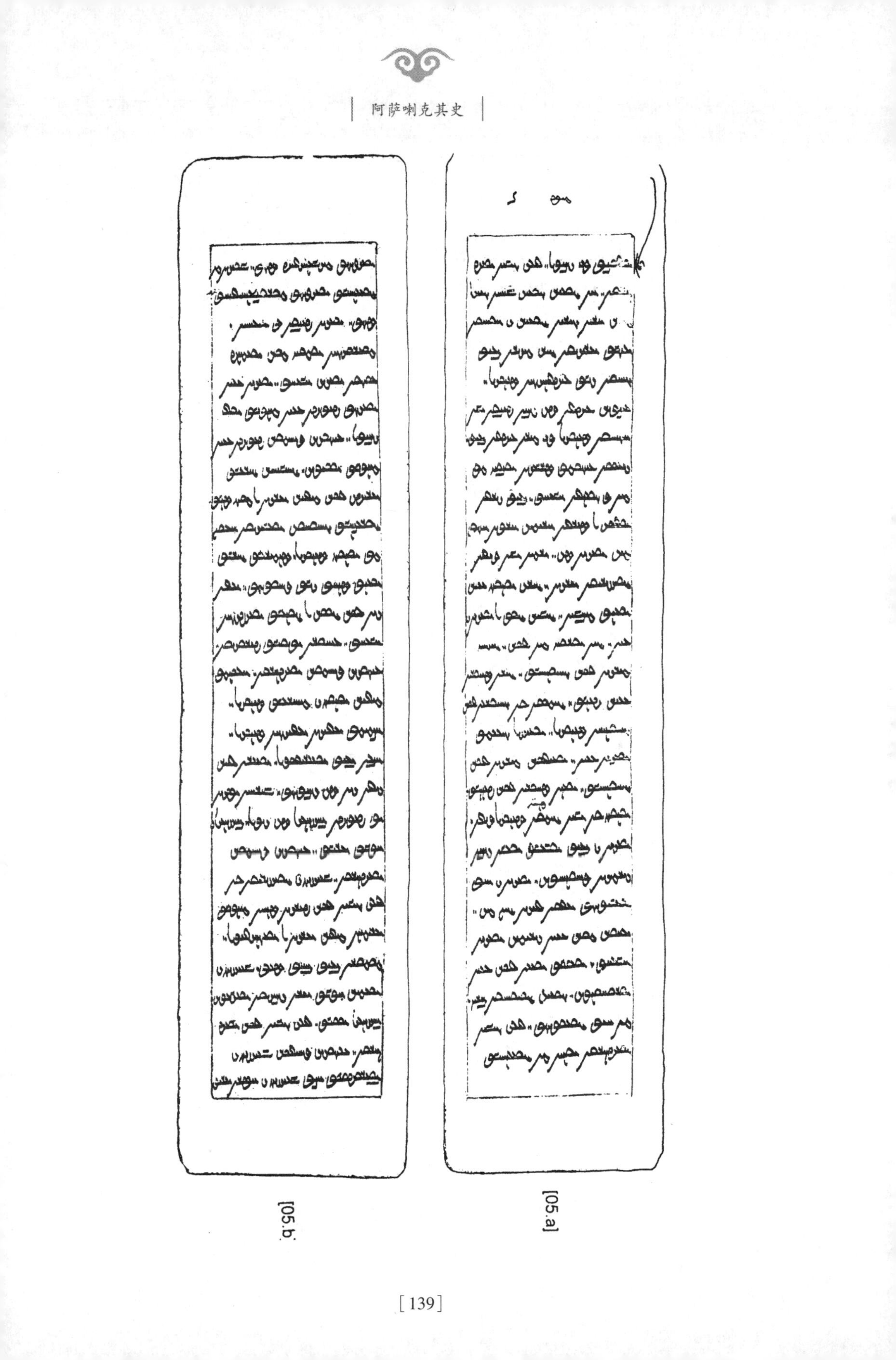

[05.b]

[05.a]

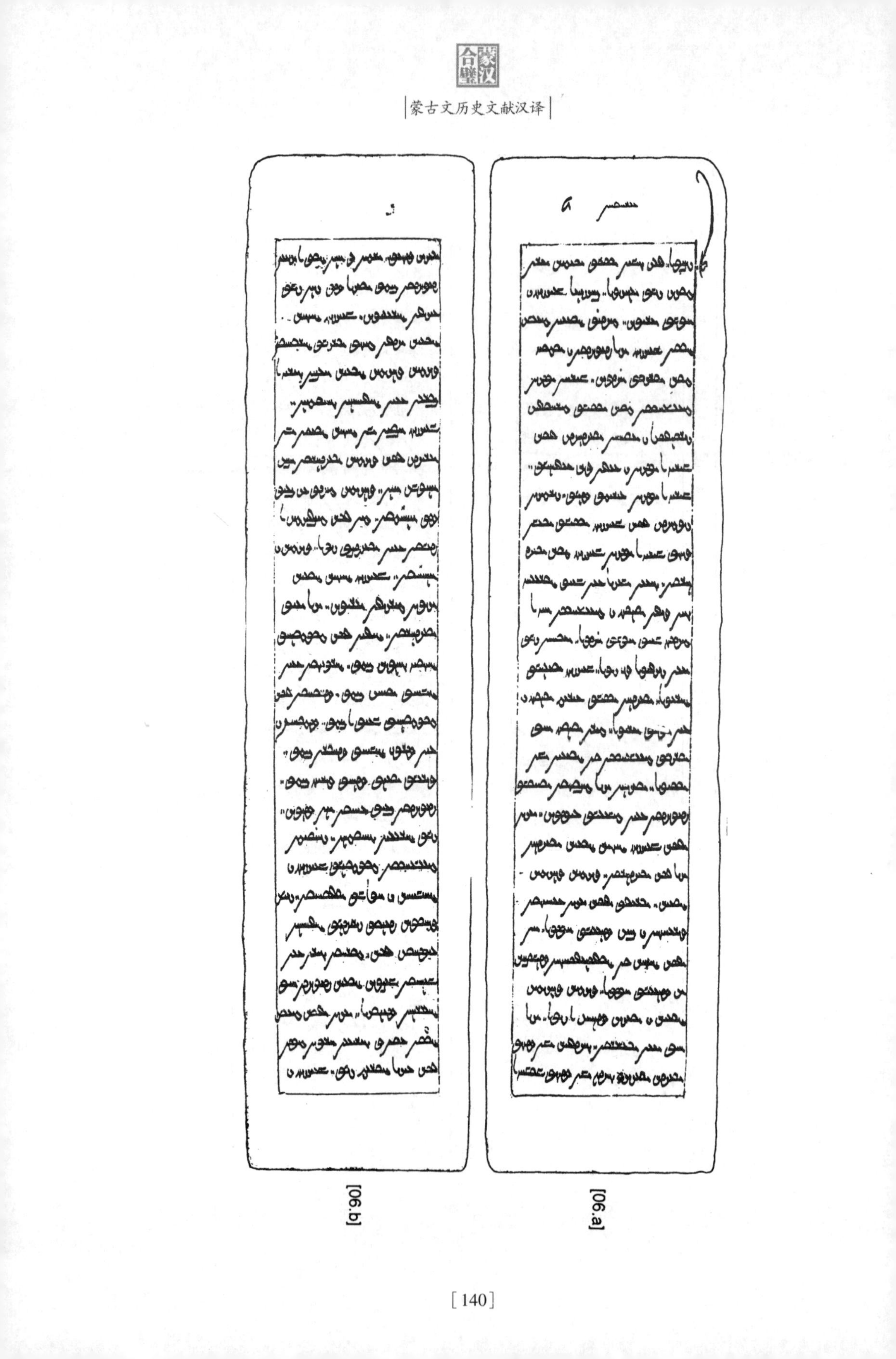

[06.a]

[06.b]

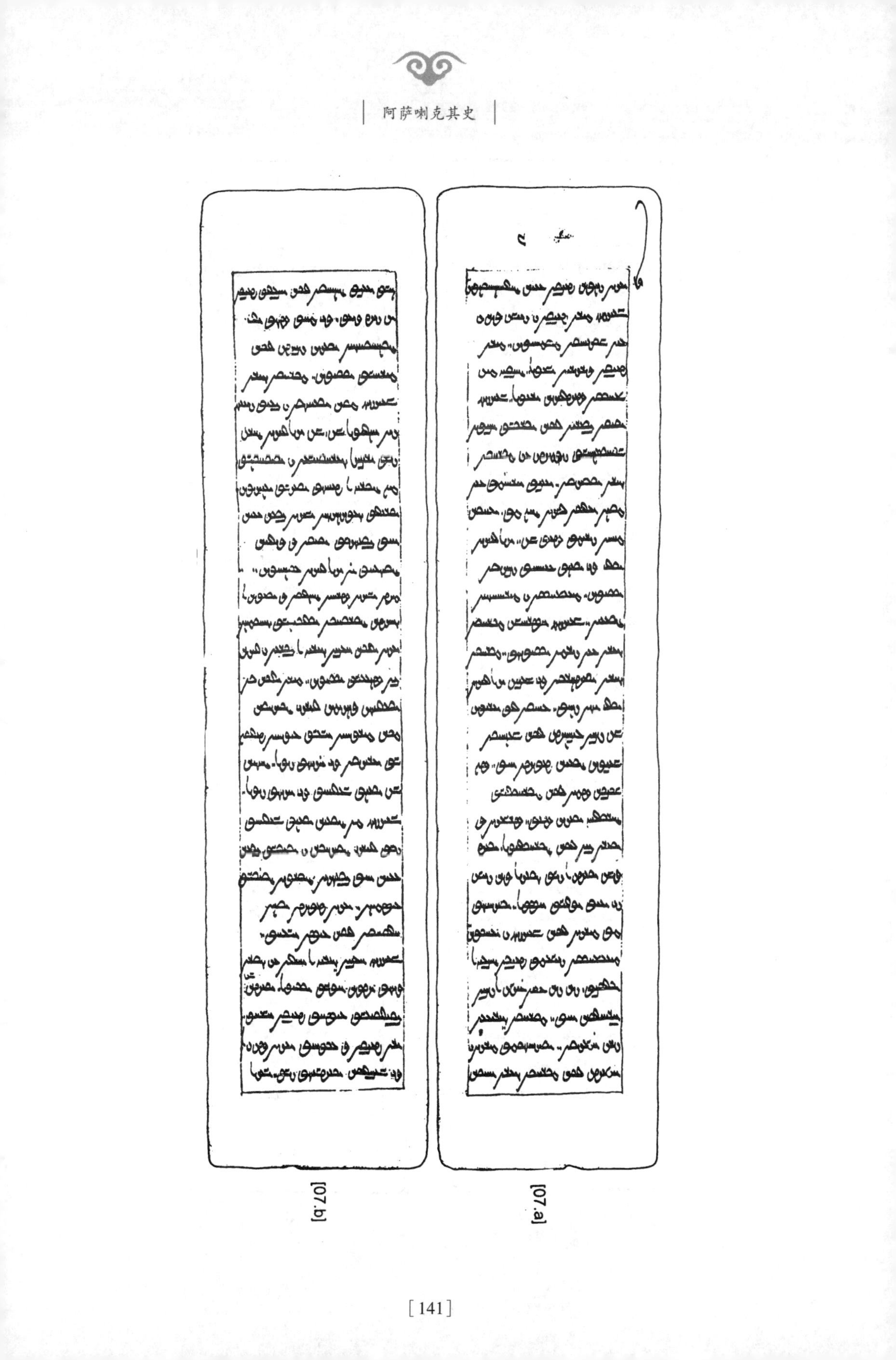

[07.b]

[07.a]

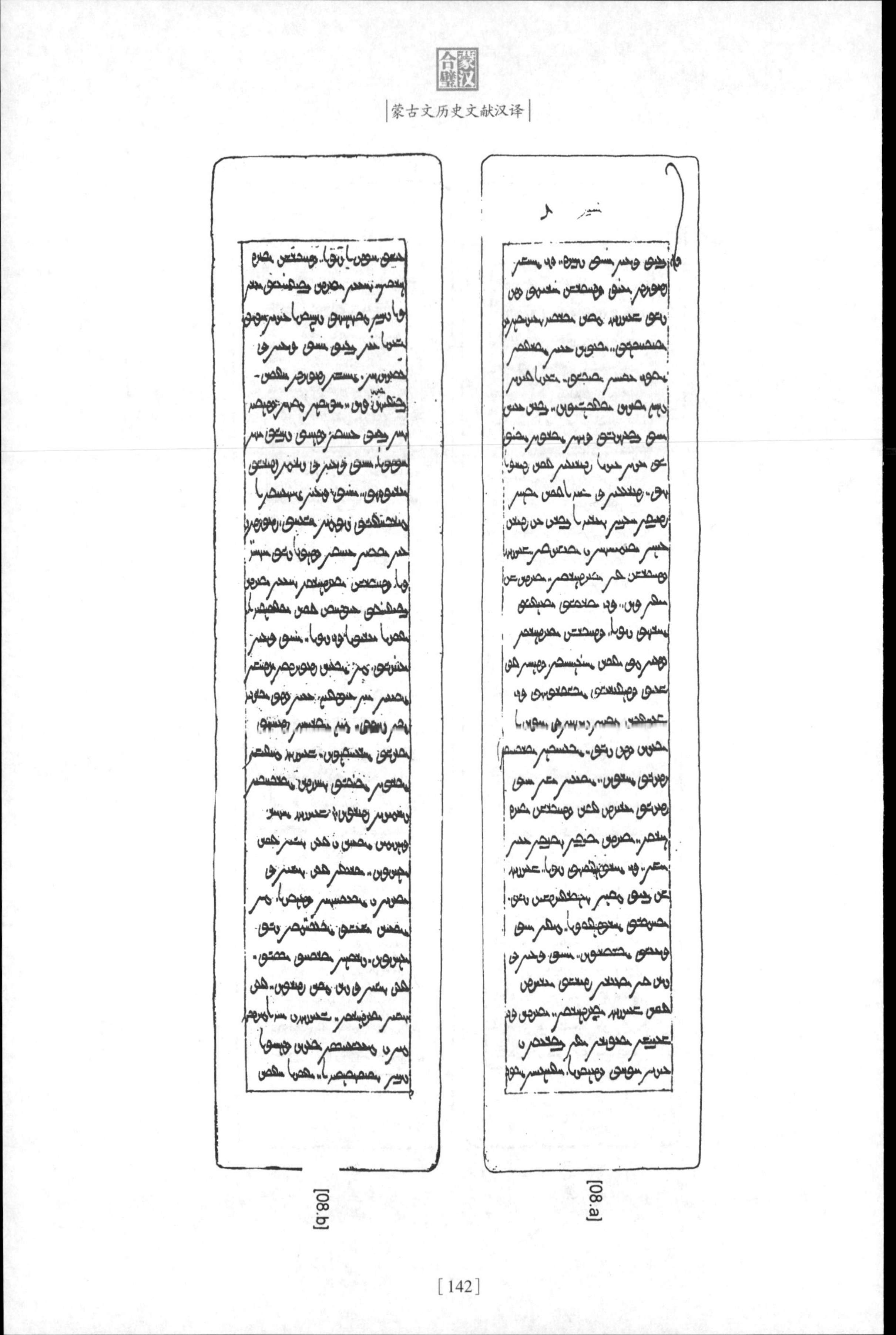

[08.a]

[08.b]

[09.b]

[09.a]

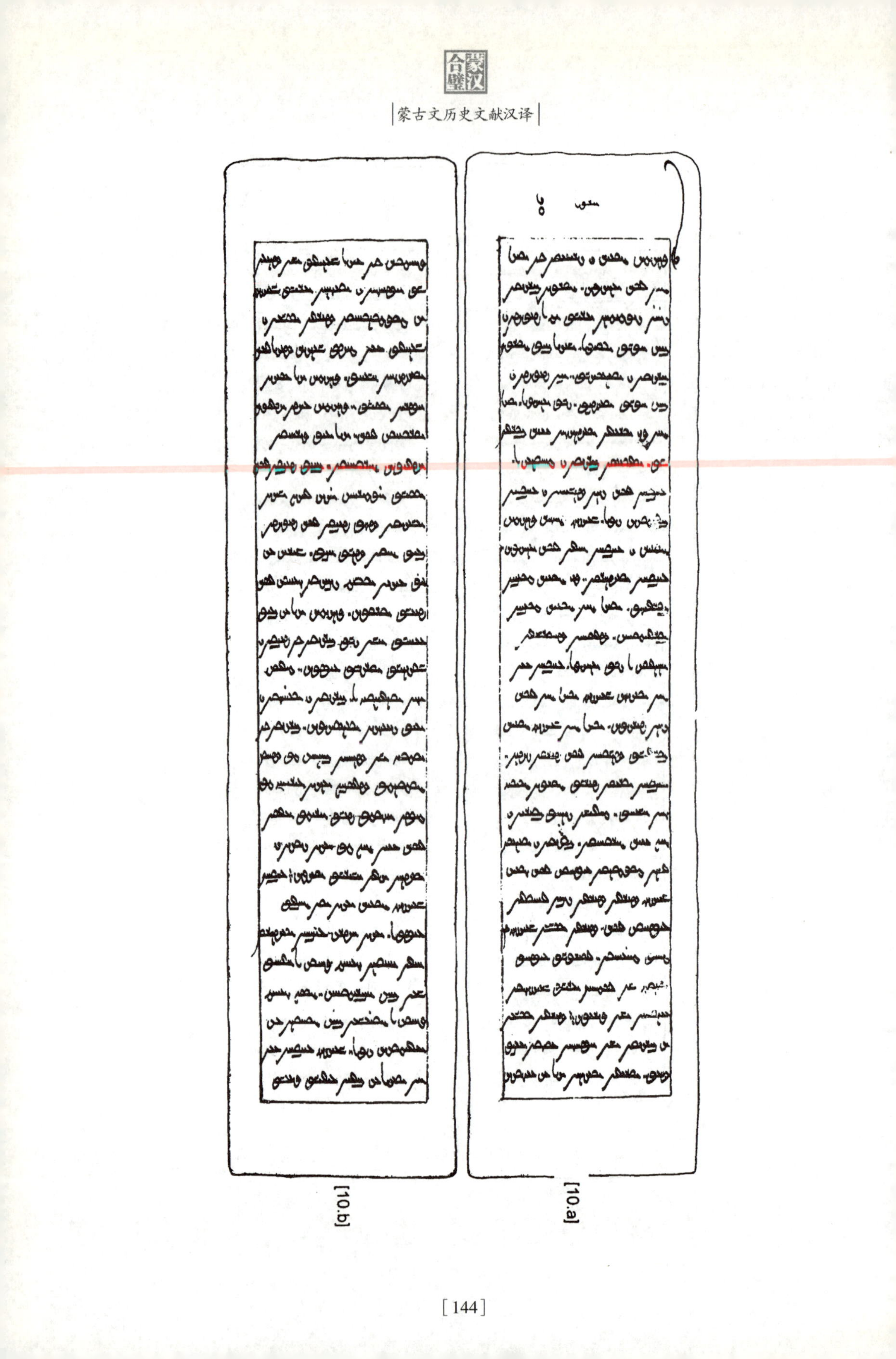

[10.b]

[10.a]

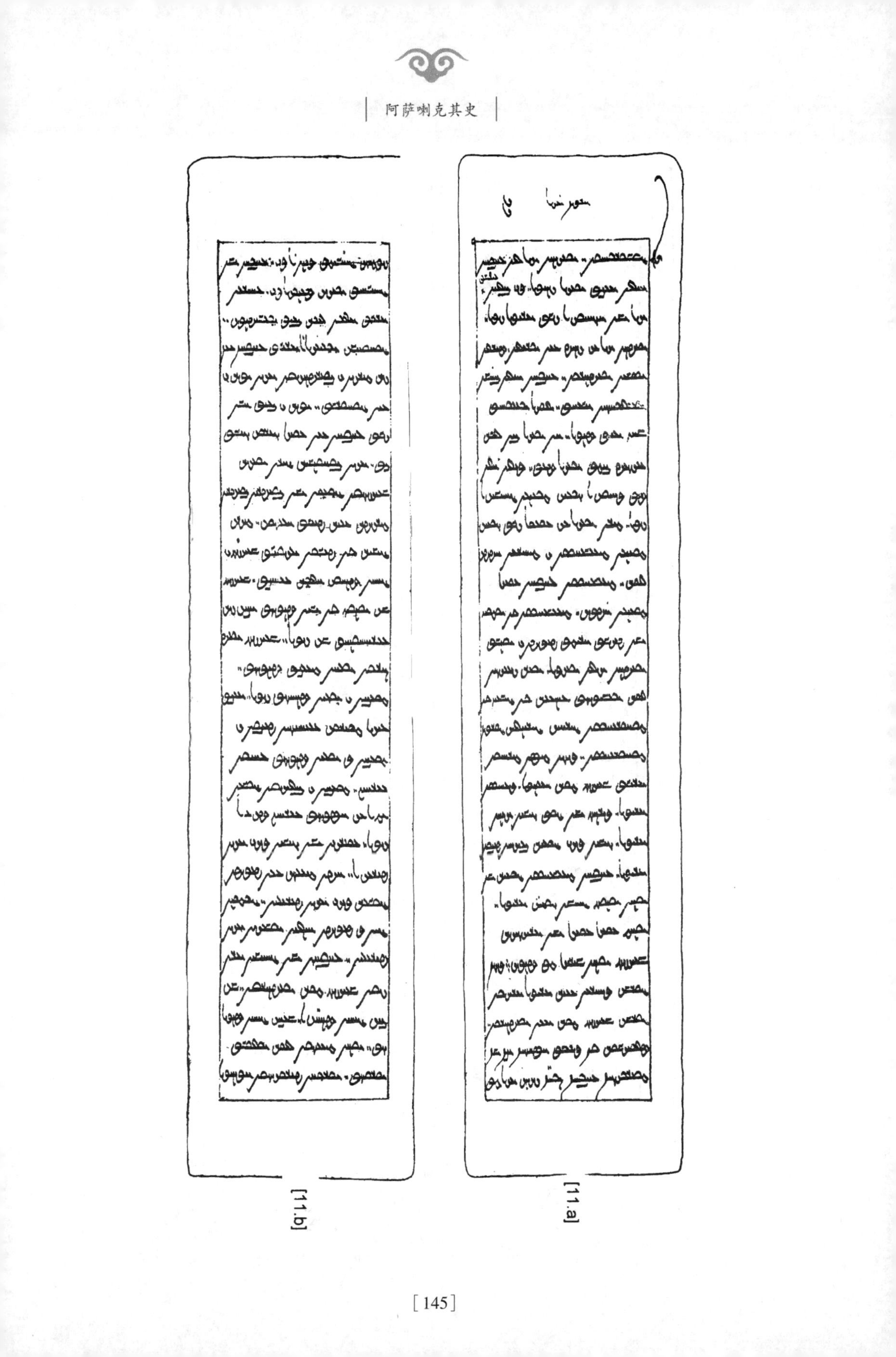

[11.b]

[11.a]

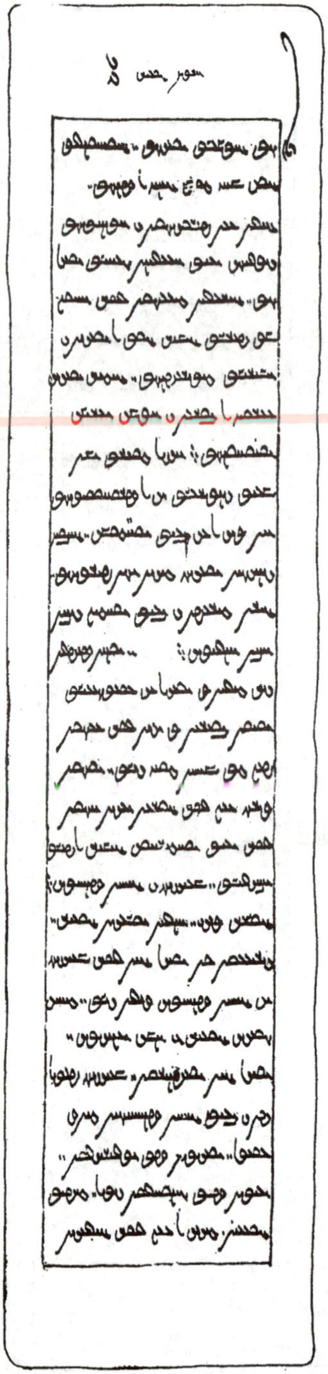

[12.b]

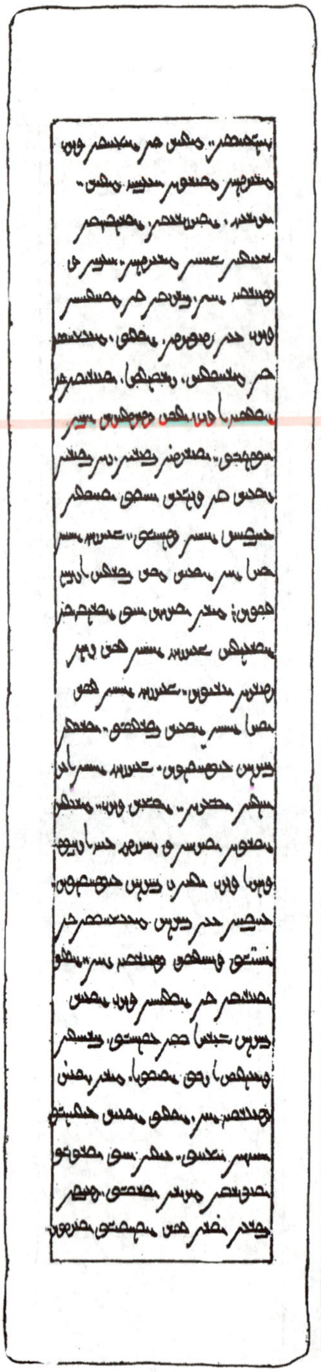

[12.a]

[13.b]

[13.a]

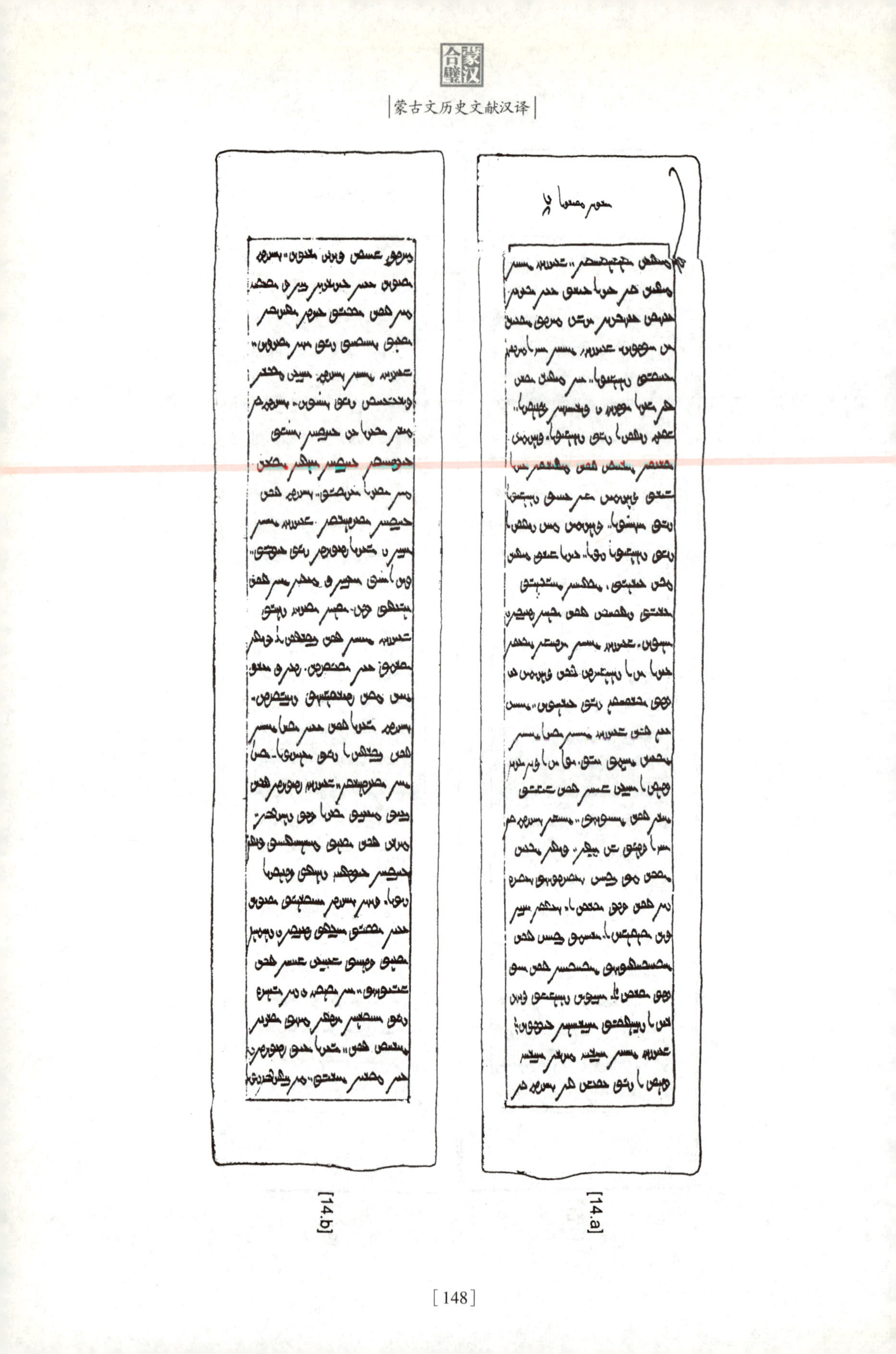

[14.b]

[14.a]

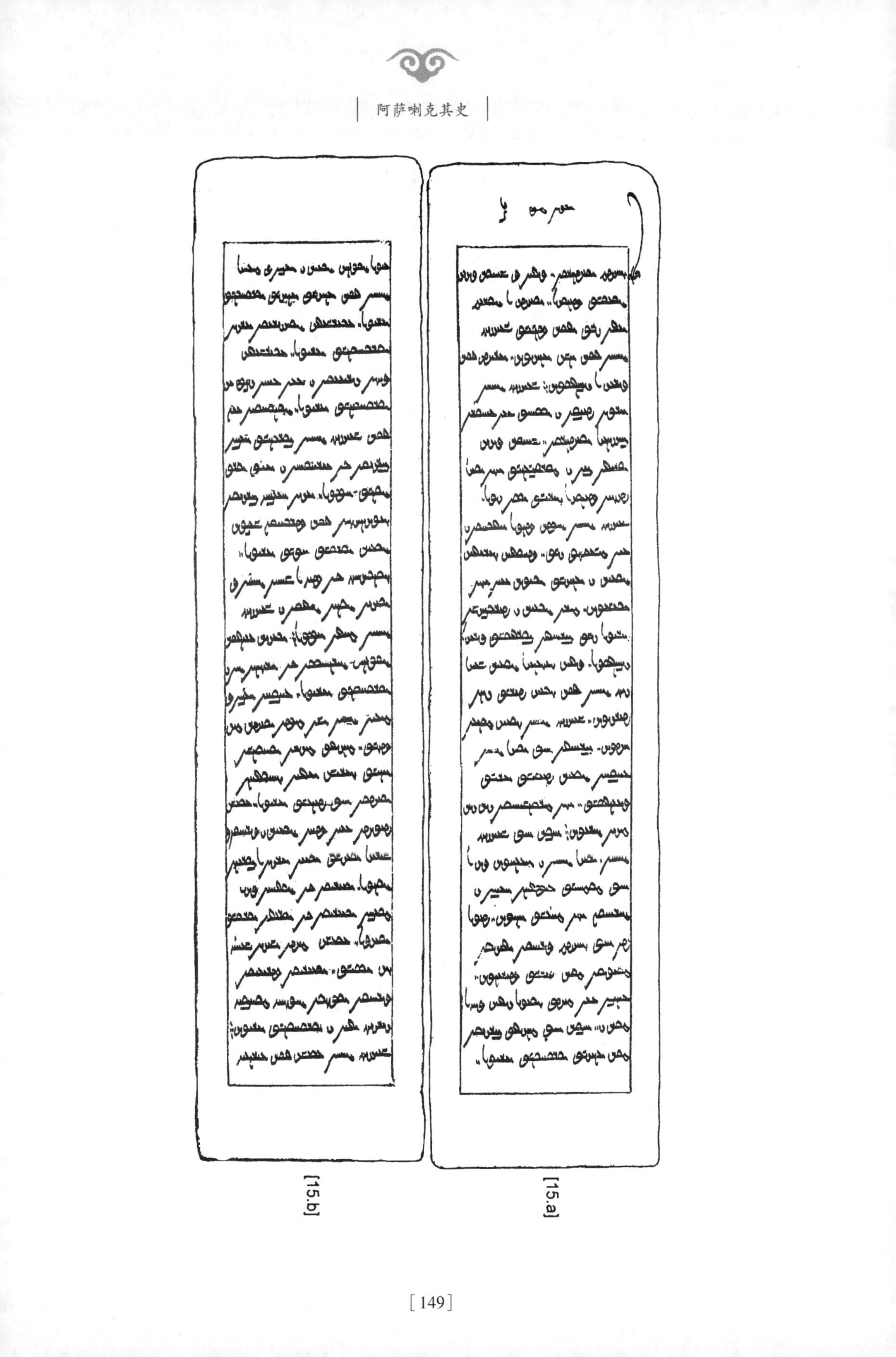

[15.b]

[15.a]

[16.b]

[16.a]

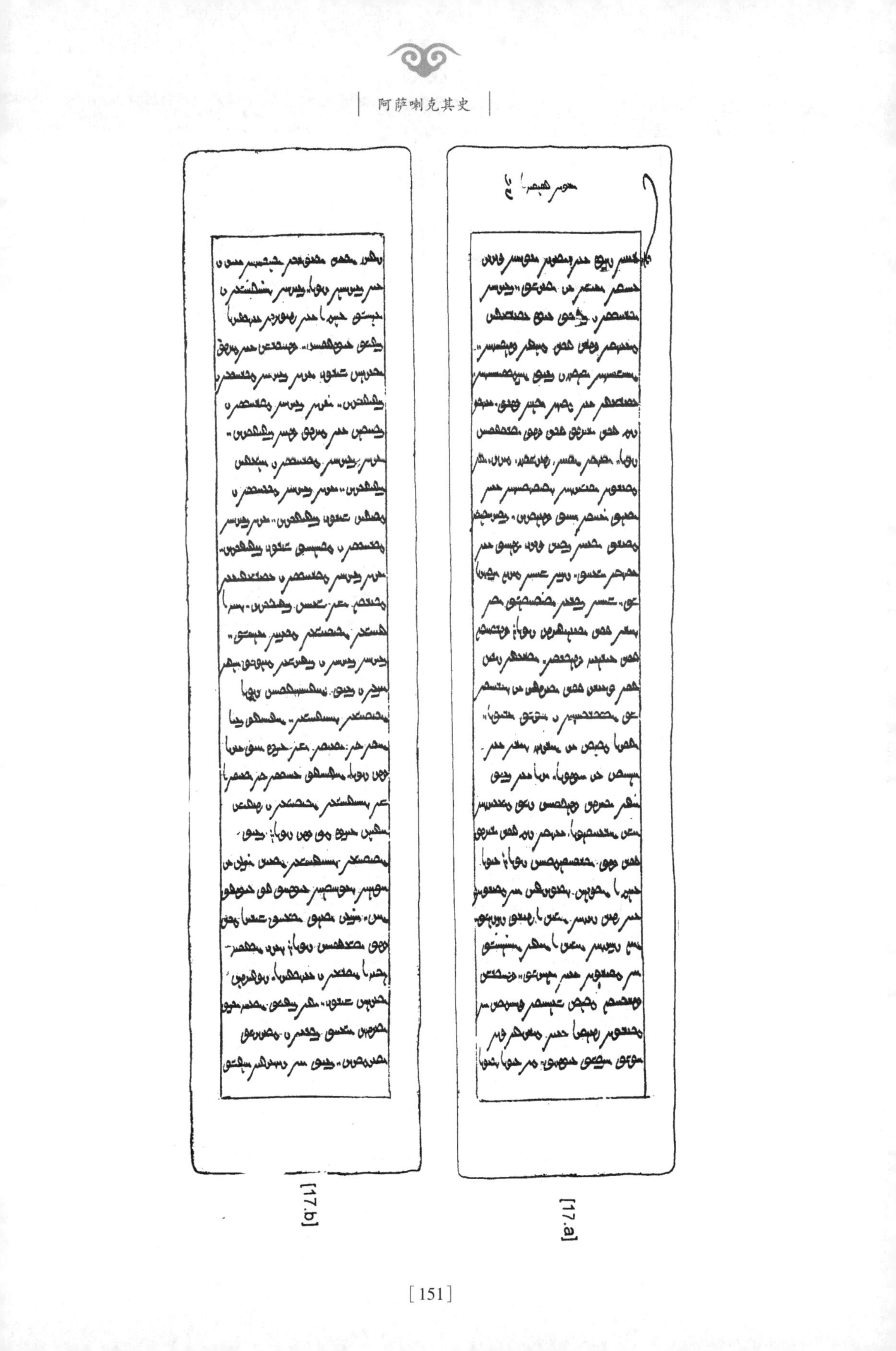

[17.b]

[17.a]

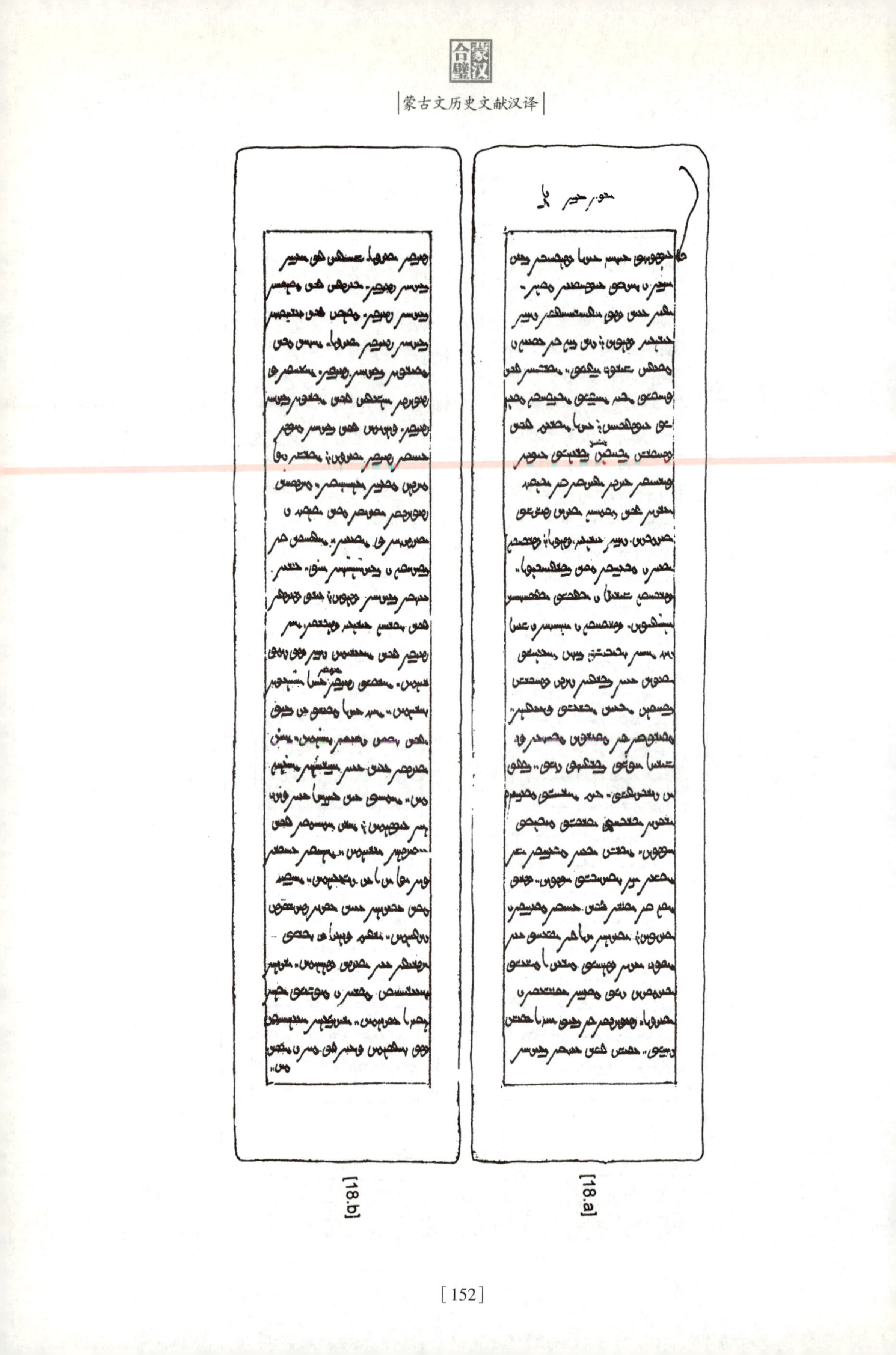

[18.b]

[18.a]

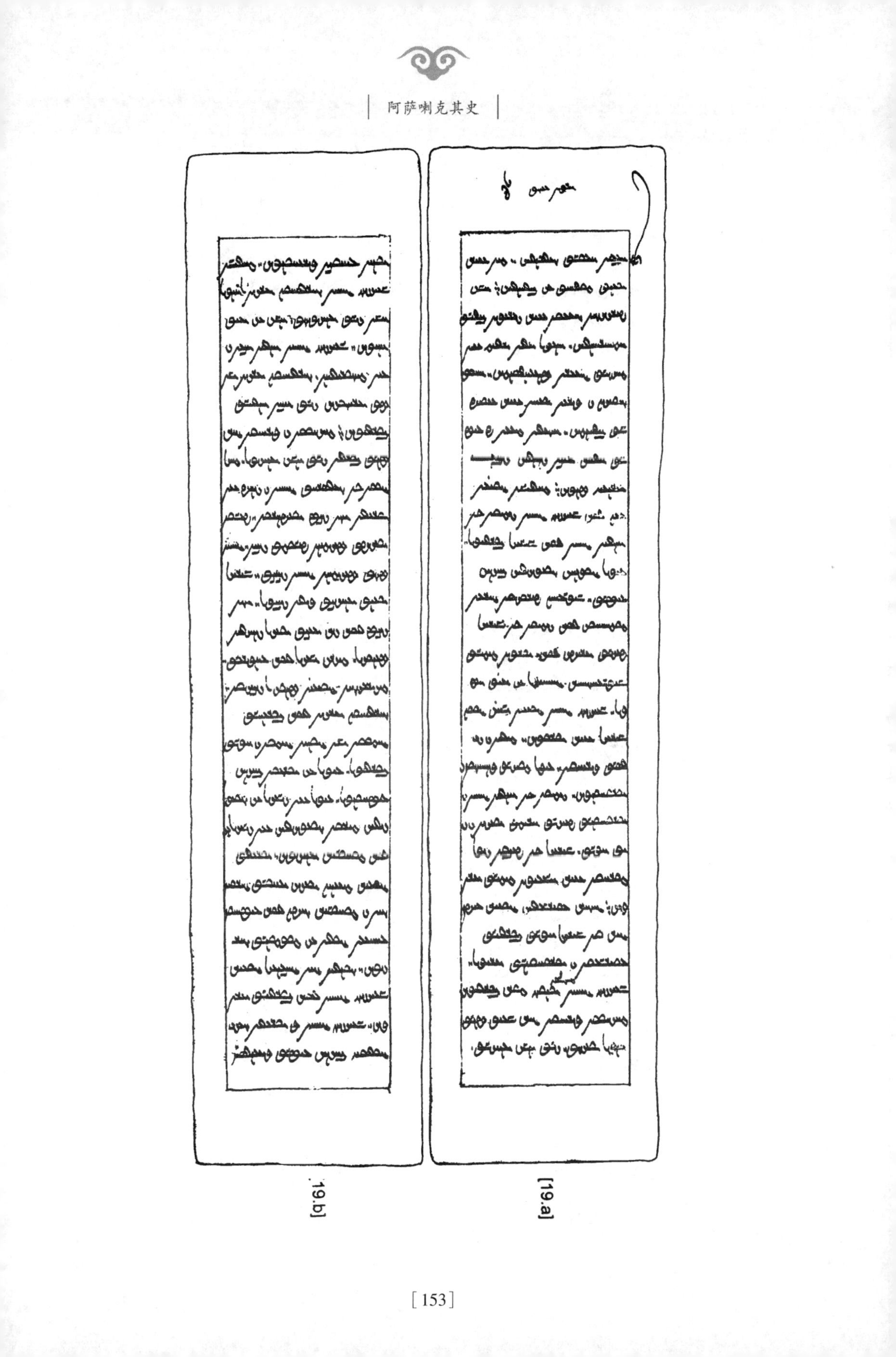

[19.b]

[19.a]

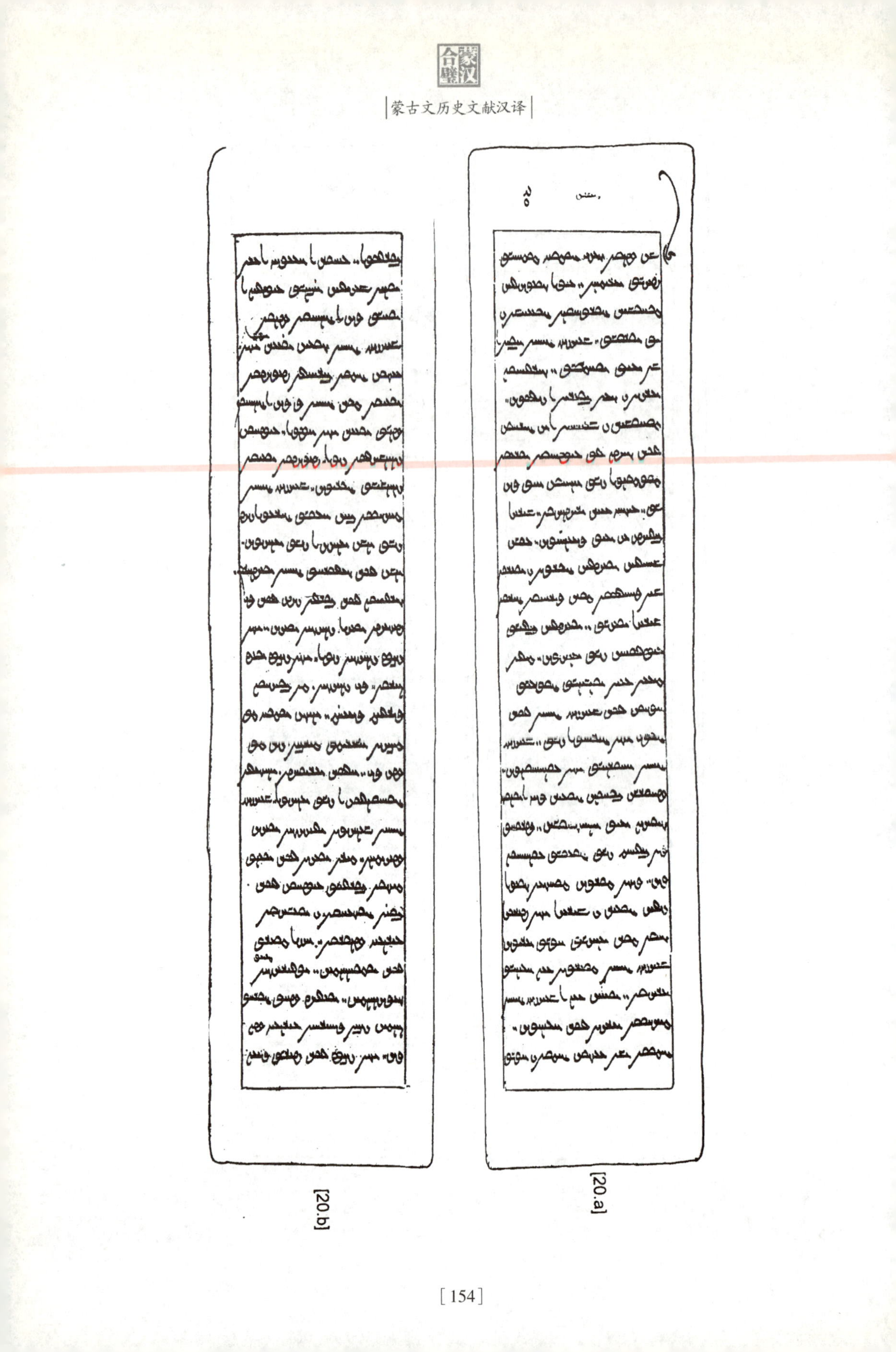

[20.a]

[20.b]

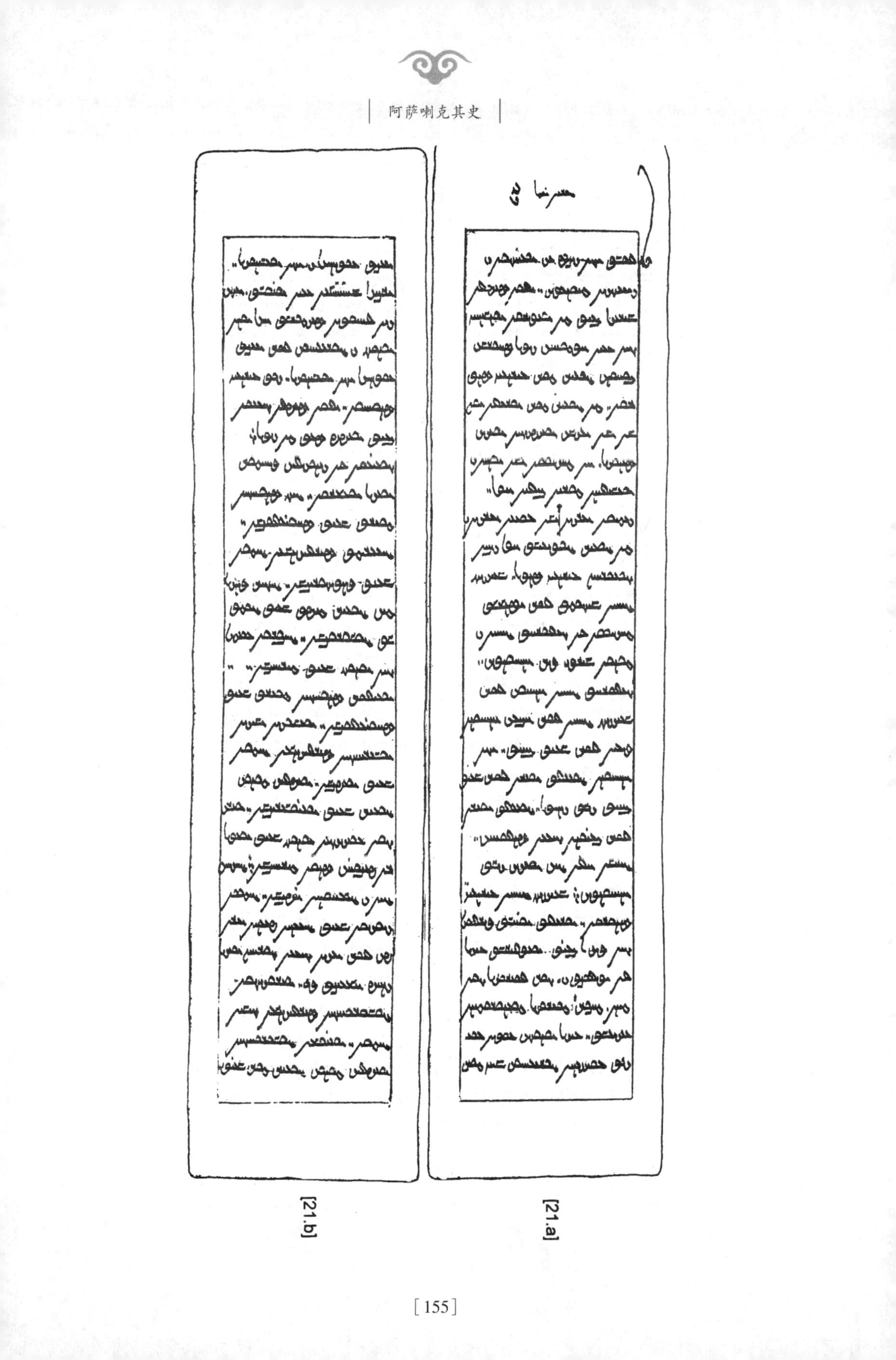

[21.b]

[21.a]

[22.b]

[22.a]

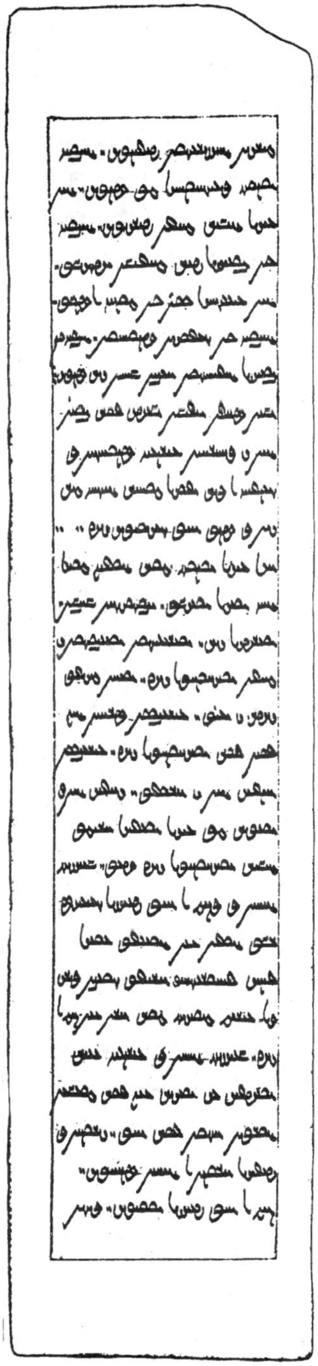

[23.b]

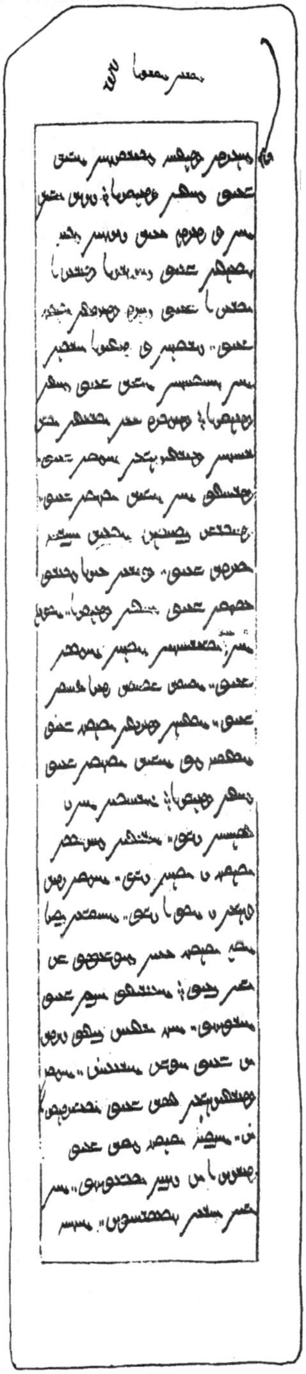

[23.a]

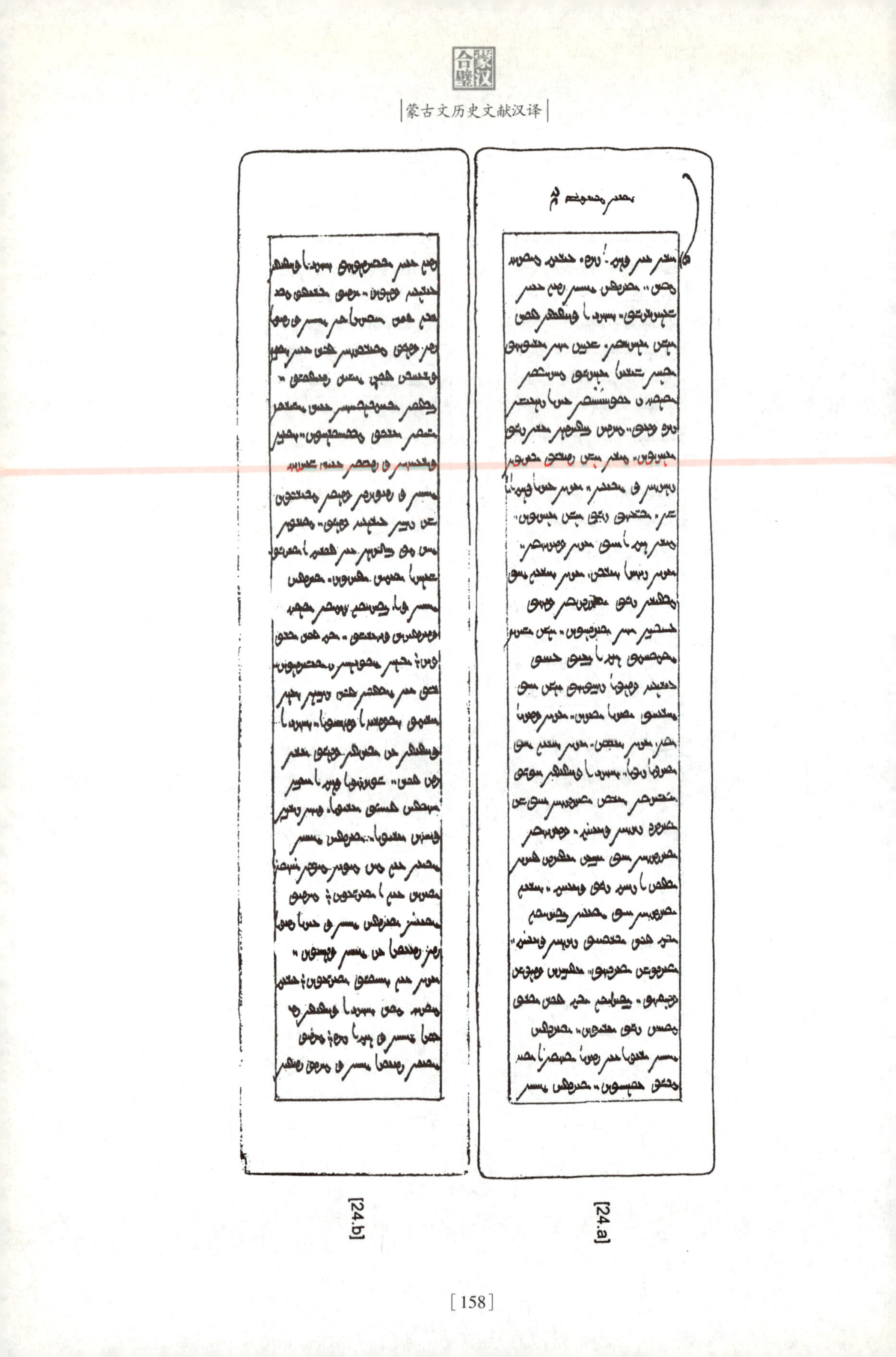

[24.b]

[24.a]

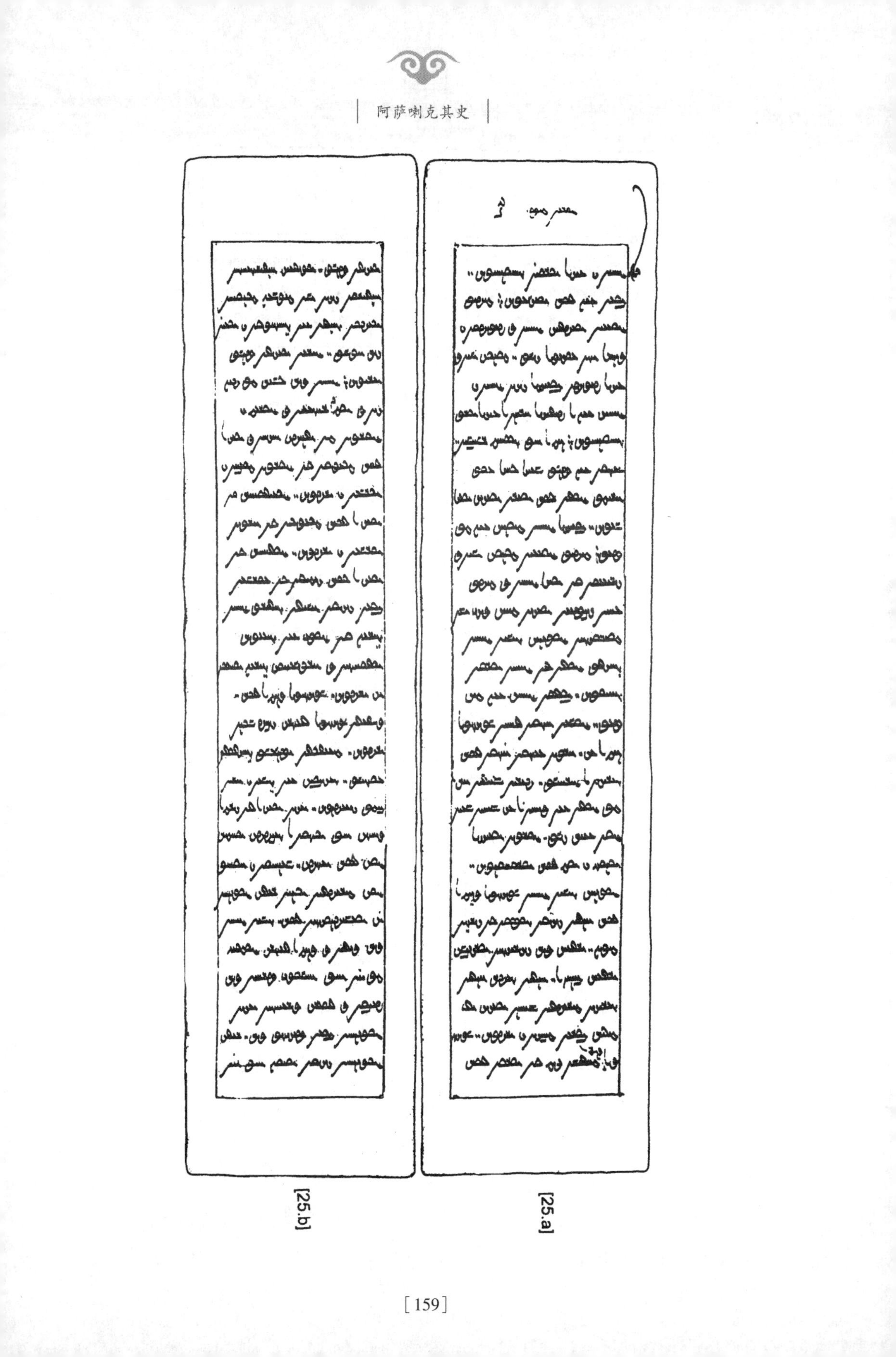

[25.b]

[25.a]

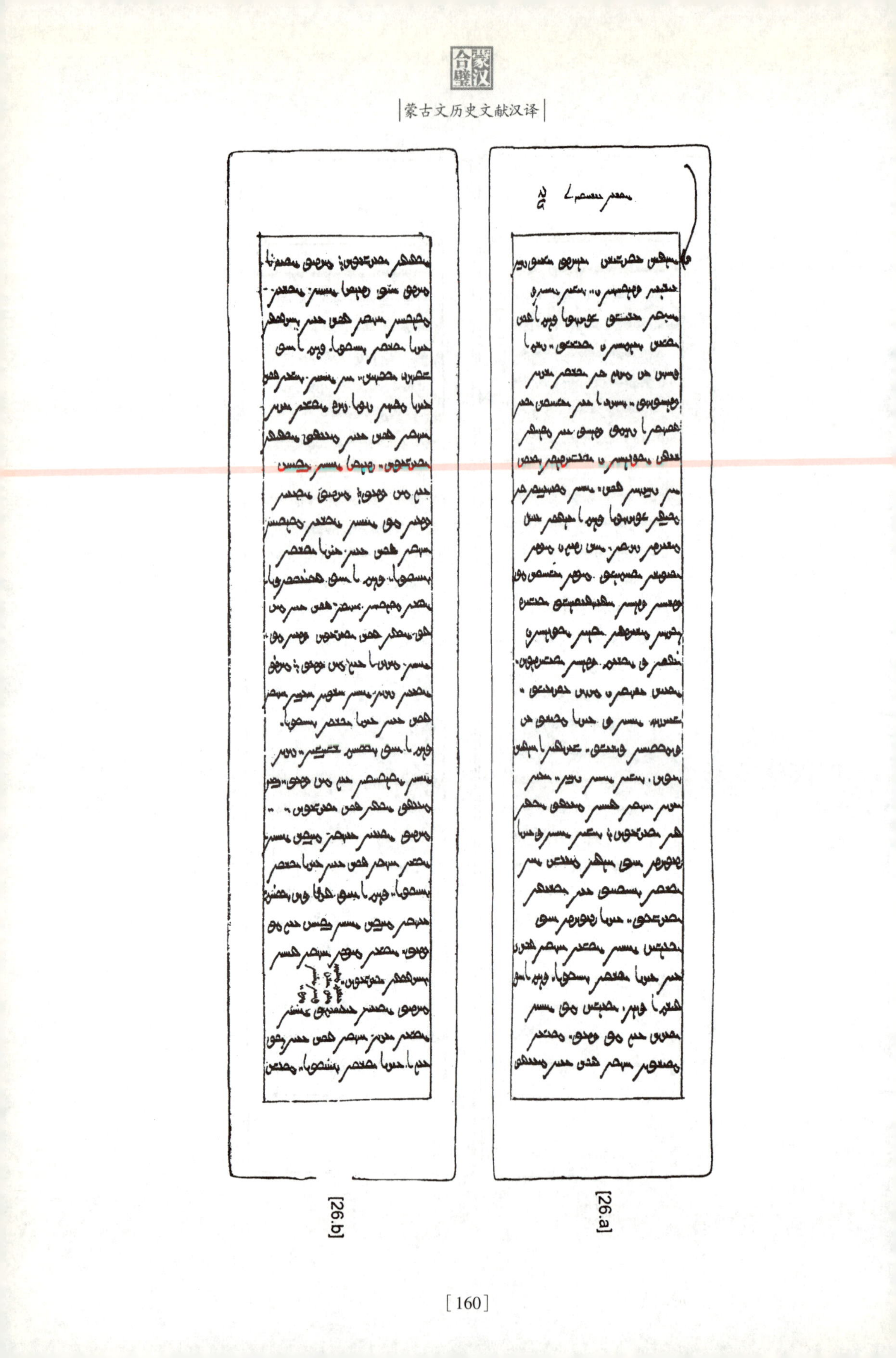

[26.b]

[26.a]

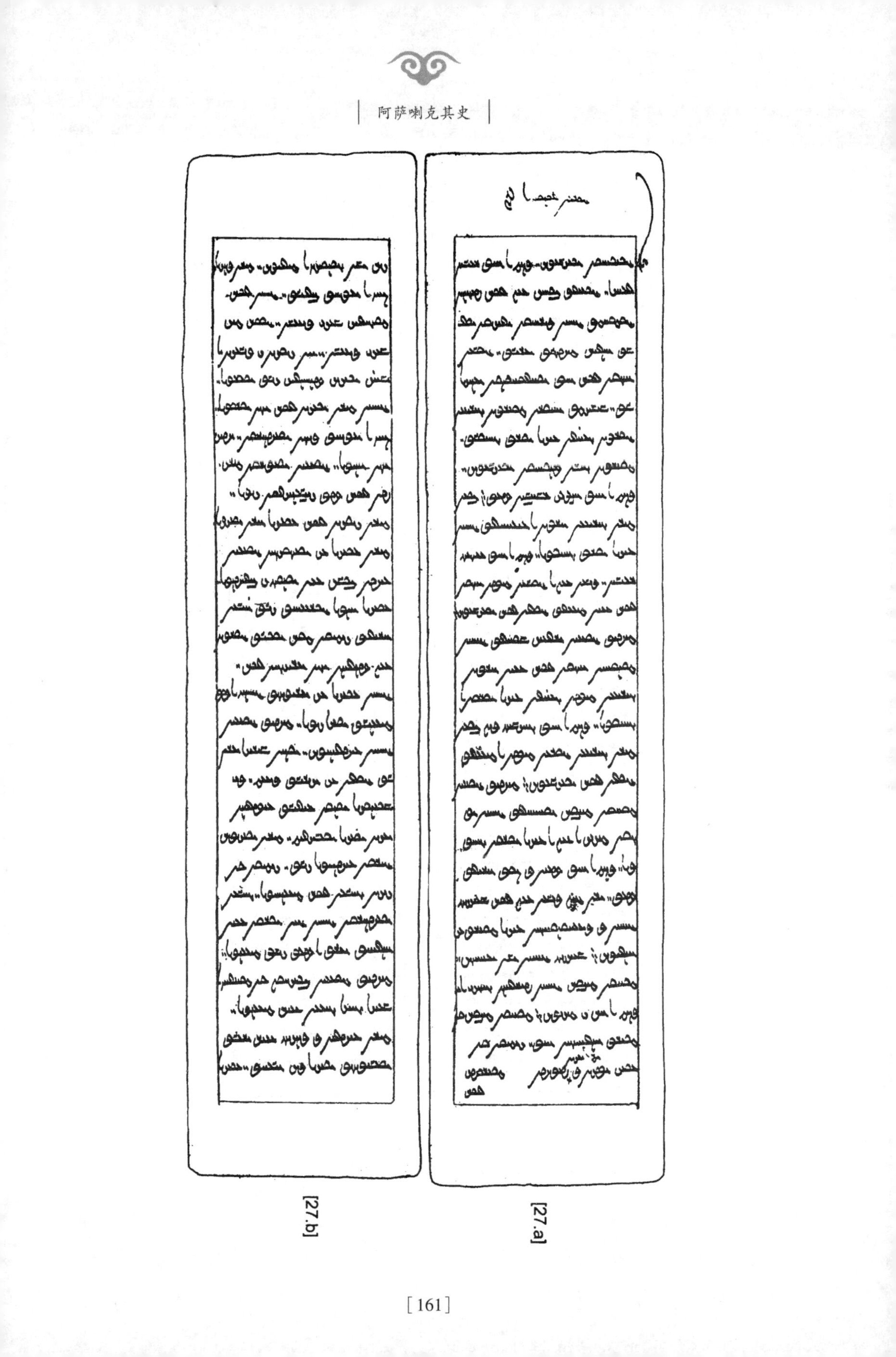

[27.b]

[27.a]

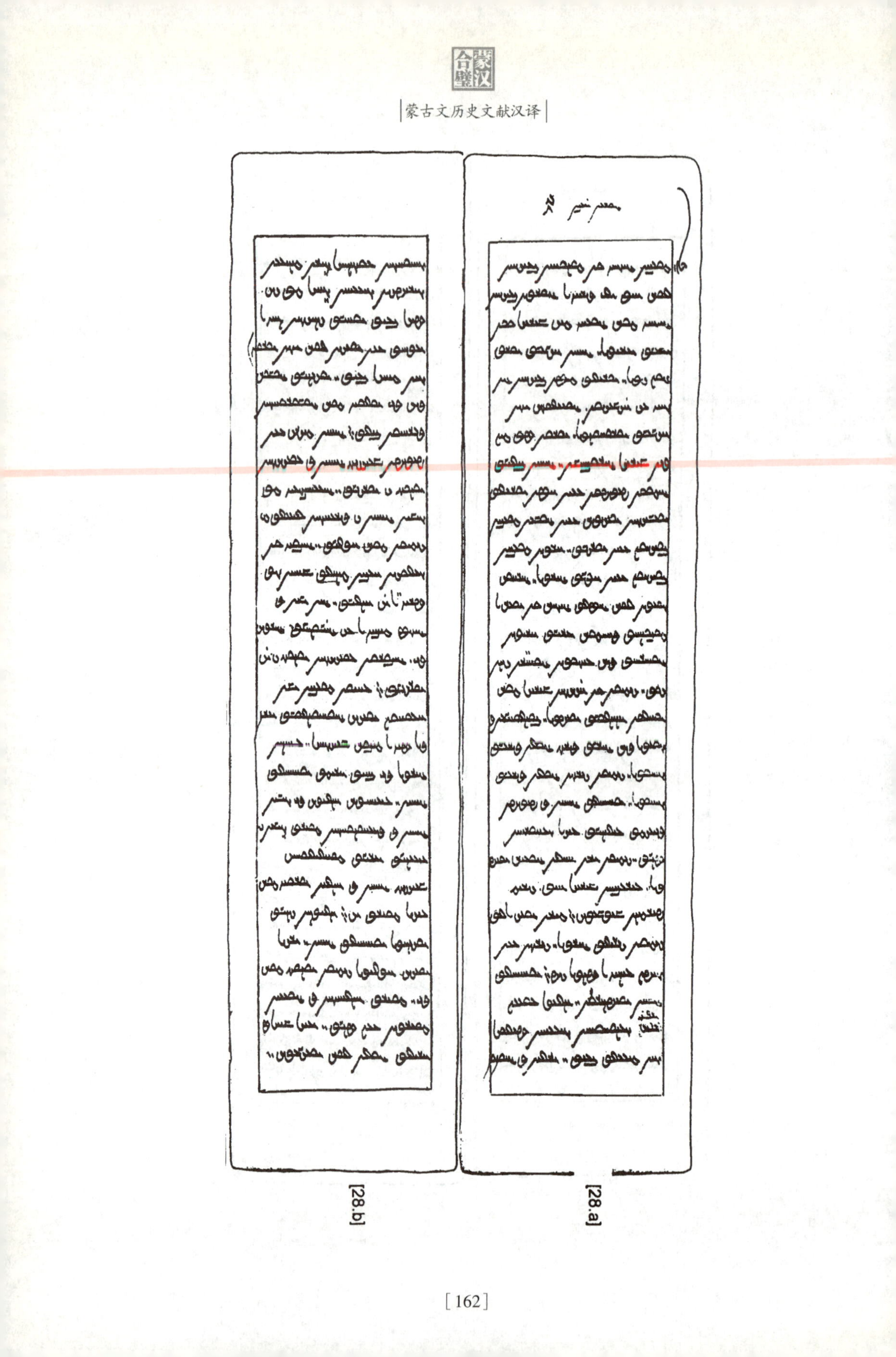

[28.b]

[28.a]

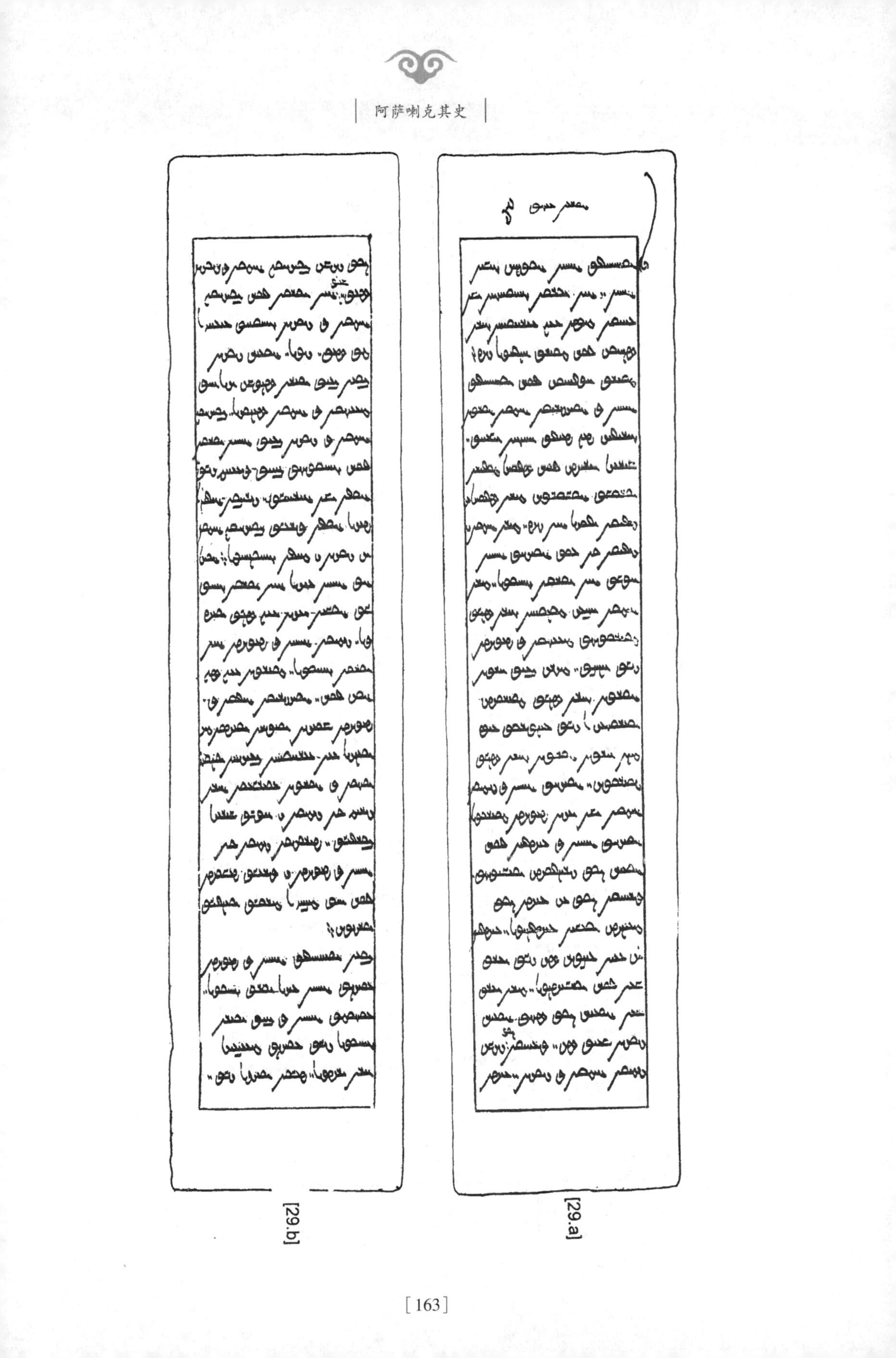

[29.b]

[29.a]

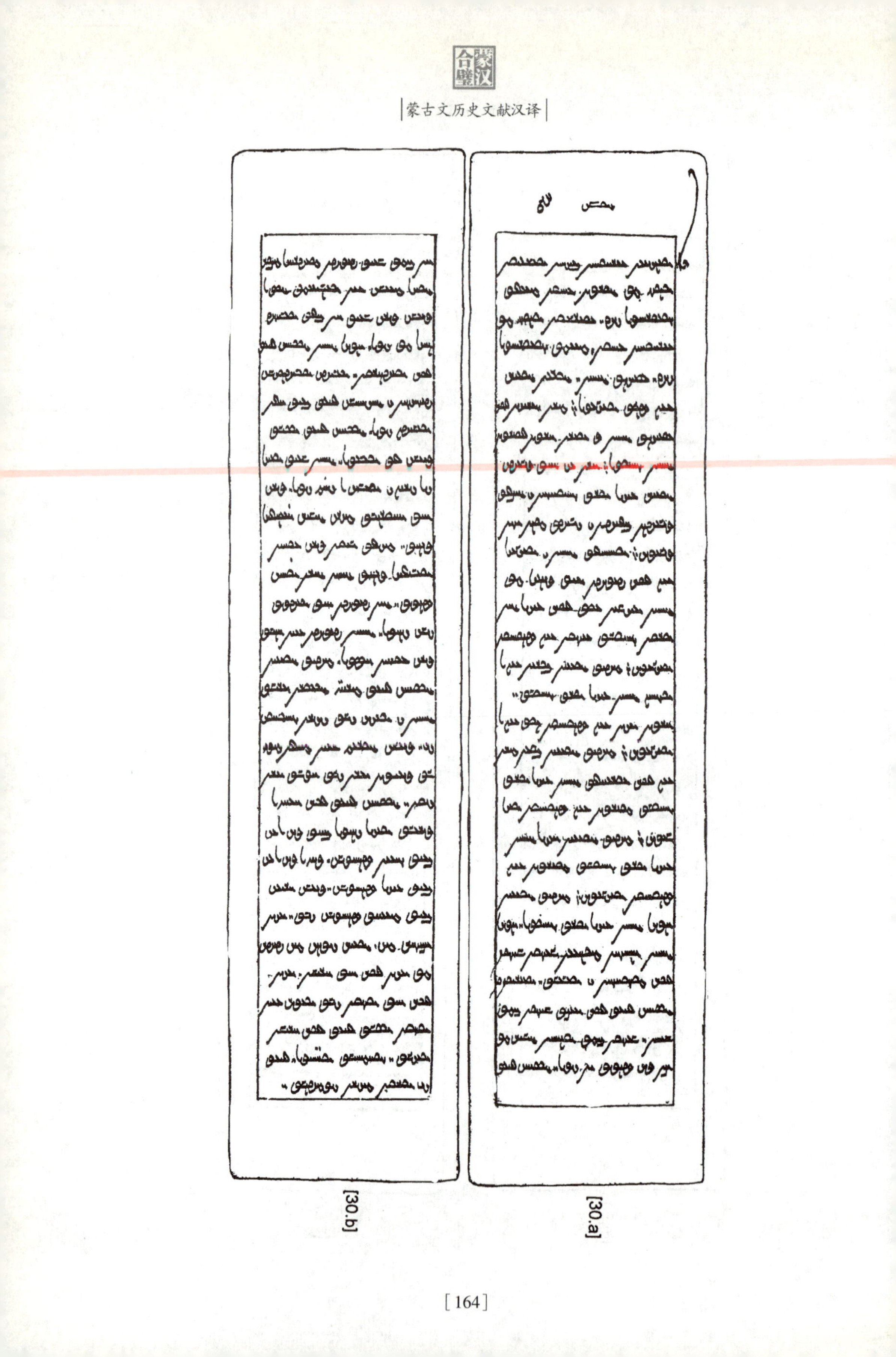

[30.b]

[30.a]

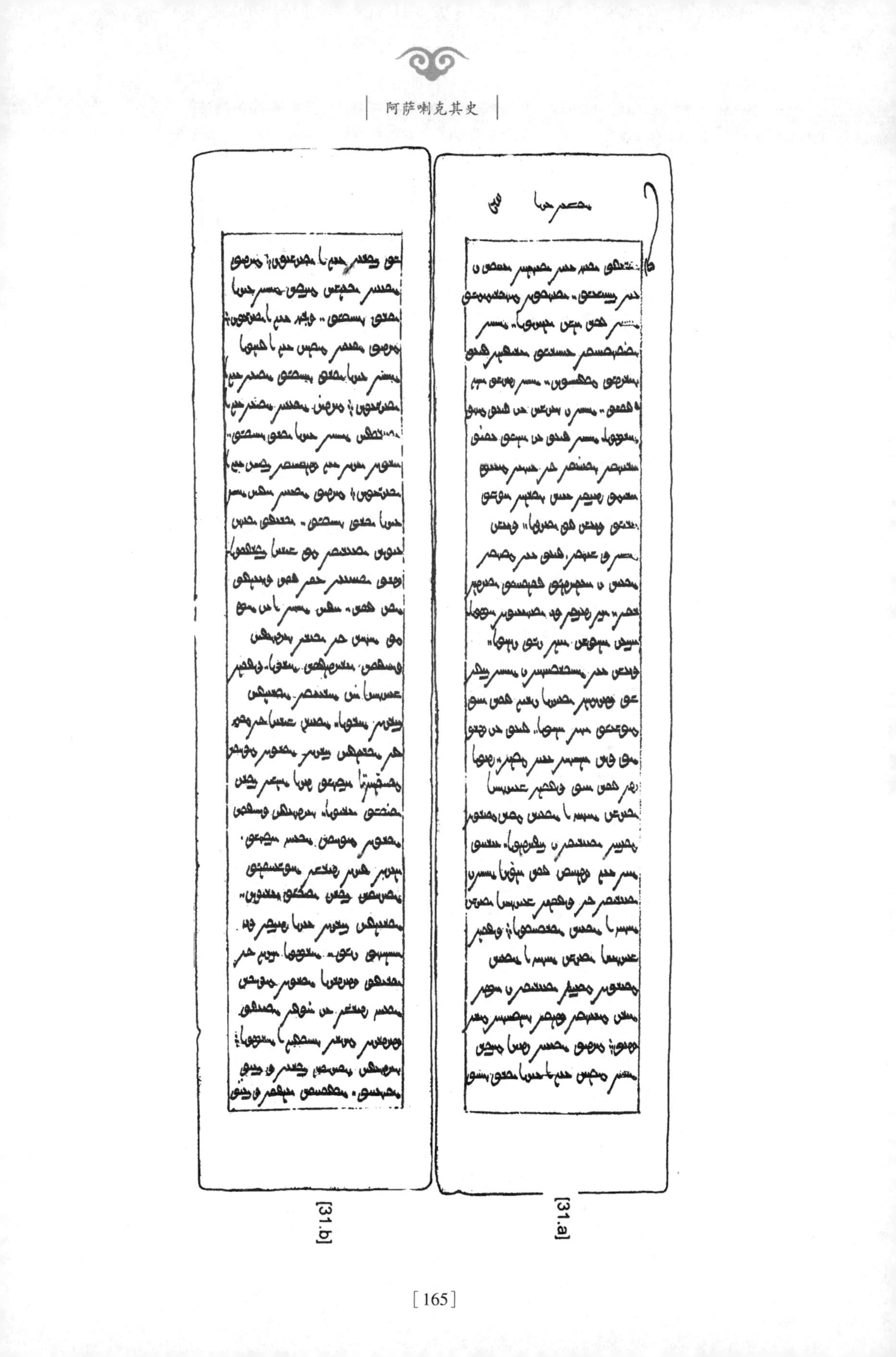

[31.b]

[31.a]

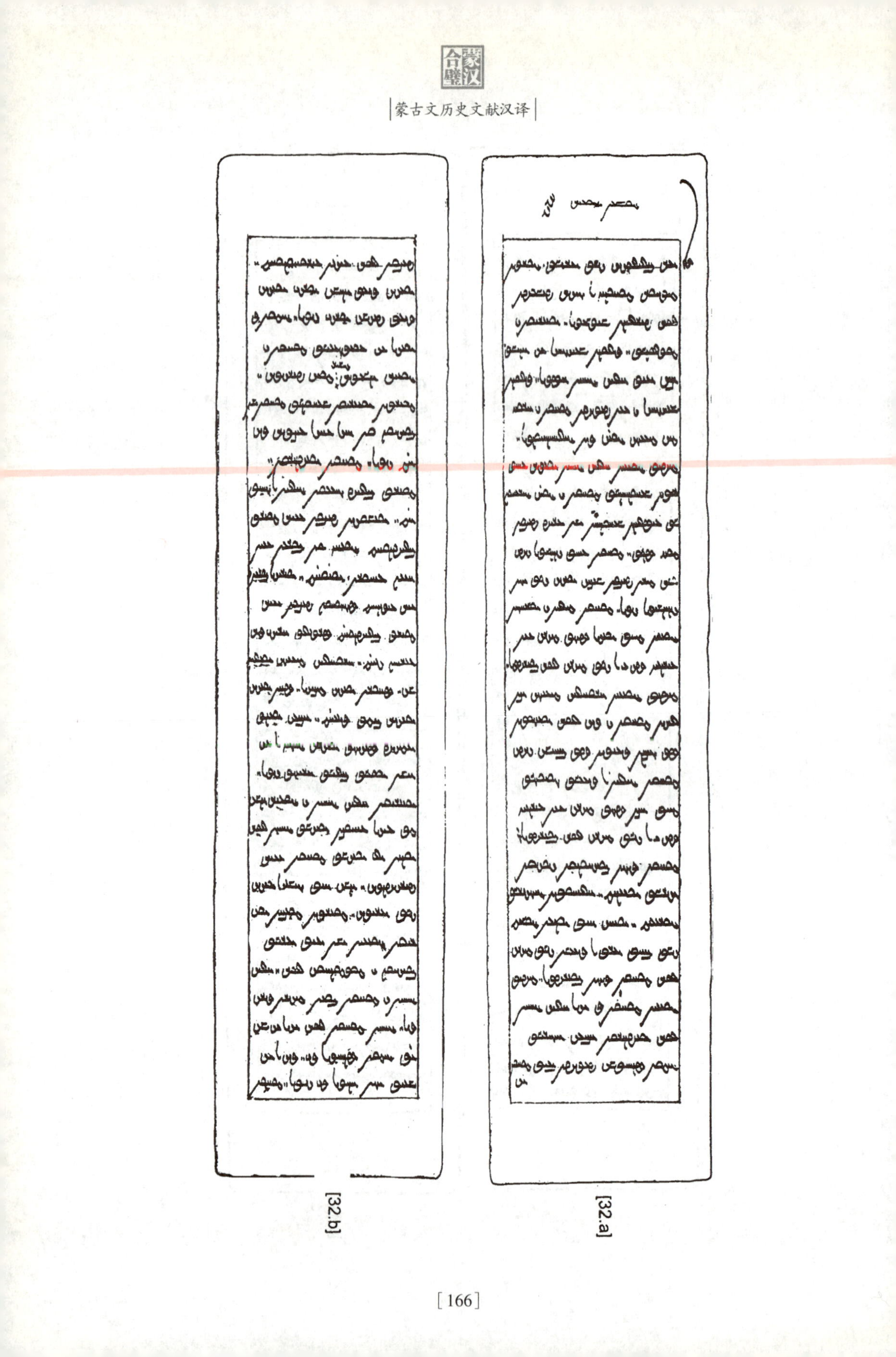

[32.b]

[32.a]

33.b]

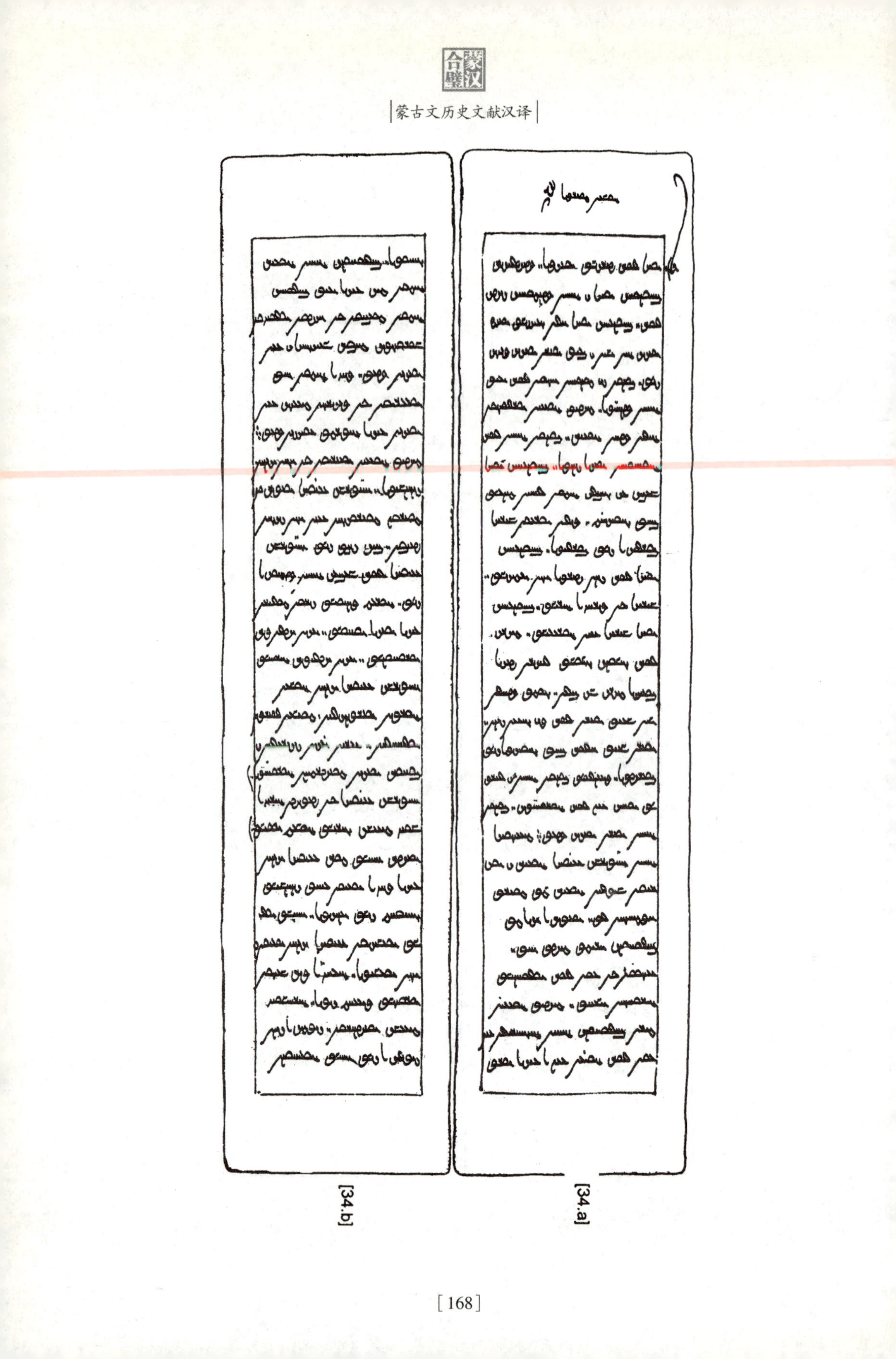

[34.b]

[34.a]

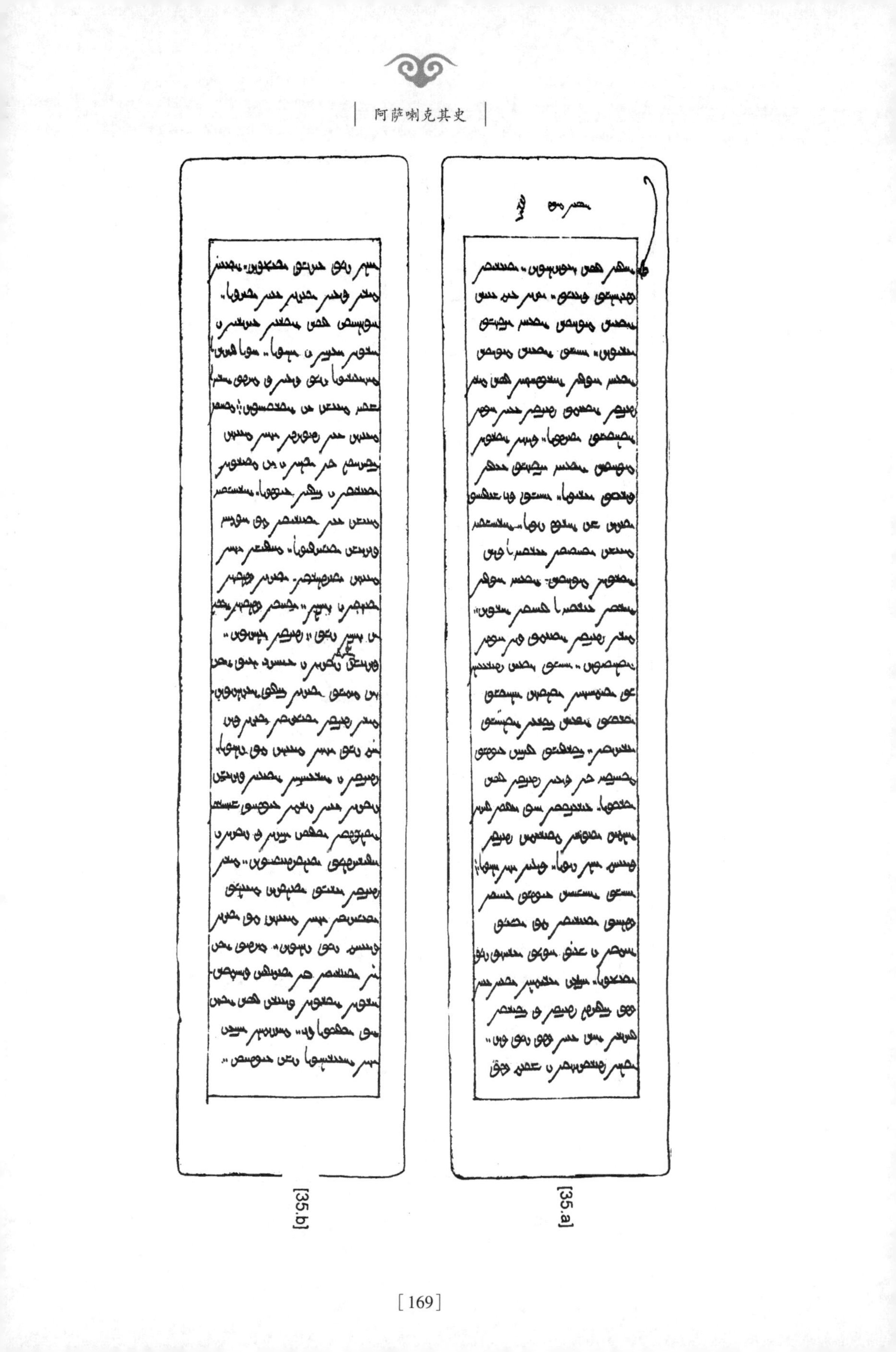

[35.b]

[35.a]

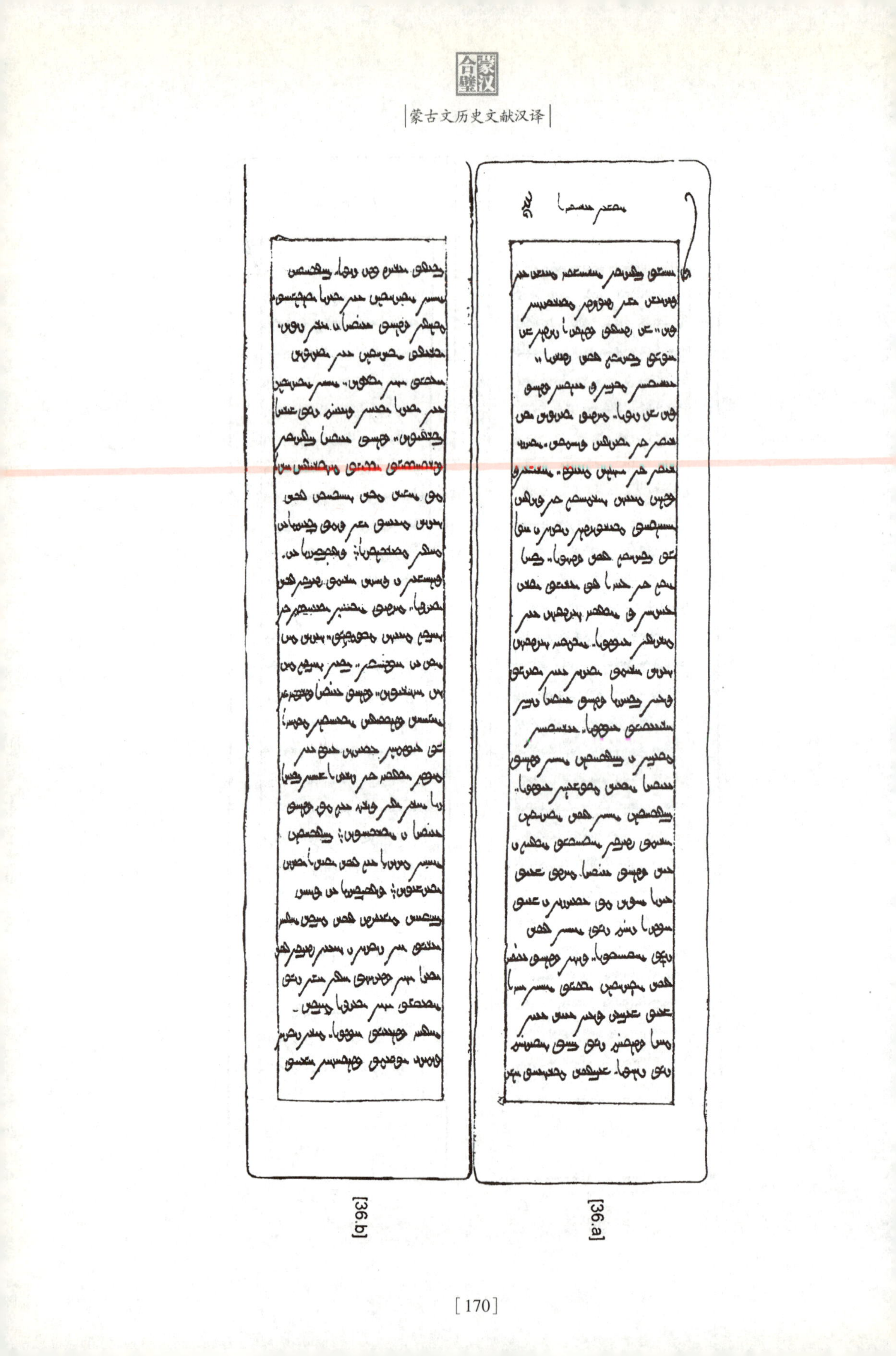

[36.b]

[36.a]

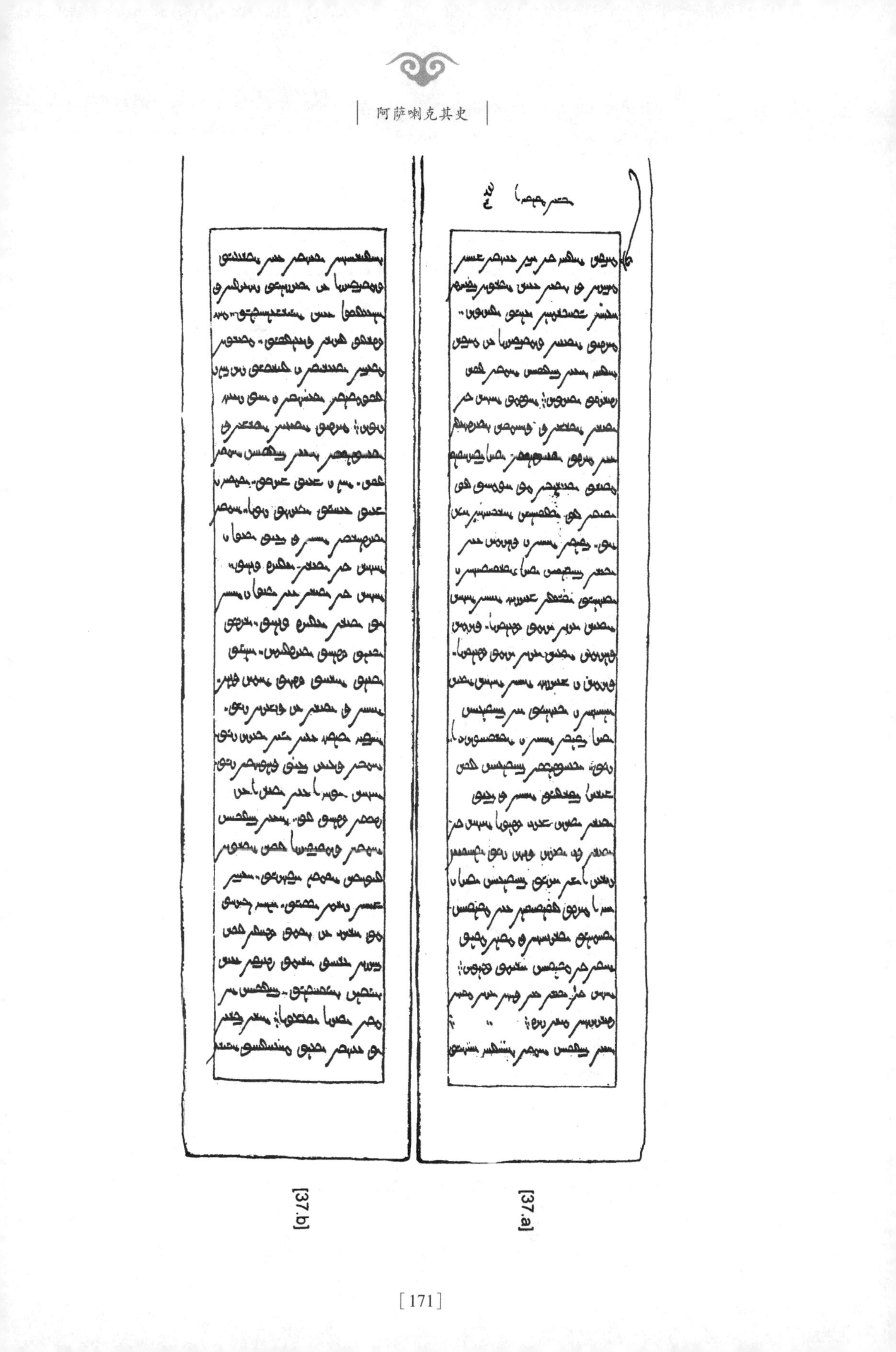

[37.b]

[37.a]

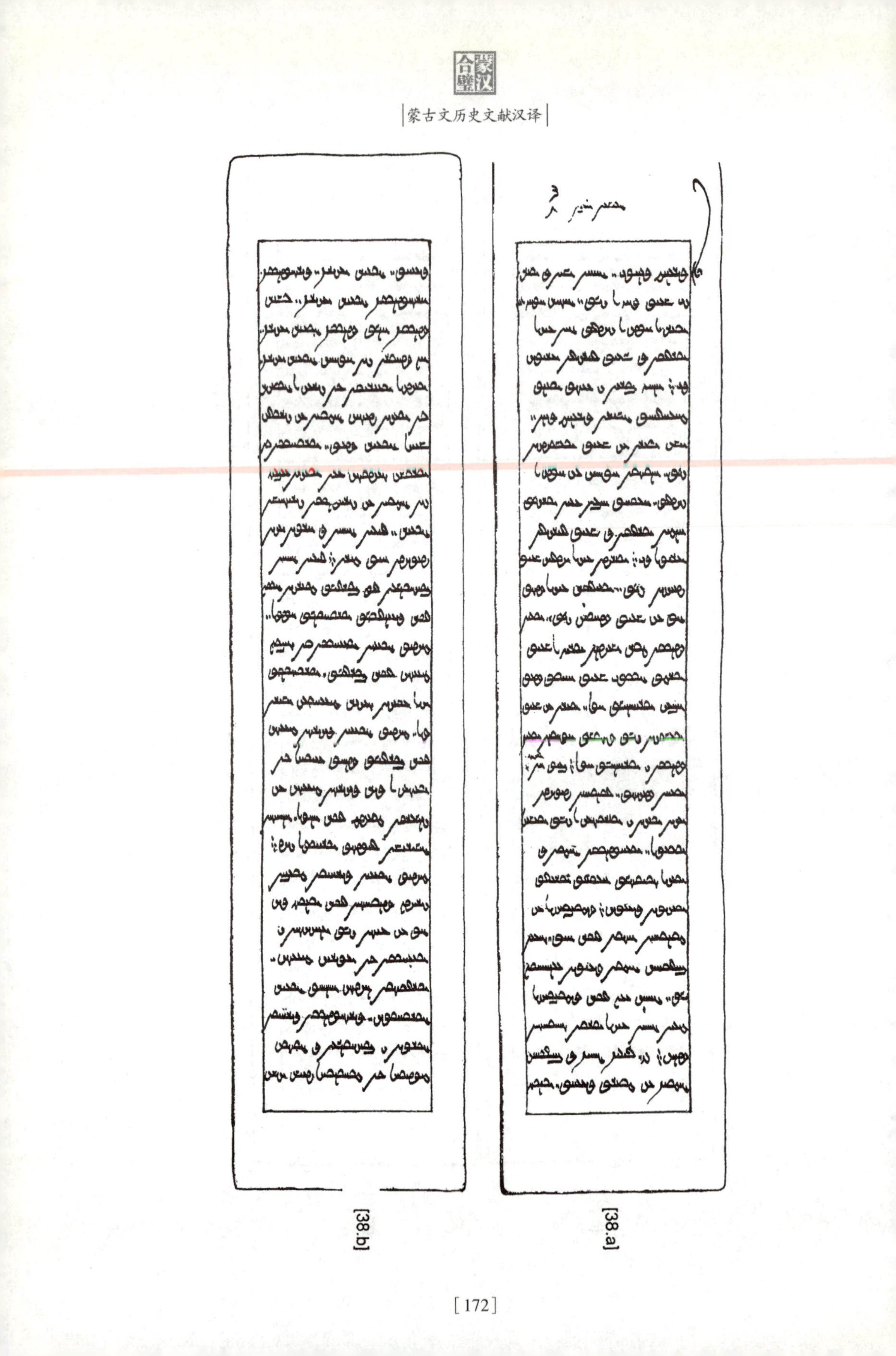

[38.b]

[38.a]

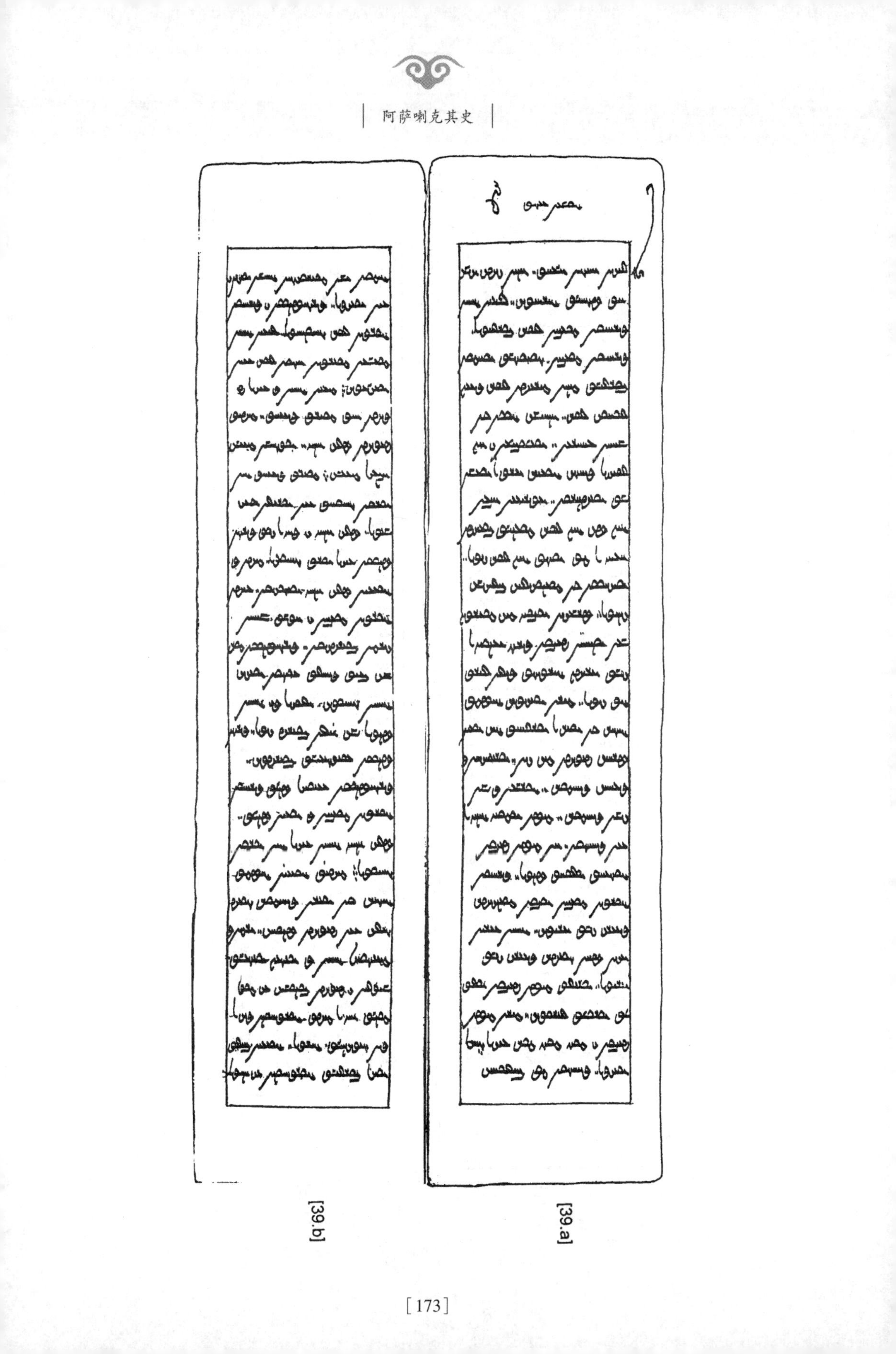

[39.b]

[39.a]

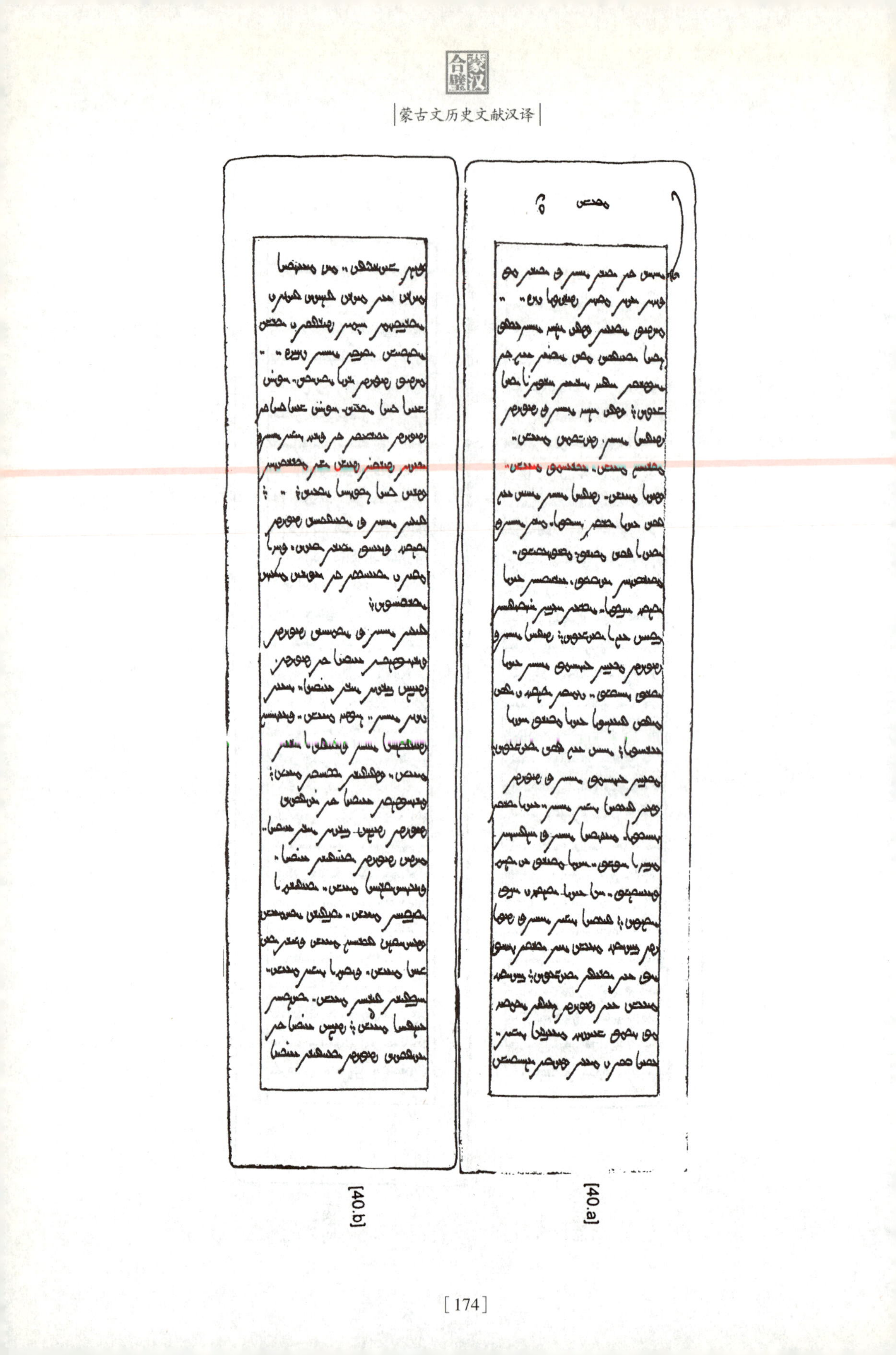

[40.b]

[40.a]

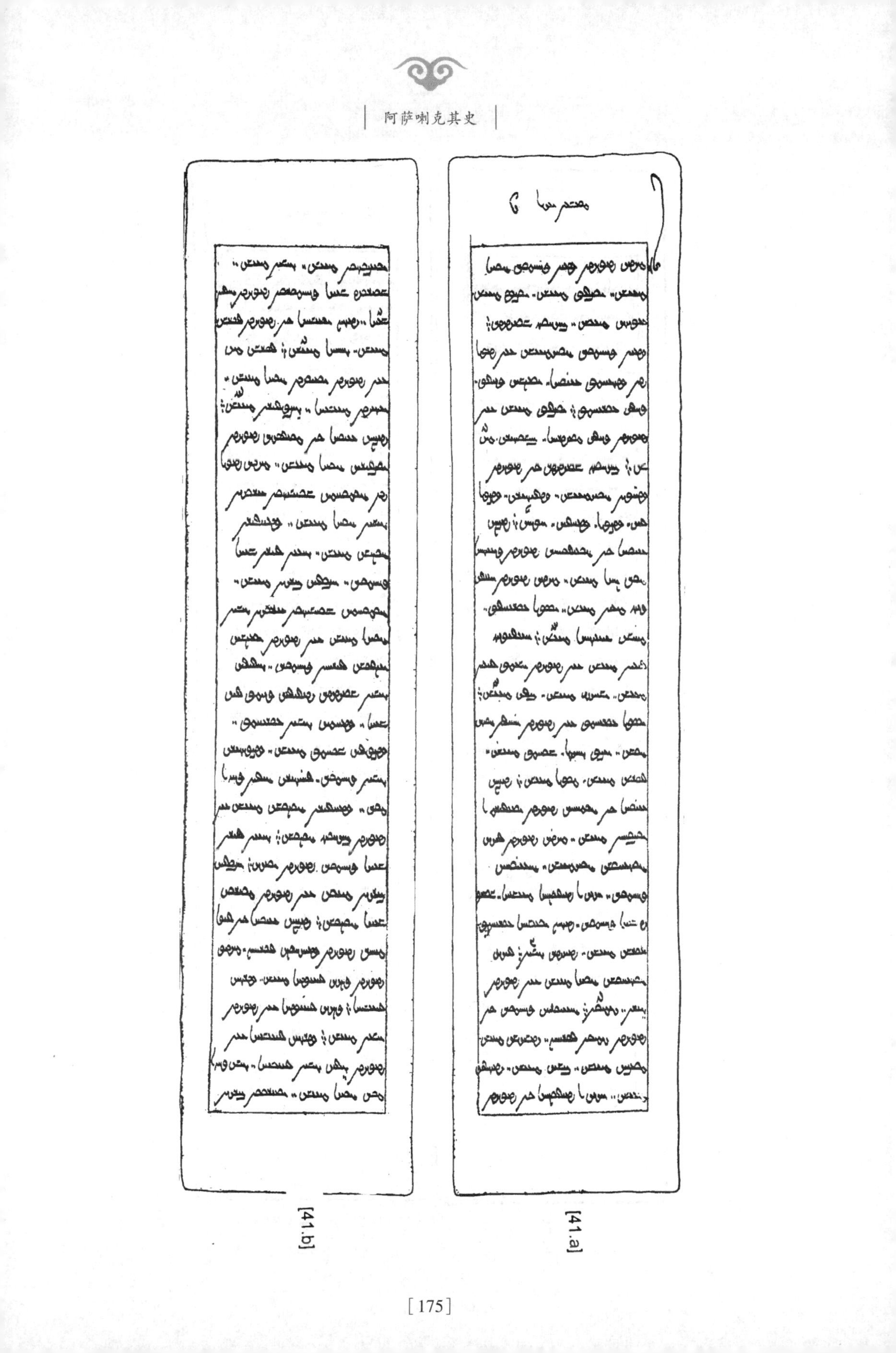

[41.b]

[41.a]

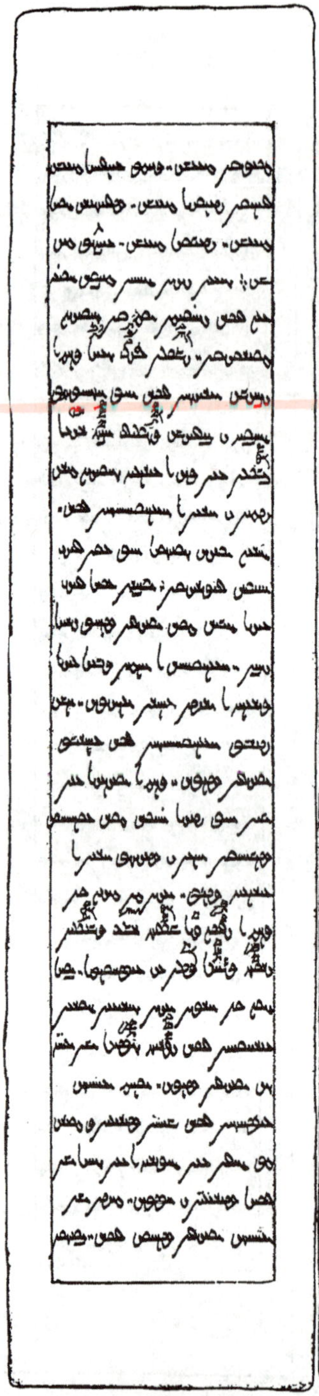

[42.b]

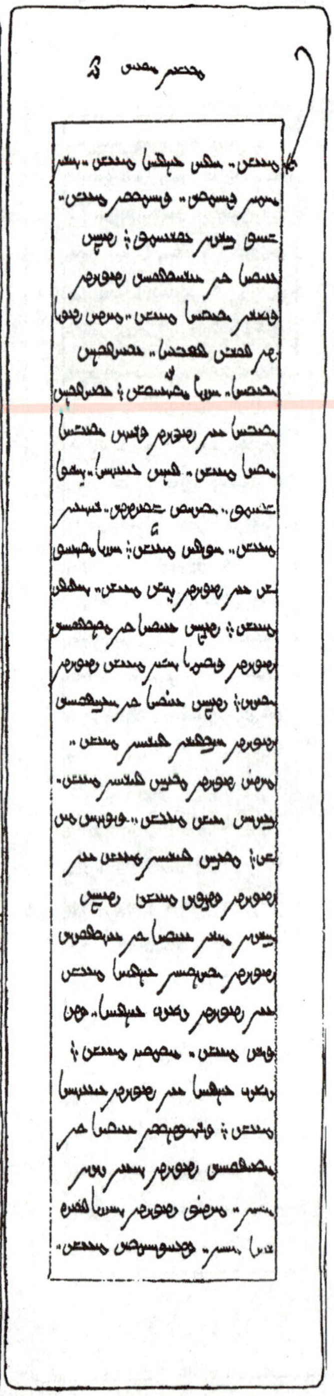

[42.a]

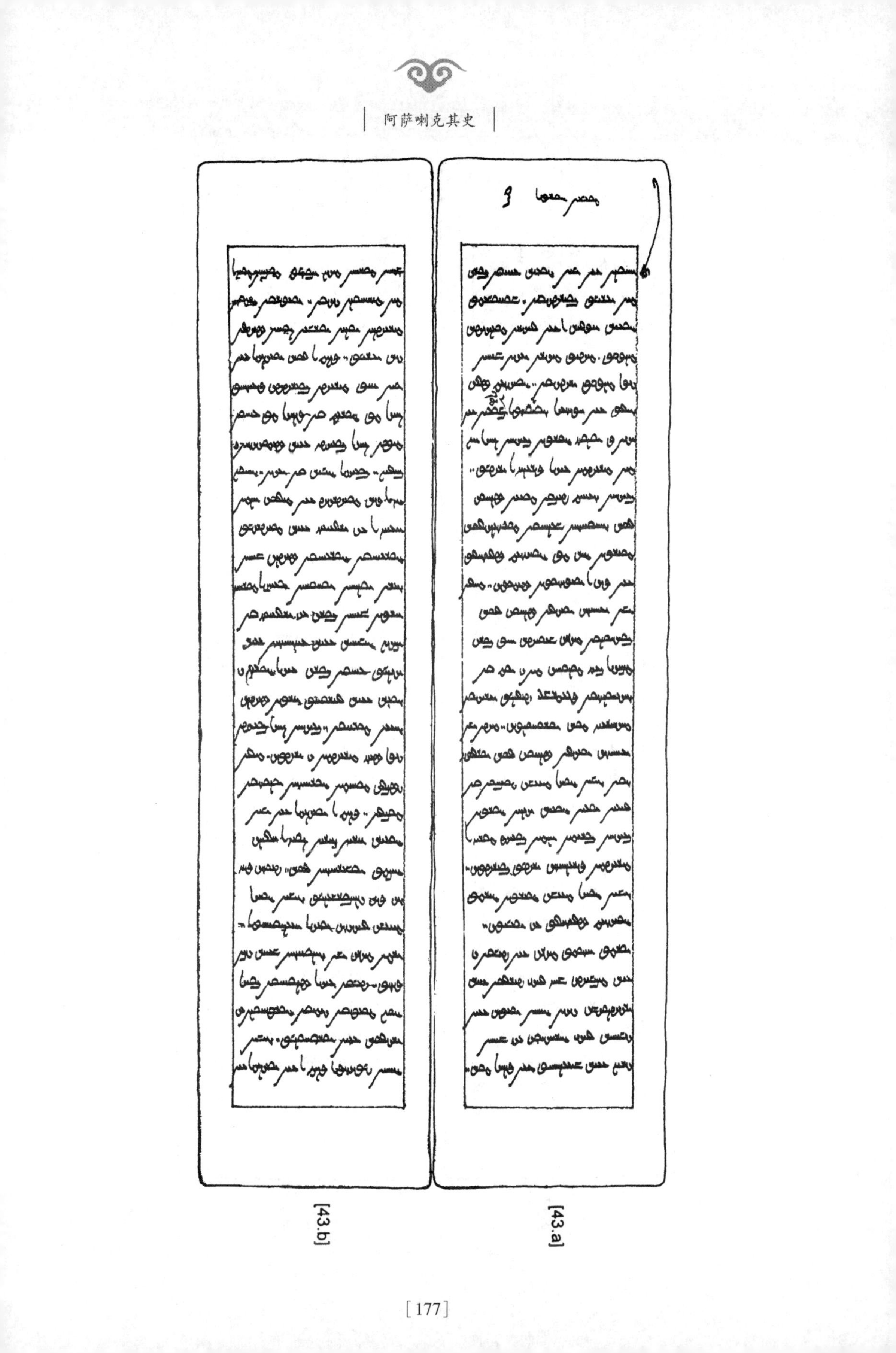

[43.b]

[43.a]

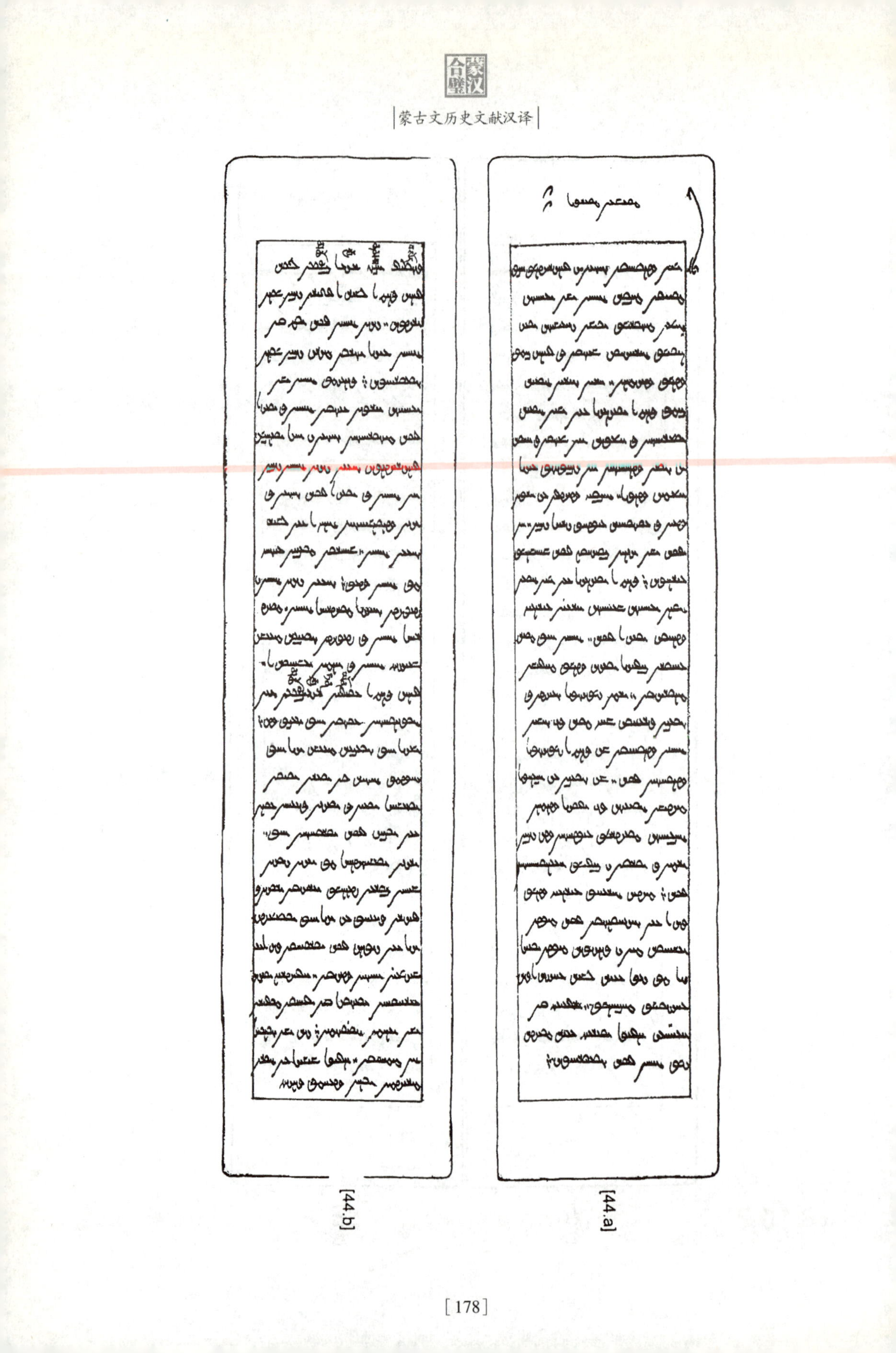

[44.a]

[44.b]

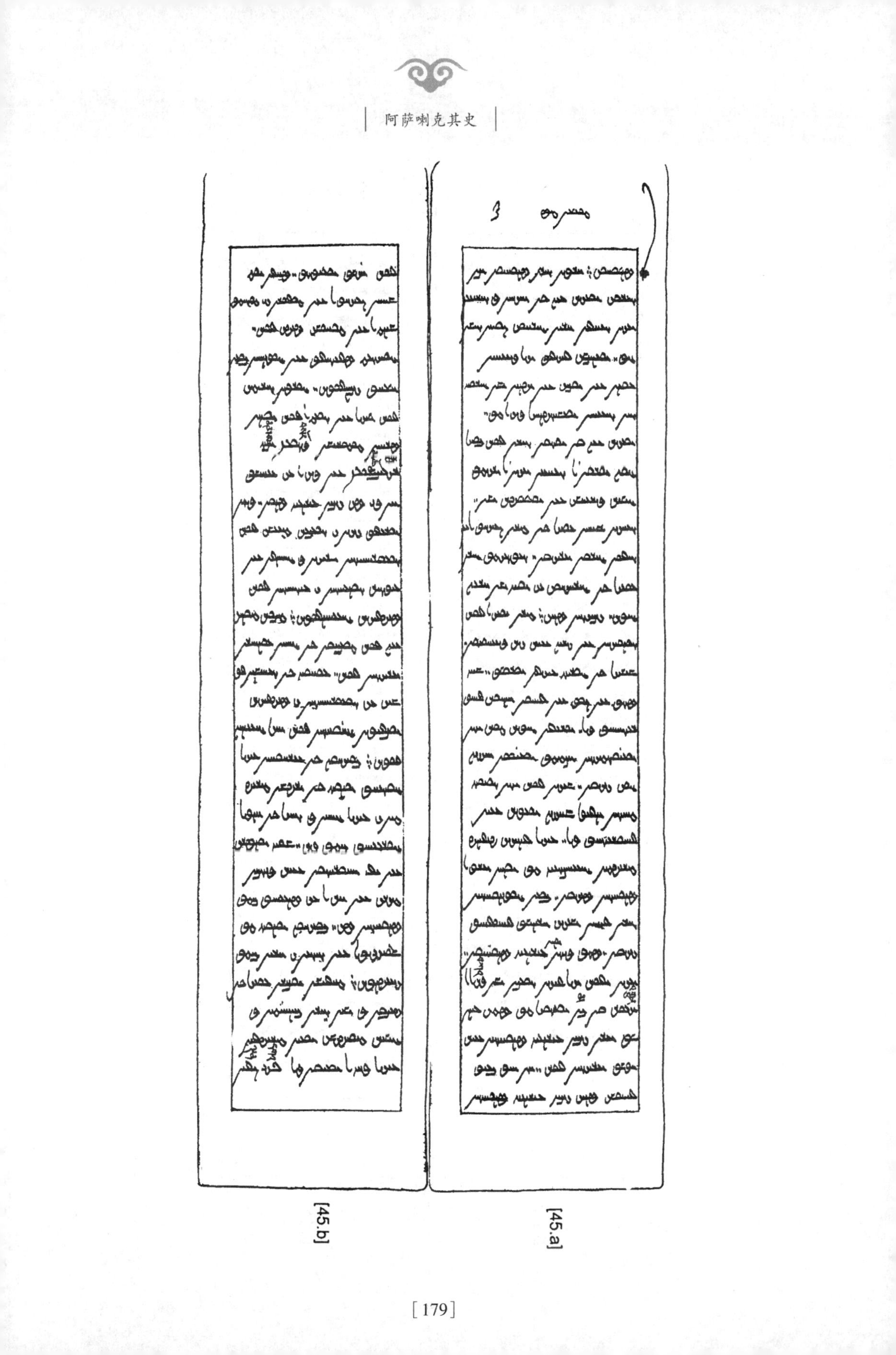

[45.b]

[45.a]

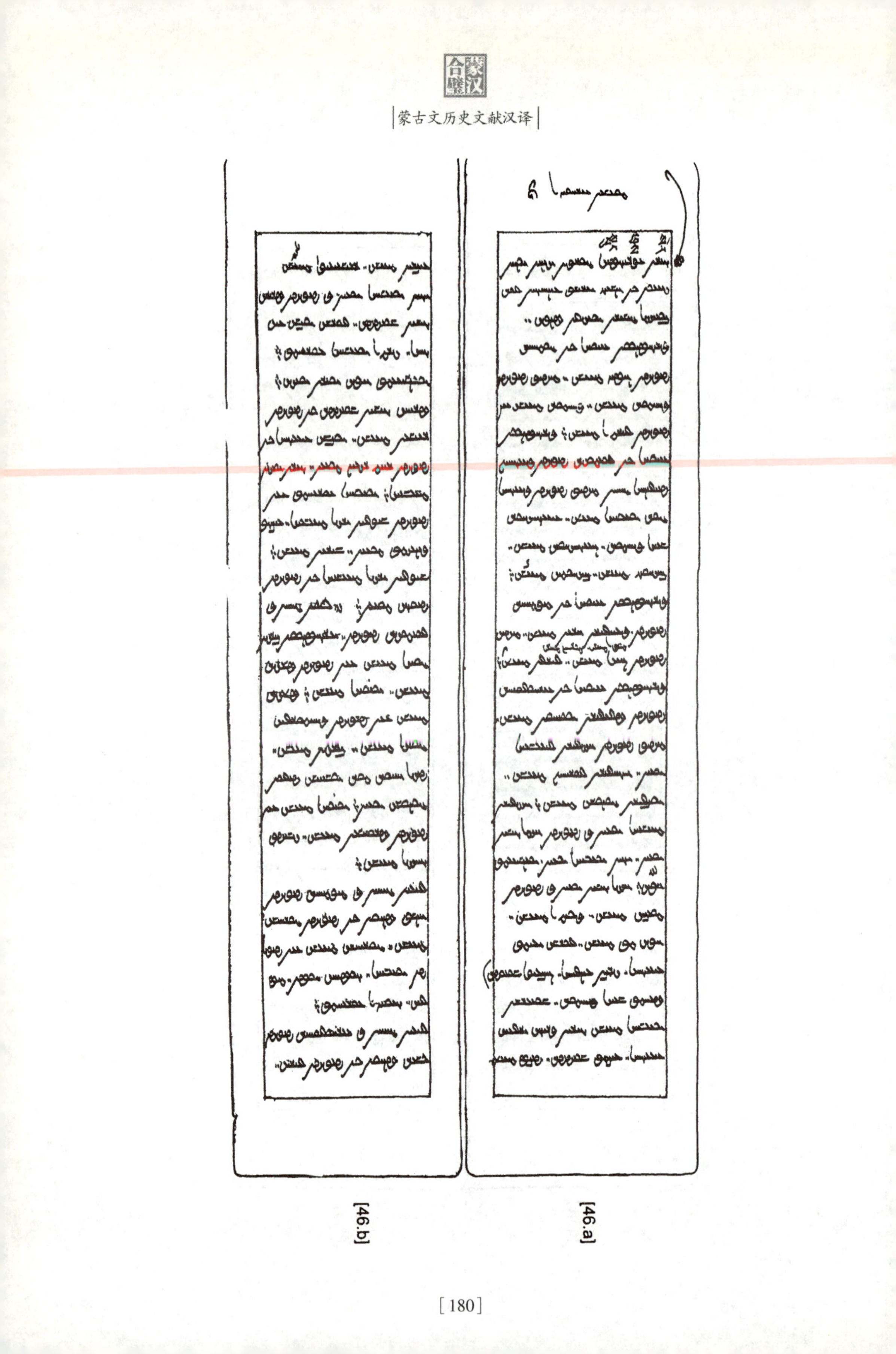

[46.b]

[46.a]

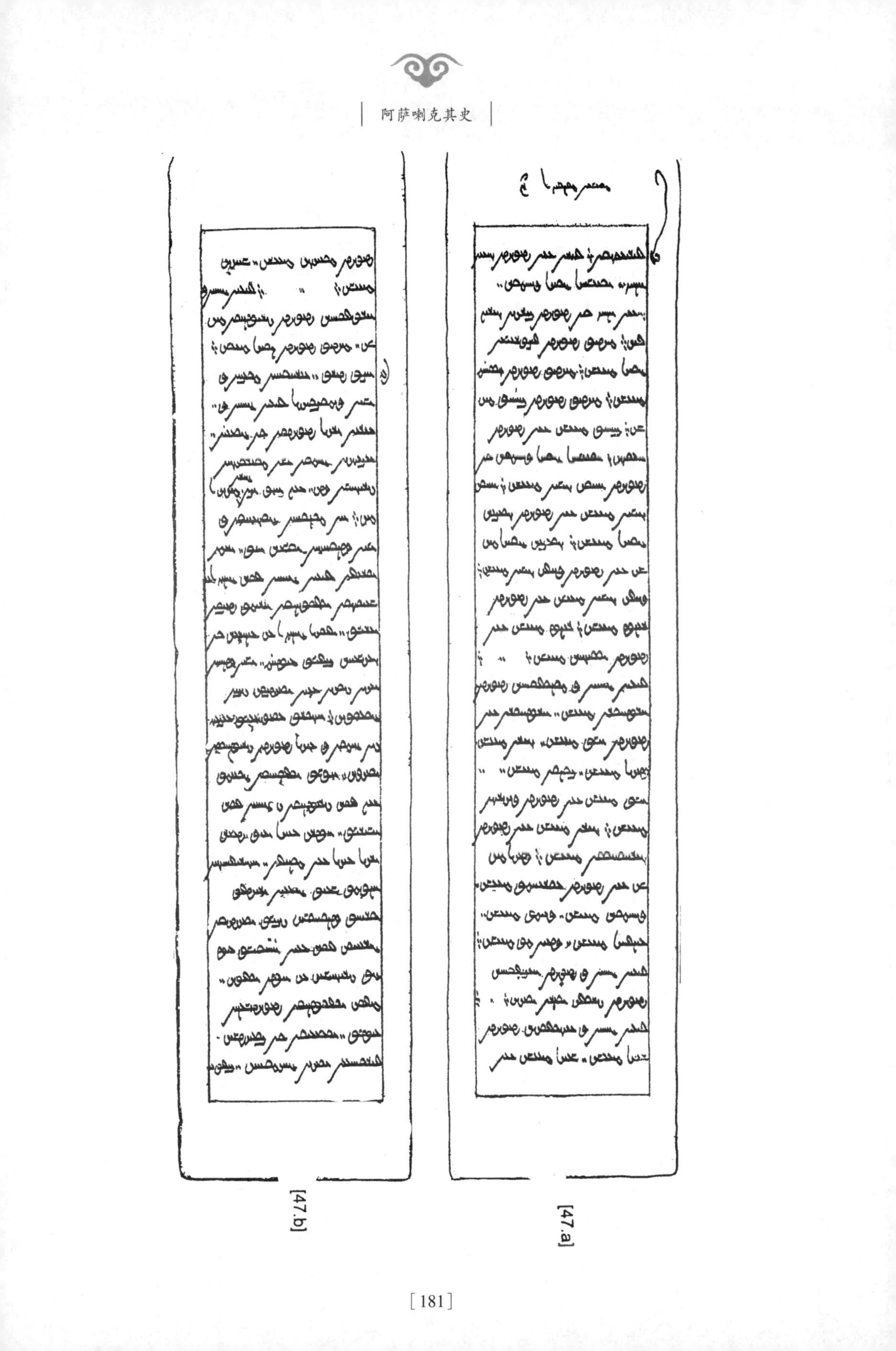

[47.b]

[47.a]

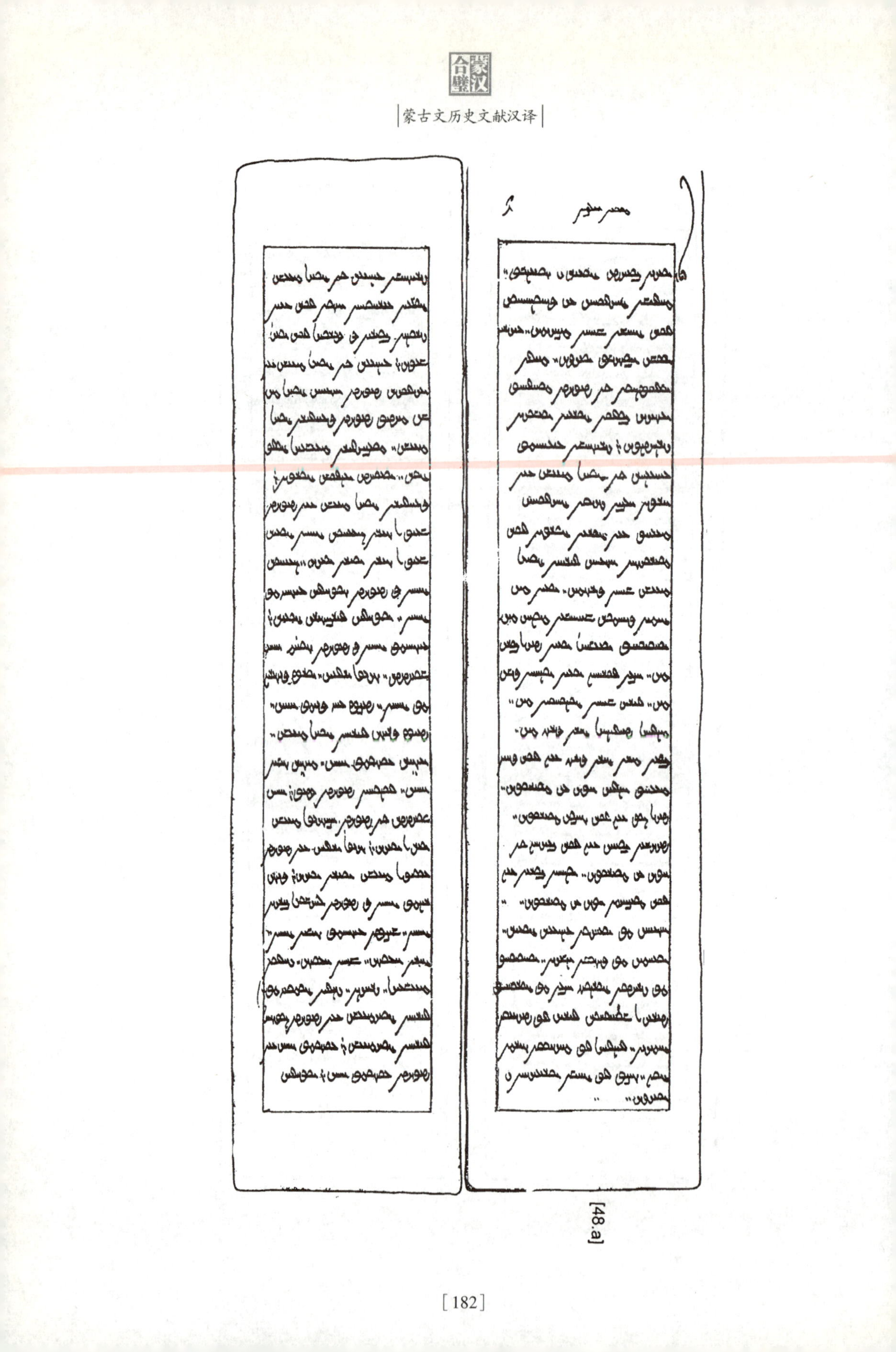

[48.a]

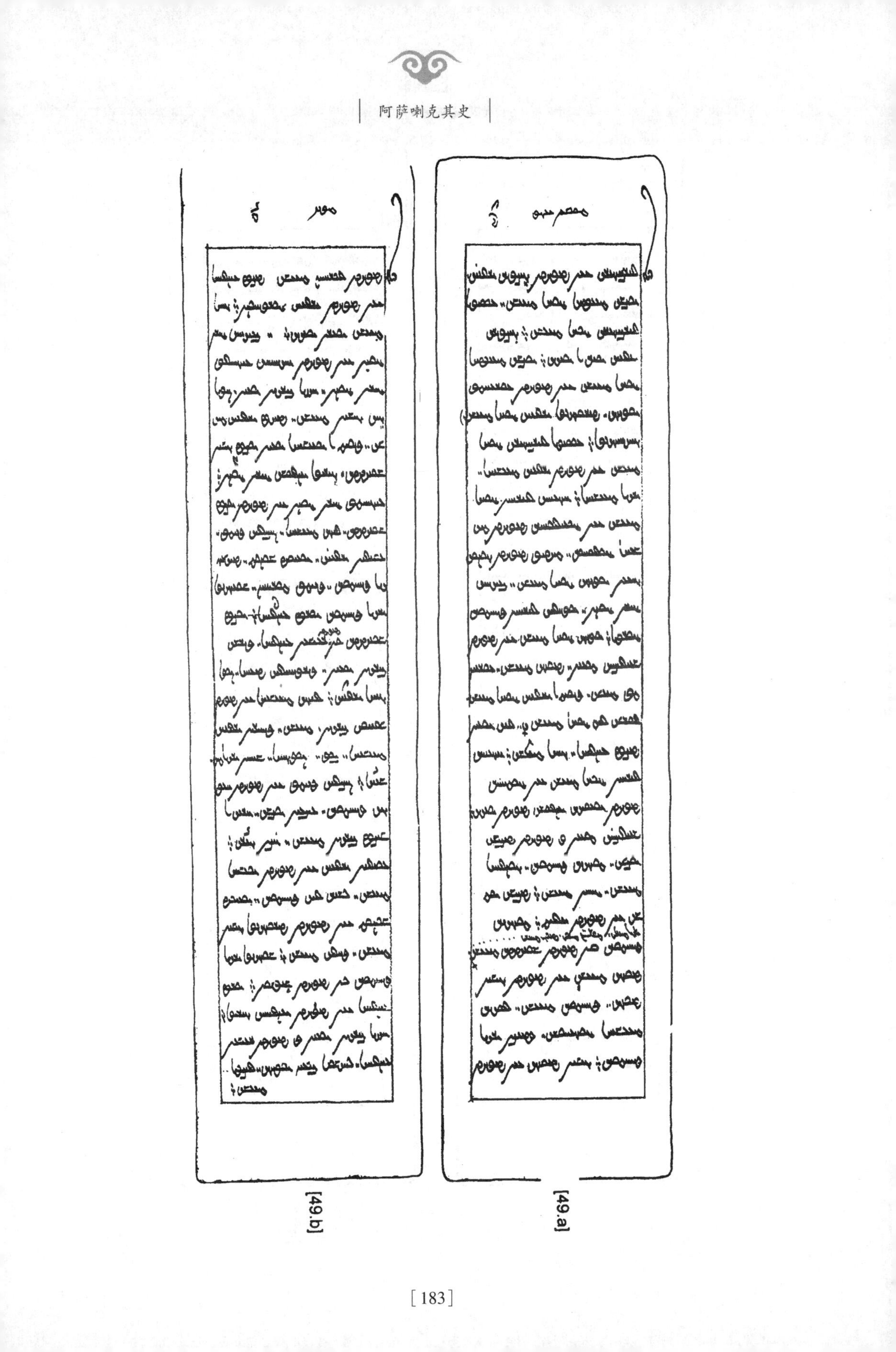

[49.b]

[49.a]

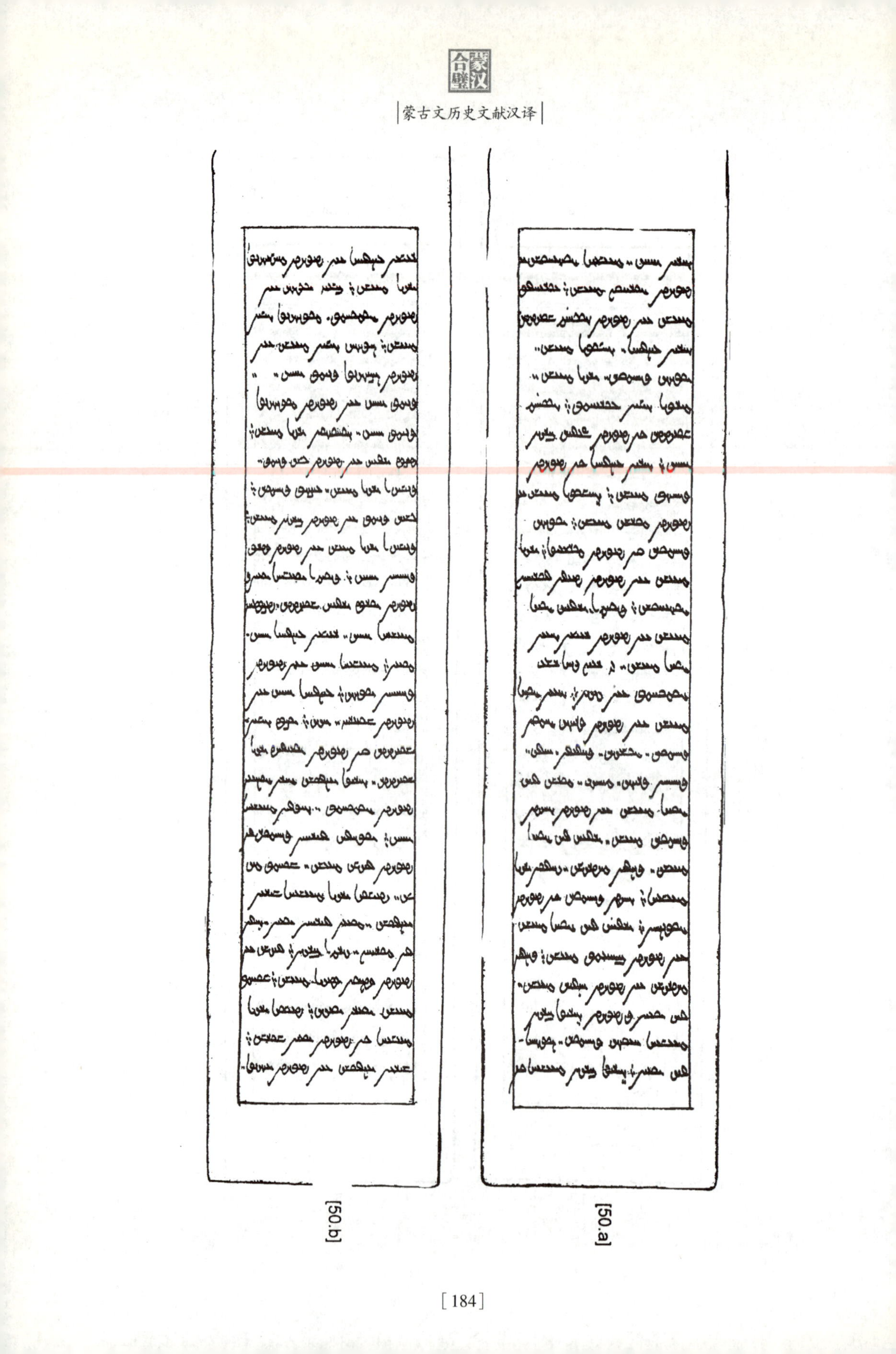

[50.b]

[50.a]

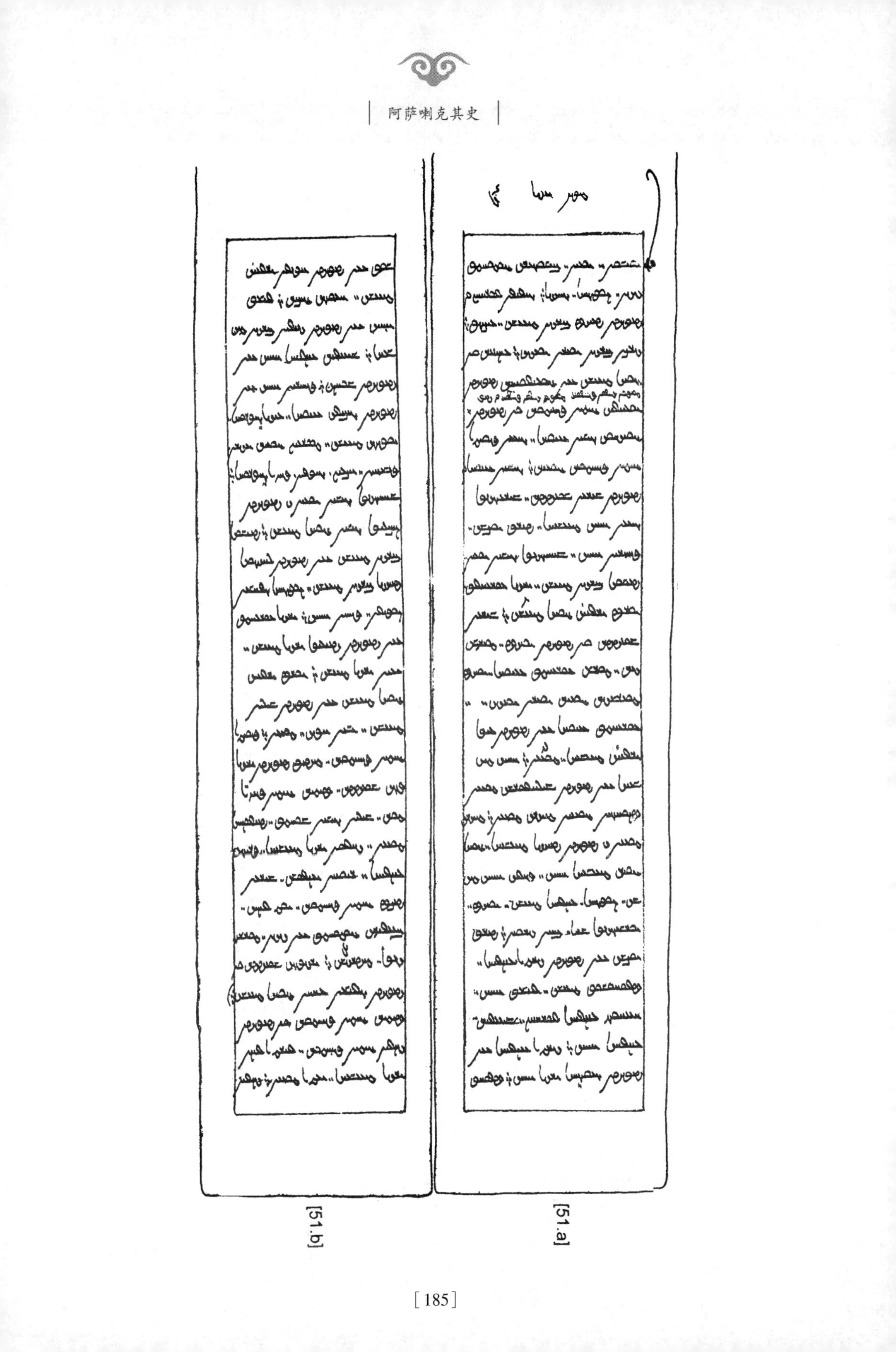

[51.b]

[51.a]

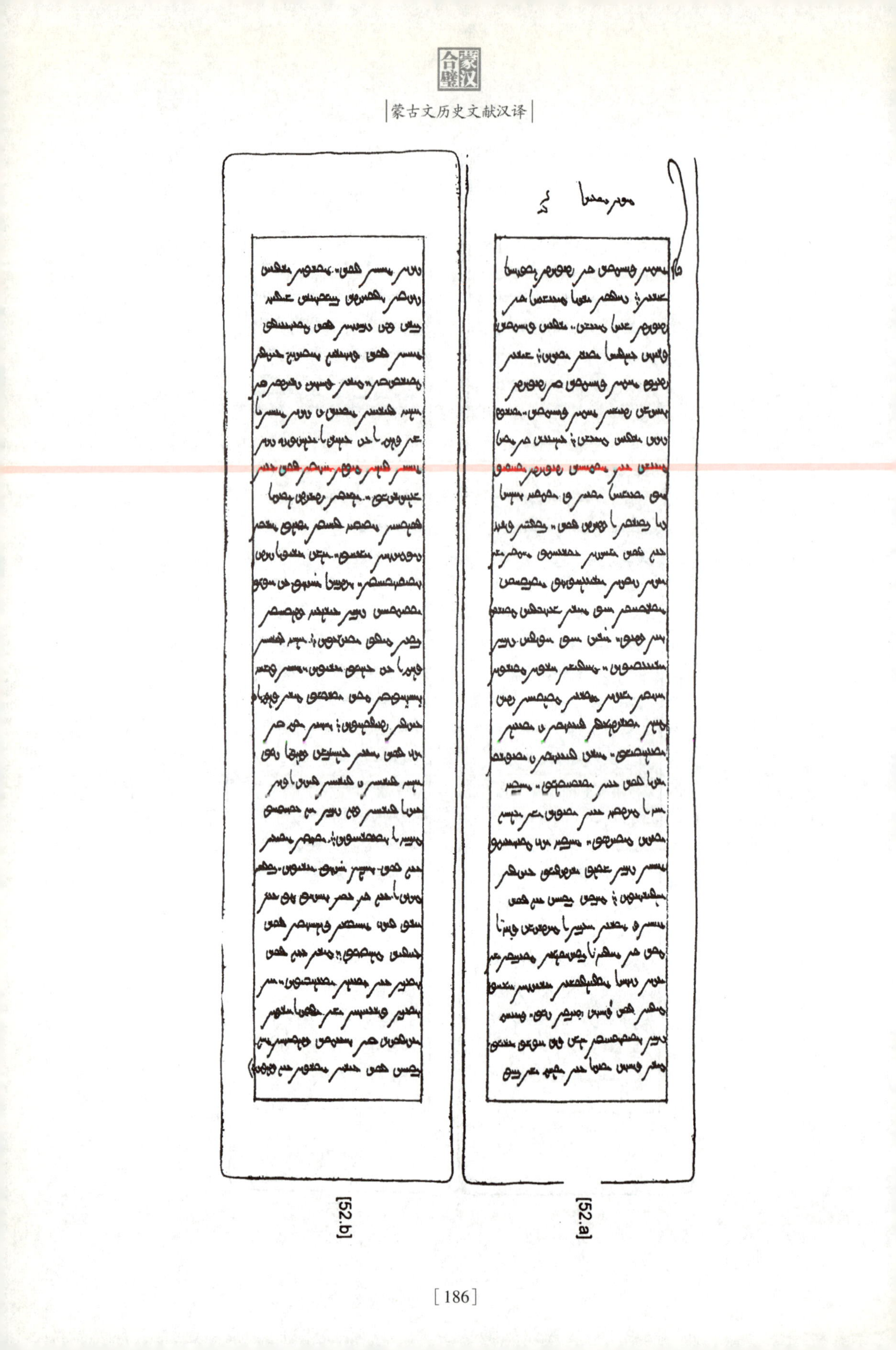

[52.b]

[52.a]

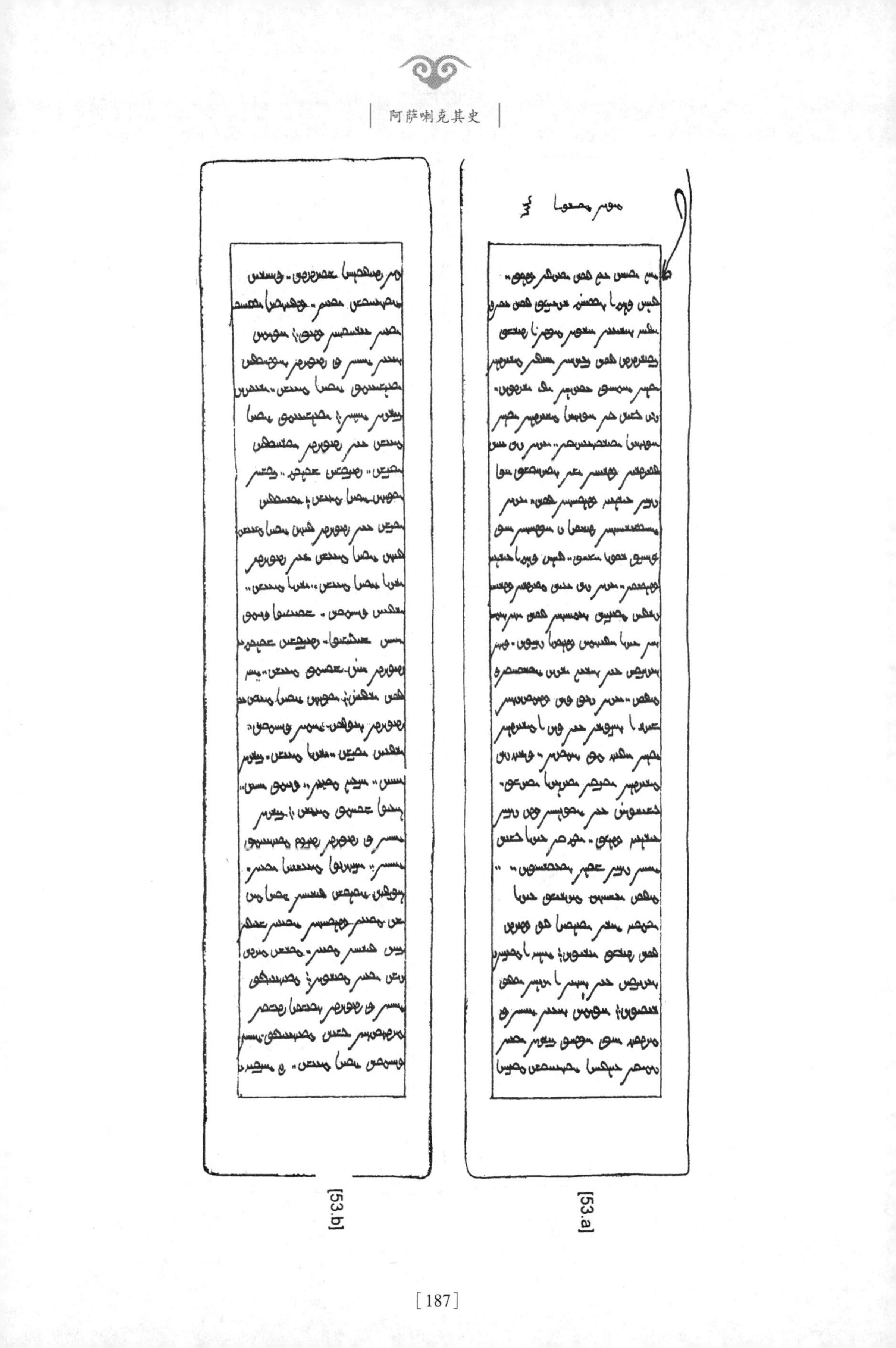

[53.b]

[53.a]

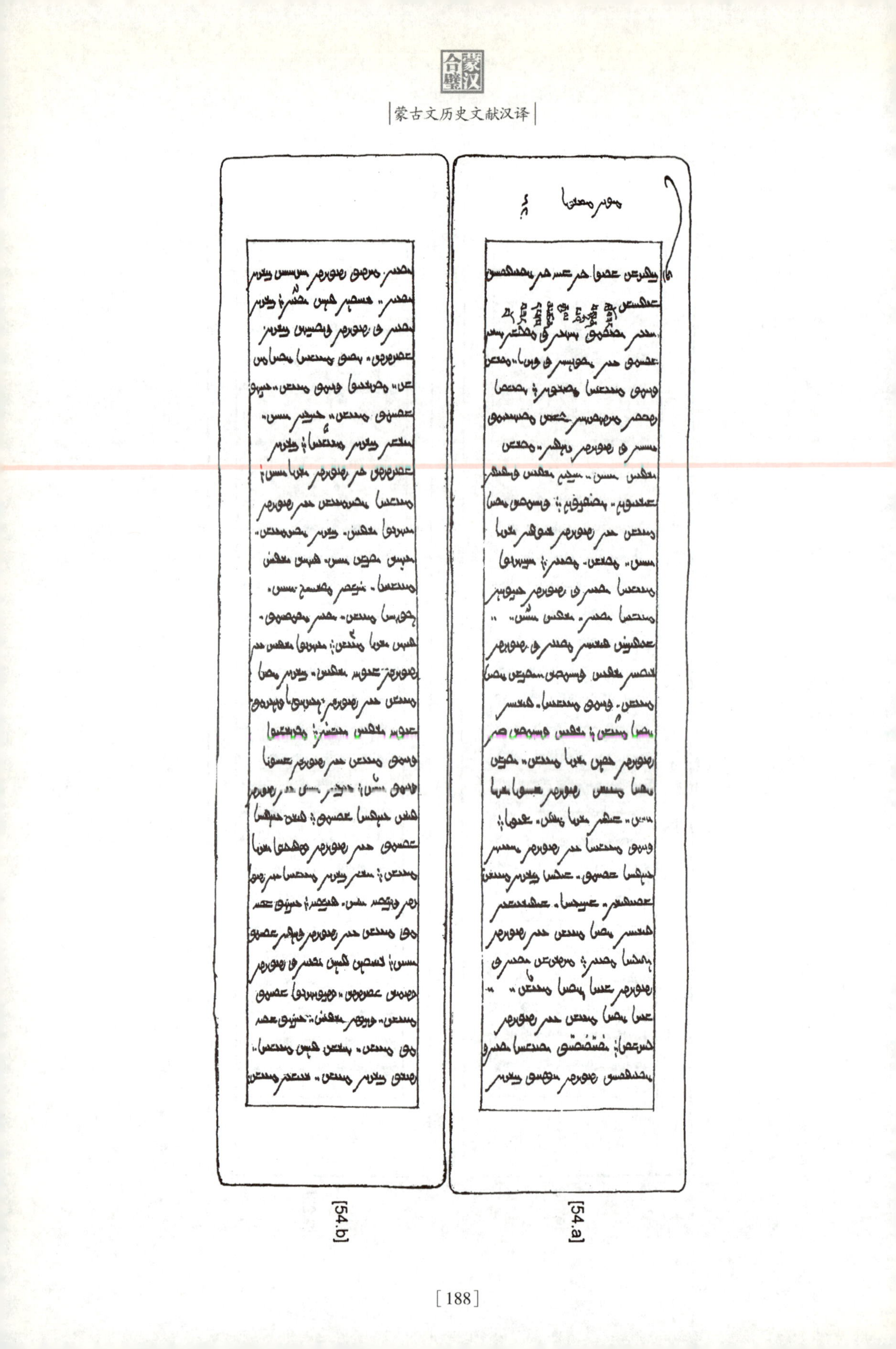

[54.b]

[54.a]

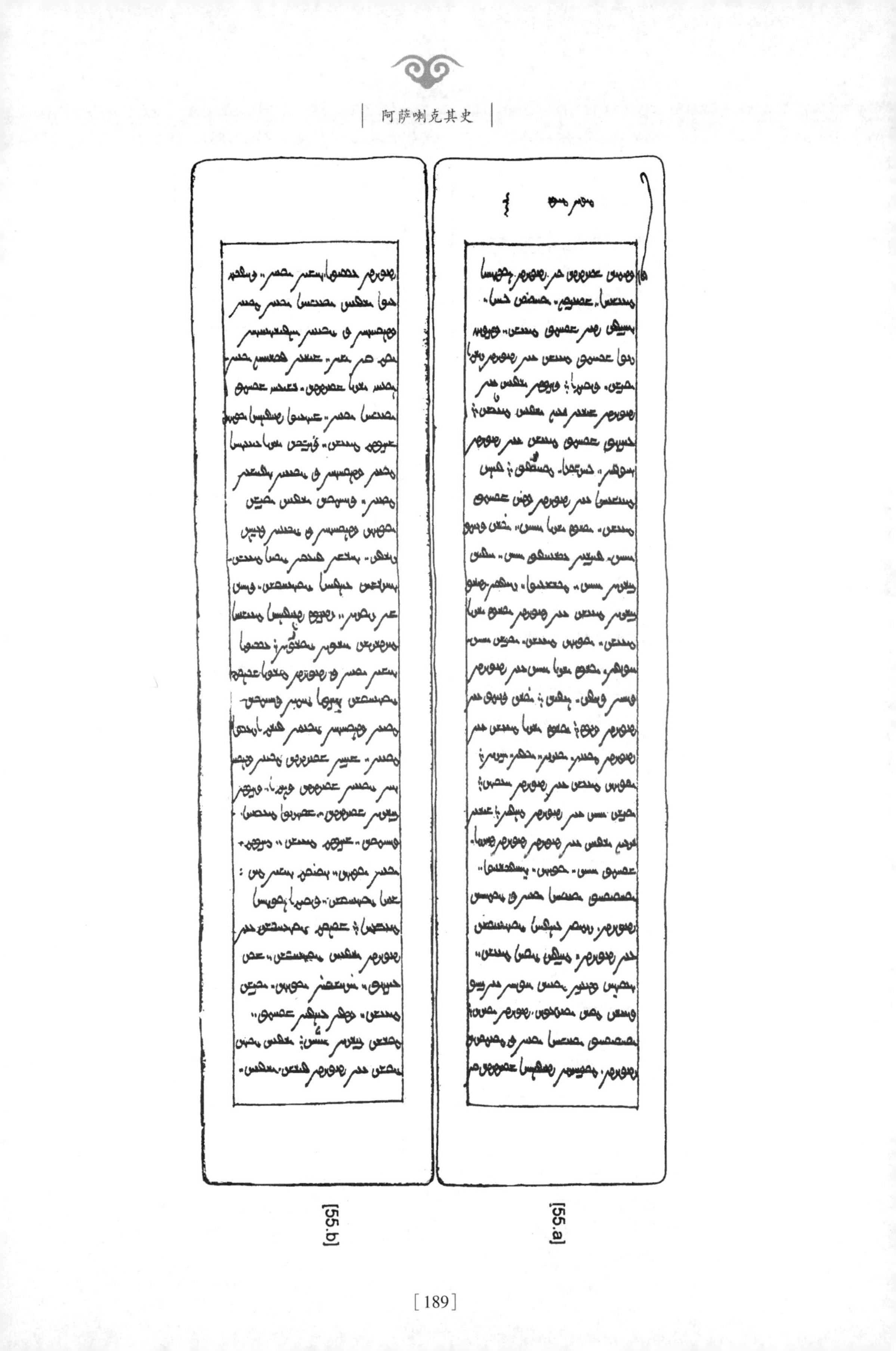

[55.a]

[55.b]

[56.b]

[56.a]

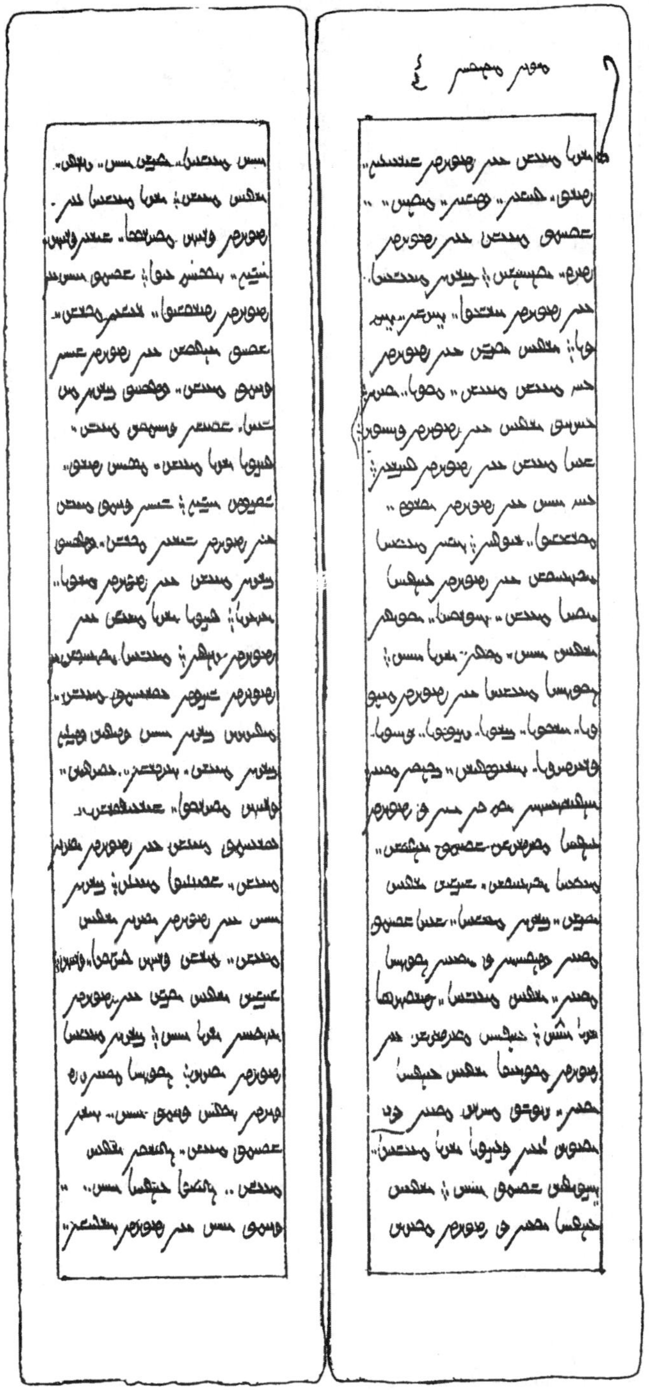

[57.b]

[57.a]

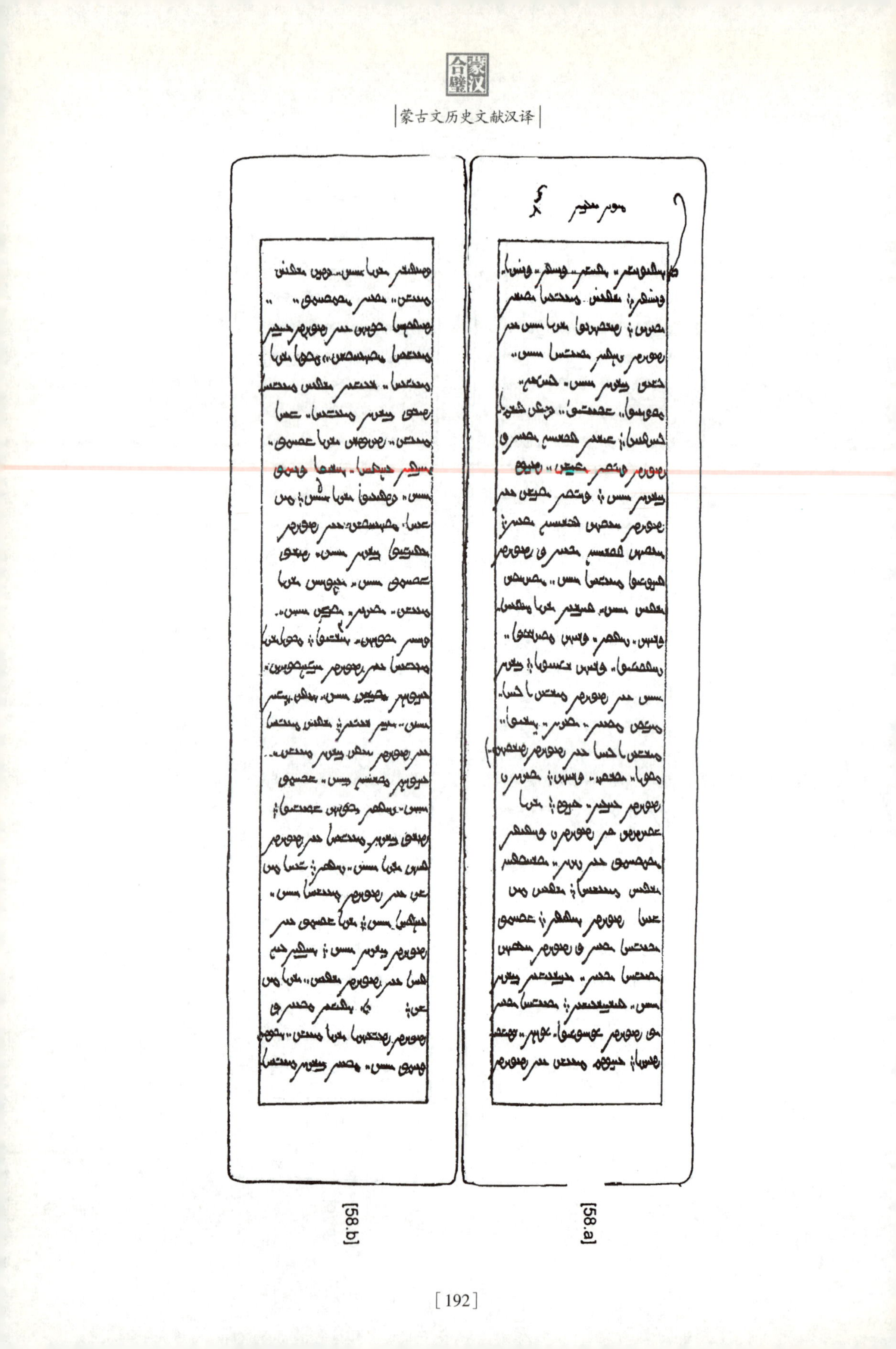

[58.b]

[58.a]

[59.a]

[59.b]

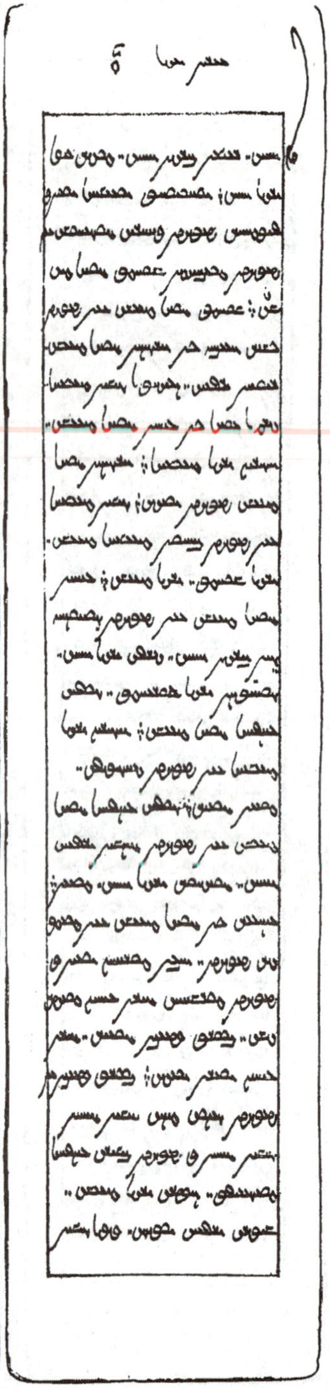

[60.a]

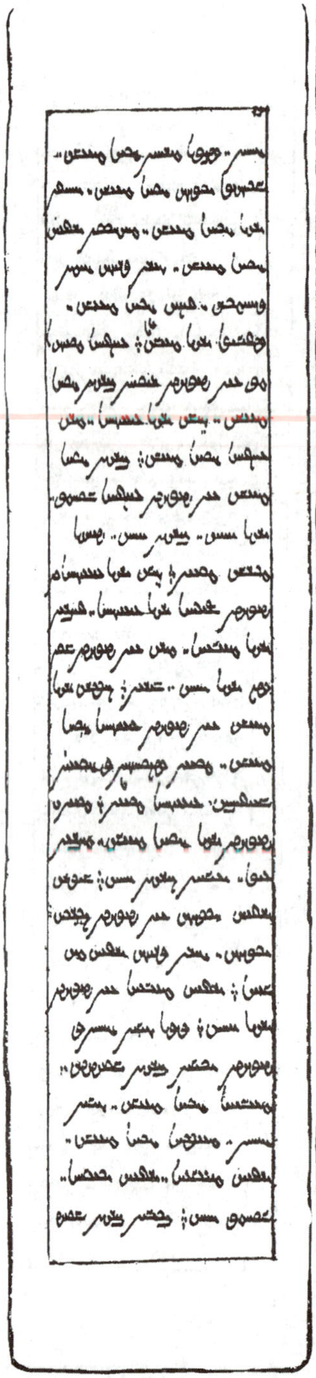

[60.b]

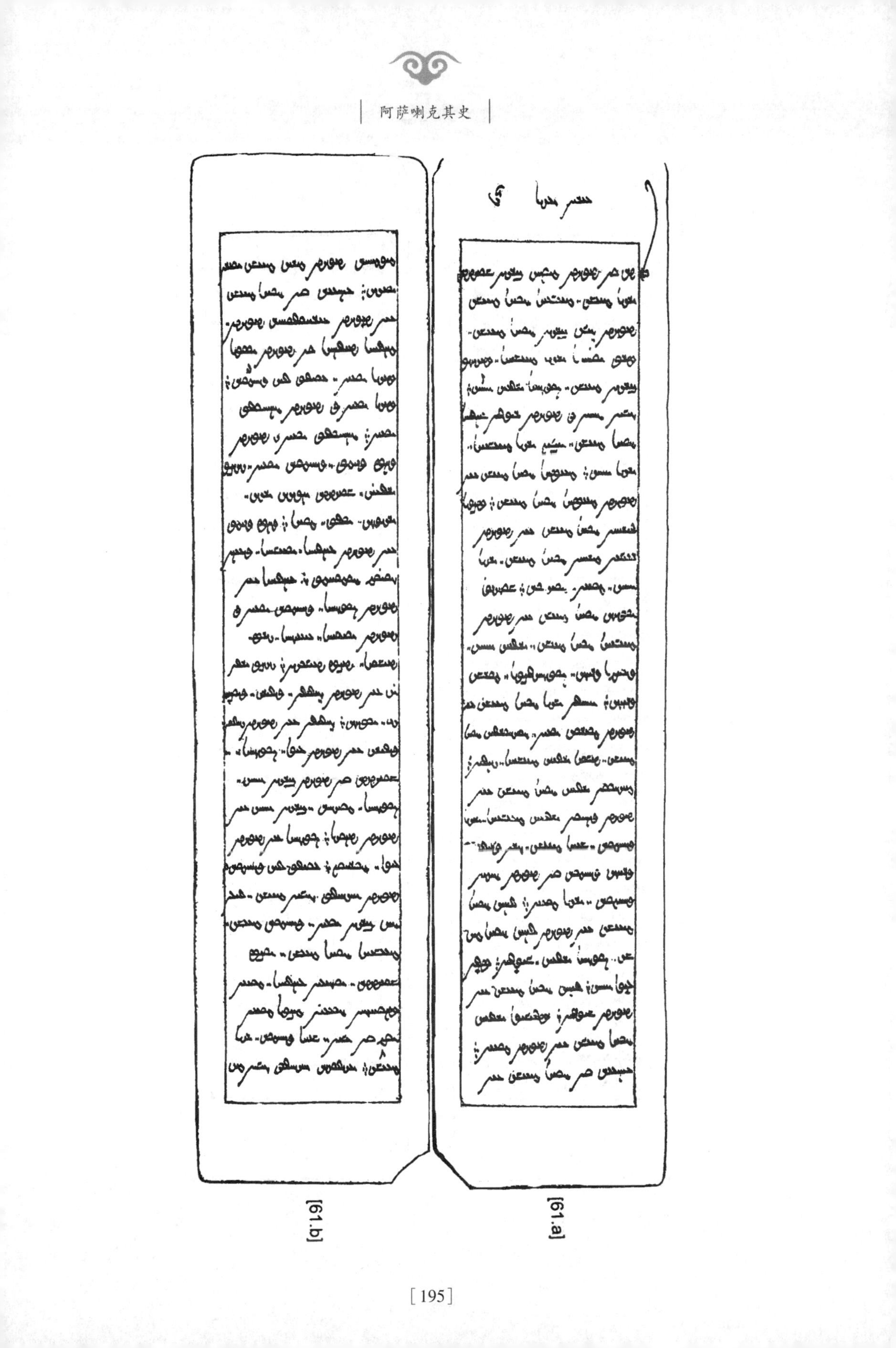

[61.b]

[61.a]

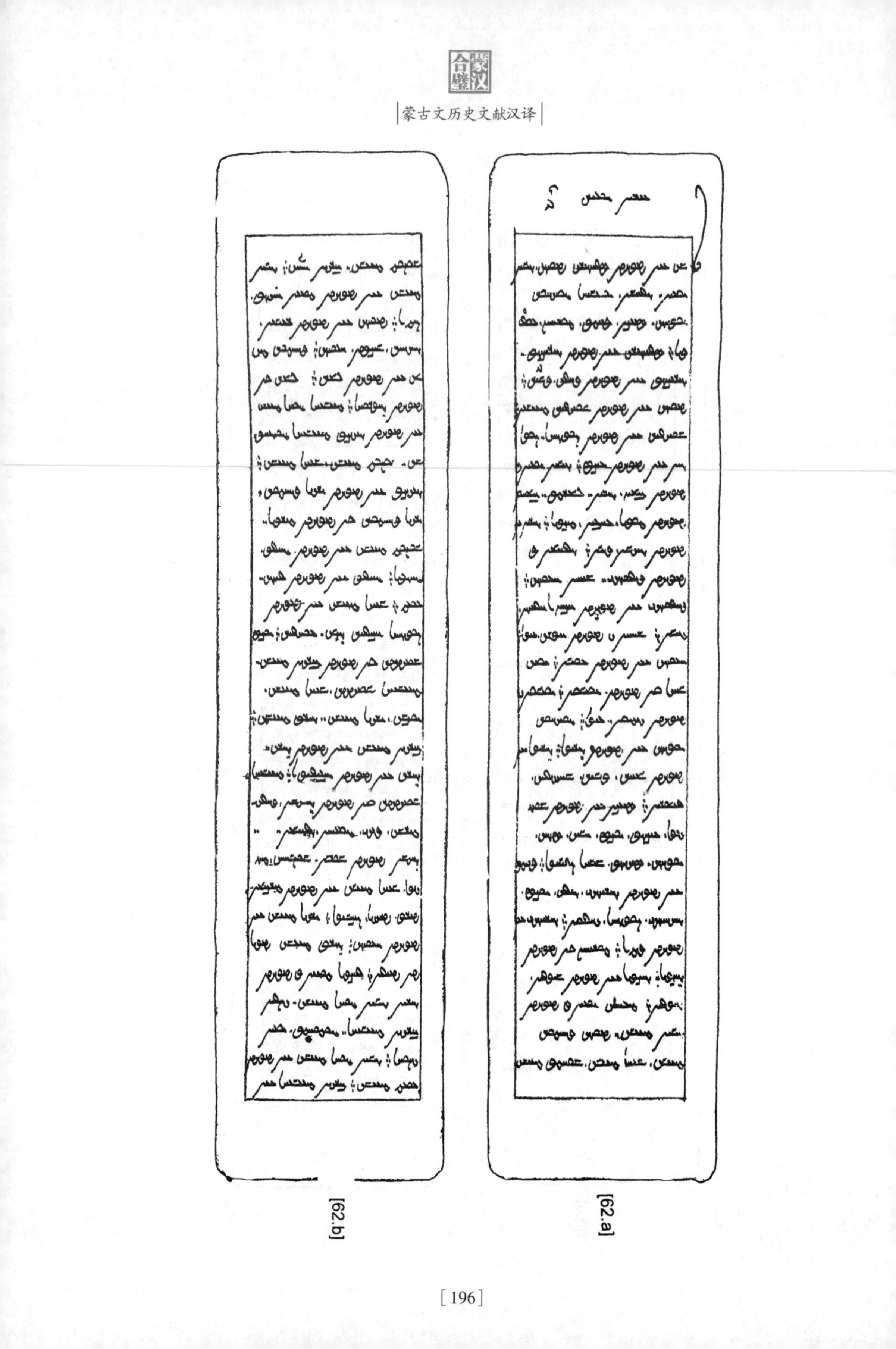

[62.b]

[62.a]

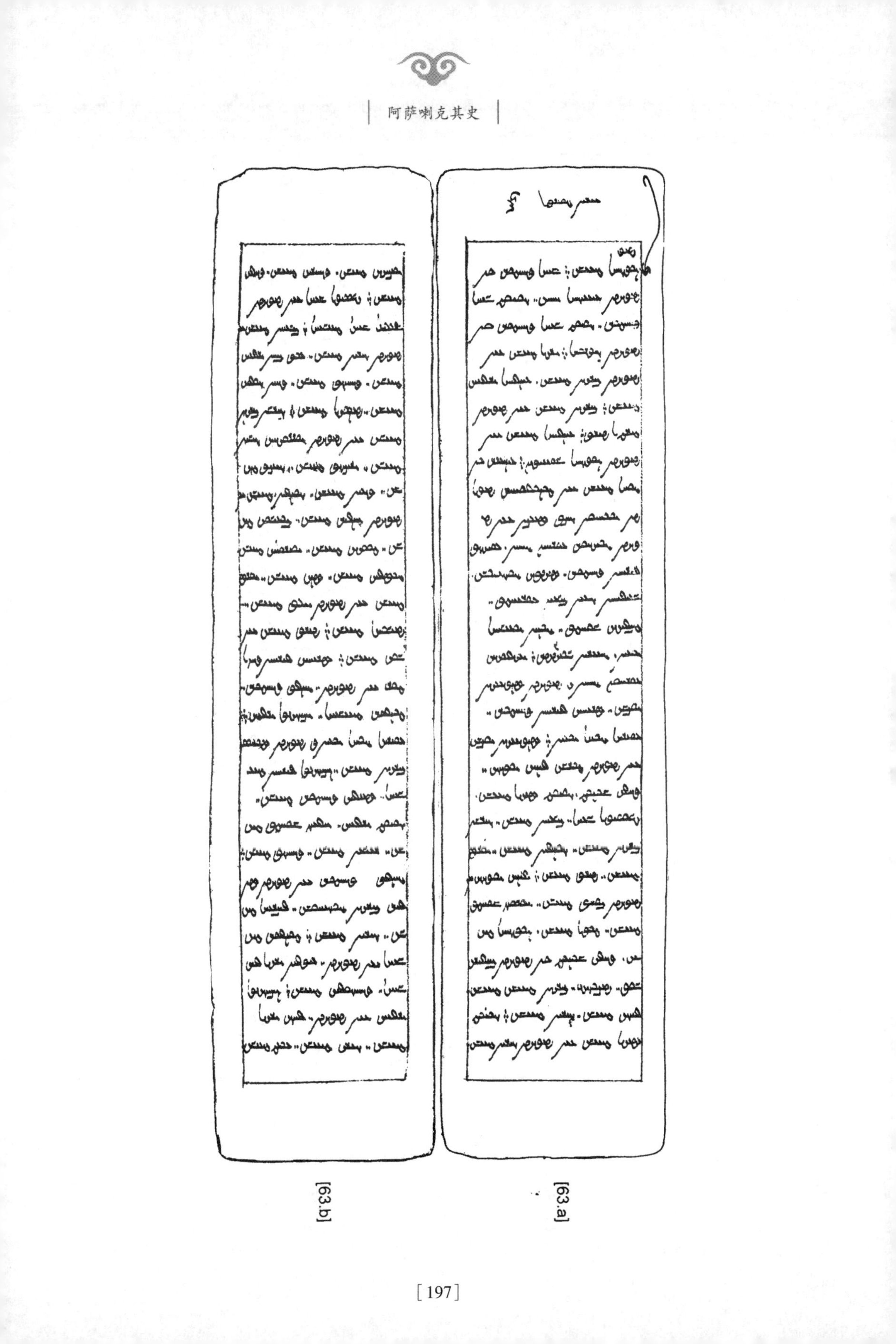

[63.b]

[63.a]

[64.b]

[64.a]

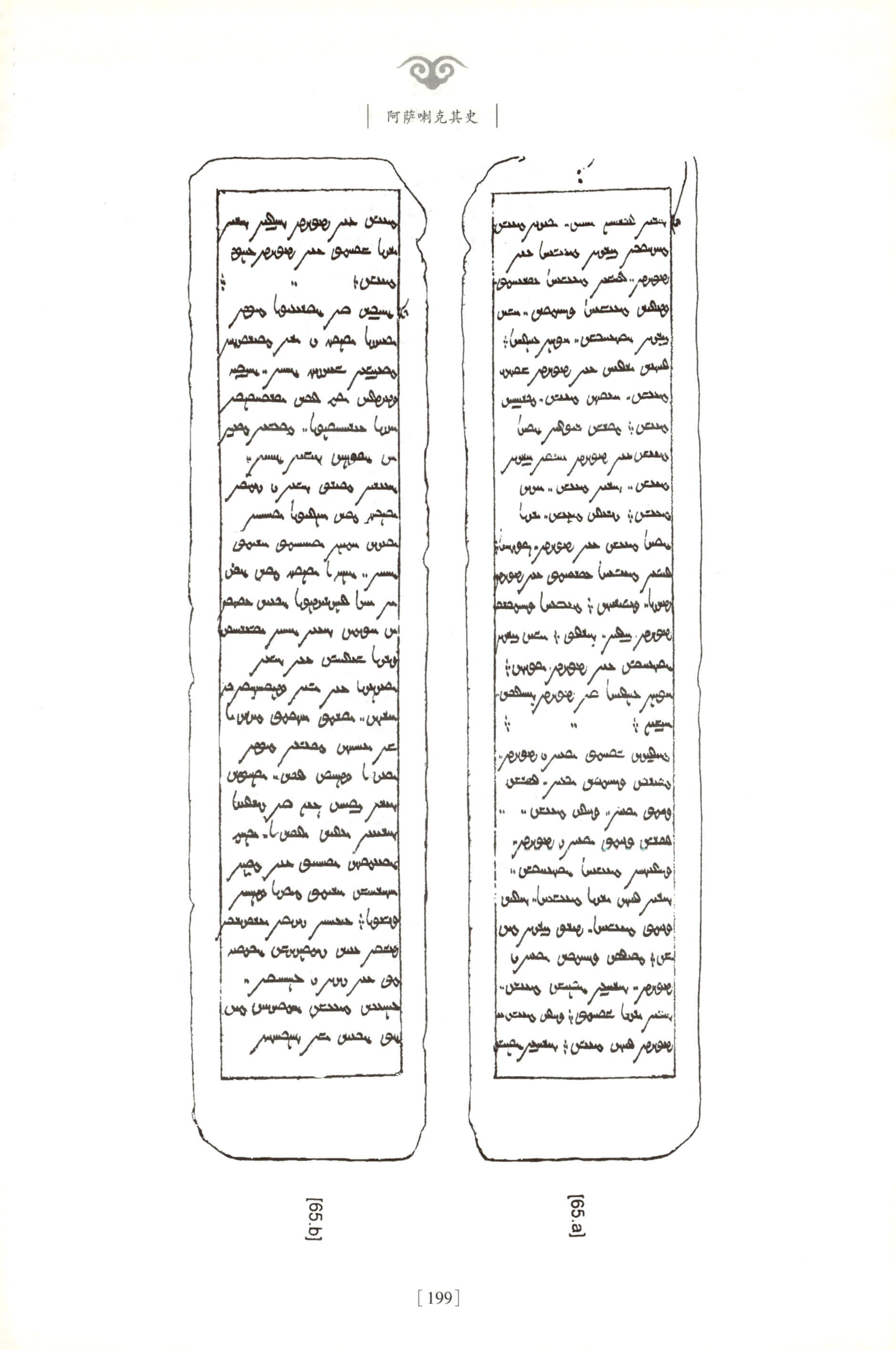

[65.b]

[65.a]